企业人力资源 法律风险管控

实务操作与案例精解

卜玥倩◎编著

清华大学出版社
北京

内 容 简 介

　　企业所面临的风险主要有两个方面：其一是商业风险；其二是法律风险。其中，法律风险一旦发生，将给企业带来不可挽回的损失。因此，对于企业人力资源管理者来说，法律风险的防范显得尤为重要。本书分别从员工招聘与录用管理，签订劳动合同，试用期管理，企业规章制度，保密与竞业限制，员工培训管理，工作时间与休息休假，员工薪酬福利管理，劳动合同的变更、解除与终止，经济补偿金、赔偿金及违约金，劳务派遣与非全日制用工，"三期"女职工劳动关系管理，劳动争议的解决方面详细介绍了人力资源在实际工作中需要掌握的实操知识与遇到问题时的解决方法。

　　本书适合从事人力资源工作不久的初学者、企业的高层管理者，以及与人力资源管理相关的工作人员参考使用。

图书在版编目（CIP）数据

　　企业人力资源法律风险管控实务操作与案例精解／卜玥倩编著．—北京：清华大学出版社，2023.1

　　ISBN 978-7-302-61903-1

　　Ⅰ．①企…　Ⅱ．①卜…　Ⅲ．①企业管理－人力资源管理－劳动法－案例－中国　Ⅳ．①D922.505

　　中国版本图书馆 CIP 数据核字（2022）第 178336 号

责任编辑：杜春杰
封面设计：刘　超
版式设计：文森时代
责任校对：马军令
责任印制：朱雨萌

出版发行：清华大学出版社
　　　　　网　　　址：http://www.tup.com.cn，http://www.wqbook.com
　　　　　地　　　址：北京清华大学学研大厦 A 座　　　邮　　编：100084
　　　　　社 总 机：010-83470000　　　　　　　　　邮　　购：010-62786544
　　　　　投稿与读者服务：010-62776969，c-service@tup.tsinghua.edu.cn
　　　　　质量反馈：010-62772015，zhiliang@tup.tsinghua.edu.cn
印 装 者：大厂回族自治县彩虹印刷有限公司
经　　销：全国新华书店
开　　本：170mm×240mm　　印　　张：22.75　　字　　数：371 千字
版　　次：2023 年 1 月第 1 版　　　　　　　　印　　次：2023 年 1 月第 1 次印刷
定　　价：69.80 元

产品编号：092392-01

　　风险与利益是企业最关注的两个基础性问题，对于企业而言，只有将风险与利益并重才能获得长久的发展。企业所面临的风险主要有两个方面：商业风险和法律风险。其中，法律风险一旦发生，就会给企业带来不可挽回的损失。因此，对于企业人力资源的管理者来说，做好法律风险防范尤为重要。

　　自《中华人民共和国民法典》《中华人民共和国劳动合同法》《中华人民共和国劳动合同法实施条例》《中华人民共和国劳动争议调解仲裁法》《职工带薪年休假条例》等法律法规的相继实施，企业用工和人事管理的成本和风险逐渐增加。同时，越来越多的劳动者学会通过法律途径保护自己的权益，企业如果不加强法律风险防范意识，就有可能成为法律纠纷中的失败者。因此，无论是企业的高层管理者，还是从事人力资源管理相关的工作人员，都应当具备一定的法律风险防范意识和合法处理劳动争议的能力，用法律筑起企业发展的最低防线。为了更好地强化企业法律意识，完善企业用工体系，规范企业劳动关系管理，笔者编写了本书。希望通过本书，读者能够快速了解在企业中如何进行法律风险防范和法律纠纷处理。

　　本书分别从员工招聘与录用管理，签订劳动合同，试用期管理，企业规章制度，保密与竞业限制，员工培训管理，工作时间与休息休假，员工薪酬福利管理，劳动合同的变更、解除与终止，经济补偿金、赔偿金及违约金，劳务派遣与非全日制用工，"三期"女职工劳动关系管理，以及劳动争议的解决方面详细介绍了人力资源在实际工作中需要掌握的实操知识与遇到问题时的解决方法，并精解了大量丰富的实操案例。本书适合从事人力资源工作不久的初学者、企业的高层管理者，以及与人力资源管理相关的工作人员参考使用。

由于人力资源的法律法规具有较强的时效性，相关法律法规会随着社会的发展而更新，如果相关法律法规有所变化，实务操作方式要以最新的官方政策文件为准。同时，劳动法实务领域的问题也非常烦琐，司法实务中的处理方式也处于不断改进和变化之中，因此书中难免存在一些不足之处，恳请各位读者给予指正。

编　者

CONTENTS | 目录

第十一章　劳务派遣与非全日制用工 / 243

第一章

员工招聘与录用管理

第一节 实 务 操 作

实操 1：企业在招聘中有哪些义务？

招聘是企业人力资源管理的第一个环节，也是非常重要却极易被忽视的一个环节。虽然企业在招聘中握有录用员工的主动权，但是作为用人单位，企业还必须履行两项义务：告知义务和保密义务（见表 1-1）。

表 1-1　企业在招聘中应履行的义务

项　　目	内　　容
告知义务	《中华人民共和国劳动合同法》（以下简称《劳动合同法》）第 8 条规定：用人单位招用劳动者时，应当如实告知劳动者工作内容、工作条件、工作地点、职业危害、安全生产状况、劳动报酬，以及劳动者要求了解的其他情况；用人单位有权了解劳动者与劳动合同直接相关的基本情况，劳动者应当如实说明
保密义务	在招聘时，企业对劳动者除了具有告知义务，还有保密义务。《就业服务与就业管理规定》第 13 条规定：用人单位应当对劳动者的个人资料予以保密。公开劳动者的个人资料信息和使用劳动者的技术、智力成果，须经劳动者本人书面同意

实操 2：企业发布招聘信息时需要注意哪些方面？

为了避免招聘信息可能带来的法律风险，企业人力资源管理部门在拟订招聘信息时，应当注意表 1-2 所列的两个方面的内容。

表 1-2　企业发布招聘信息时应注意的内容

项　　目		内　　容
避免就业歧视	基本概念	就业歧视是指没有法律上的合法目的和原因而基于种族、肤色、宗教、政治见解、民族、出身、性别、户籍、健康状况、年龄、身高及语言等原因，采取区别对待、排斥或者给予优惠等任何违反平等权的措施侵害劳动者劳动权利的行为

续表

项　目		内　容
避免就业歧视	法律风险	根据《中华人民共和国就业促进法》的规定，劳动者享有平等就业的权利，如遭受用人单位就业歧视，劳动者就可以直接向法院提起诉讼 如果招聘广告涉嫌就业歧视，如包含对招聘者性别、婚姻状况、民族、户籍，以及健康状况等方面的不合理限制，则刊登该广告的企业将可能面临侵权诉讼，并且要承担相应的法律责任
	不构成就业歧视的情况	用人单位根据本单位需求在招聘过程中列出合理限制条件是用人单位自主选择劳动者的体现，不构成就业歧视
明确所聘职位的录用条件	基本概念	录用条件是指用人单位根据本单位生产（工作）经营特点，对招收录用的职工所提出的一般要求。录用条件是用人单位招收录用职工的最低标准，也是在试用期内用以考察劳动者的依据 《劳动合同法》明确规定，劳动者在试用期间被证明不符合录用条件，单位可以立即解除劳动合同。因此，明确的录用条件是企业行使合法解除劳动合同权利的前提
	明确界定录用条件	录用条件的界定应当仔细、明确和具体，主要包括通用部分和特殊部分 通用部分即大部分企业和岗位的员工都应该具有的基本条件，如身体健康、诚实守信以及相关的工作经历或受教育经历等 特殊部分即各个公司、各个岗位的不同之处，如特殊的学历要求、证书要求、技术要求、能力要求等
	公示录用条件	通过招聘信息对录用条件进行公示，这样在劳动者来应聘时即可看到

实操 3：企业在发放录用通知书时需要注意哪些方面？

企业在发放录用通知书时需要注意如图 1-1 所示的事项。

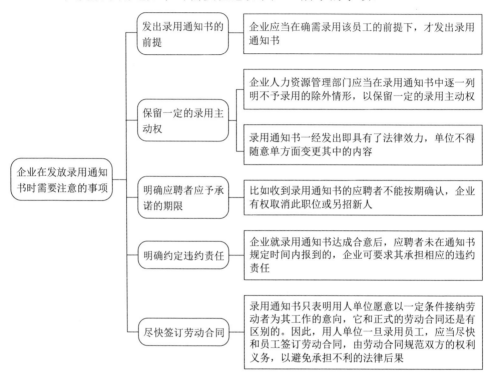

图 1-1　企业在发放录用通知书时需要注意的事项

实操 4：如何调查员工基本信息是否真实？

根据《劳动合同法》的相关规定，劳动者在订立劳动合同时应当遵循诚实守信原则。在招聘和应聘的过程中，企业和应聘者都应当秉承公平和诚实守信的基本原则来签订和履行劳动合同。那么，企业应当如何调查员工基本信息是否真实呢？

（1）企业在签订劳动合同前，应当充分地对应聘者简历中的信息、资料和资格证书等进行核查，调查其简历的真实性，将法律风险控制在劳动合同签订之前。

（2）企业应当根据招聘职位的情况，要求应聘者提供相关的学历证明和各种资格证明，并且对其进行真实性审查，如将相关资格证书送至专业机构验证，或者登录教育部网站核实学历证书等。

如果企业忽视上述审查，使得劳动者以欺诈手段骗取录用，将会导致劳动合同无效，进而提高企业的劳动雇佣成本。

实操 5：如何调查员工是否有潜在疾病、职业病等？

根据《劳动合同法》的规定，用人单位对劳动者的身体状况有知情权，特别是如果员工患有潜在的疾病或职业病，就会给企业未来的用工带来巨大的风险和成本。因此，企业有权要求应聘者提供正规的体检报告或者要求应聘者到指定的医院进行体检。

关于就业体检，争议最大的问题是企业是否有权拒绝录用乙肝病原携带者。为了更好地规范和避免企业滥用知情权，2010 年 2 月 10 日，人力资源和社会保障部出台了《关于进一步规范入学和就业体检项目维护乙肝表面抗原携带者入学和就业权利的通知》，明确规定了用人单位在就业体检中，不得要求乙肝项目检测，不得因劳动者是乙肝病原携带者而拒绝予以招用或辞退。此外，有关就业体检的最新相关法规中也明确规定，禁止企业将妊娠测试作为入职体检项目。

实操 6：如何调查员工年龄是否达到 16 周岁？

根据《中华人民共和国劳动法》（以下简称《劳动法》）的规定，用人单位禁止招用未满 16 周岁的未成年人，否则会构成违法用工。因此，单位招聘时，应当要求应聘者提供身份证明。

实操 7：如何调查员工是否与其他企业有未到期的劳动合同？

根据《劳动合同法》的规定，用人单位招用了与其他用人单位尚未解除或者终止劳动合同的劳动者，给其他用人单位造成损失的，用人单位应当承担连带赔偿责任。因此，企业在招聘过程中，必须要求应聘者提供已与原用人单位解除或终止劳动合同的证明，如应聘者无法提供证明，则用人单位应当要求应聘者提供原单位的联系方式或证明人，以便对应聘者进行工作背景调查。用人单位只有严格审查，才能够更好地避免因招用未解除劳动关系的劳动者而承担连带赔偿责任。

此外，企业人力资源管理部门还应当了解应聘者与原用人单位是否签订有限制就业的相关法律文件，若签订有限制就业的相关法律文件，则该员工进入本企业工作就有可能违反上述协议。因此，企业人力资源管理部门在招聘和录用新员工，特别是招聘和录用企业高管时，应当询问应聘者是否与原单位签有保密协议、竞业限制协议等法律文件，以及该应聘者在本企业工作是否违反了相关协议，必要时还可以联系其原单位进行求证。

实操 8：如何调查员工是否与其他单位存在竞业限制协议？

1. 什么是限制期员工

限制期员工，即指一定时期内该员工仍然受上一用人单位竞业限制的约束。

2. 什么是竞业限制

竞业限制是《劳动合同法》中的重要内容，是用人单位对负有保守用人单位商业秘密的劳动者，在劳动合同、知识产权权利归属协议或者技术保密协议中约定的竞业限制条款。

竞业限制是指用人单位和知悉本单位商业秘密或者其他对本单位经营有重大影响的劳动者，在终止或解除劳动合同后的一定期限内不得再生产同类产品，不得经营同类业务，不得去其他竞争关系的用人单位任职，也不得自己生产与原单位有竞争关系的同类产品或经营同类业务。

企业一旦招聘到限制期员工，就会给企业带来潜在的法律风险。

3. 如何调查员工是否与其他单位存在竞业限制协议

企业人力资源管理部门在招聘时，对于能力强、有前任公司的应聘者，应当仔细核实该应聘者的基本信息和工作履历，查看其是否属于限制期员工，是否存在竞业限制，进而使本企业避免不必要的麻烦和损失。

实操 9：企业聘用外籍员工应当具备哪些条件？

外国人是指依照《中华人民共和国国籍法》的规定，不具有中国国籍的人员。外国人在中国就业是指没有取得定居权的外国人在中国境内依法从事社会劳动并获取劳动报酬的行为。因此，企业聘用的外籍员工应该具备下列条件。

1. 必须办理就业手续

在中国就业的外国人必须办理就业手续，办理就业手续需要满足图 1-2 所示的 6 个条件。

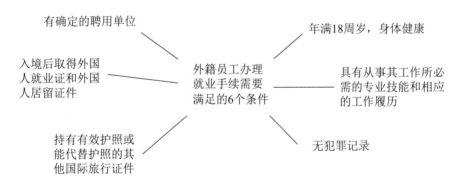

图 1-2　外籍员工办理就业手续需要满足的 6 个条件

2. 聘用外籍员工必须报批

根据我国《外国人在中国就业管理规定》，外国人在中国就业由各省、自治区、直辖市人民政府劳动保障行政部门及其授权的地市级劳动保障行政部门负责管理。

如果用人单位需要聘用外籍员工，就必须填写《聘用外国人就业申请表》，向与劳动行政主管部门同级的行业主管部门提出申请，并且提供图 1-3 所列的有效文件。

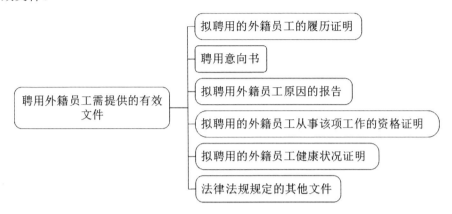

图 1-3　用人单位聘用外籍员工需提供的有效文件

3. 得到许可证书后方可就业

（1）未取得居留证件的外国人和来中国留学的外国人，未经中国政府主管机关允许，不得在中国就业。

（2）经与劳动行政管理部门同级的行业主管部门批准后，用人单位应当持《聘用外国人就业申请表》到本单位所在地区的省、自治区、直辖市劳动行政部门或其授权的地市级劳动行政部门办理核准手续。

（3）省、自治区、直辖市劳动行政部门或授权的地市级劳动行政部门应当指定专门机构（发证机关）具体负责签发许可证书工作。发证机关应当根据行业主管部门的意见和劳动市场的需求状况进行核准，并且在核准后向用人单位签发许可证书。

实操 10：外商投资企业在聘用外国人时，如何申领许可证书？

外商投资企业聘用外国人，无须行业主管部门审批，可凭合同、规章制度、批准证书、营业执照和《外国人在中国就业管理规定》第 11 条所规定的文件直接到劳动行政部门发证机关申领许可证书。

实操 11：如果招用外国人，如何考察外国人的就业手续？

在中国就业的外国人应当持 Z 字签证入境（有互免签证协议的，按协议办理），入境后取得《外国人就业证》和外国人居留证件，方可在中国境内就业。

另外，外国人因到境内合作方完成某项技术、科研、管理、指导等工作；因到境内体育机构进行试训，因拍摄影片；因时装表演；因从事涉外营业性演出或人力资源社会保障部门认定的其他事由入境，并且在境内停留不超过 90 日的，属于外国人入境完成短期工作任务。其中，入境进行短期营业性演出的团体，个人应当持有文化主管部门出具的批准文书及中国短期工作证明；入境完成其他短期工作任务的，应当持有人力资源社会保障部门颁发的外国人就业许可证书及中国短期工作证明。

实操 12：用人单位如何规定外籍员工的工资、工作时间、休息休假、劳动安全卫生以及社会保险？

根据《外国人在中国就业管理规定》第 21 条的规定，用人单位支付所聘用外国人的工资不得低于当地最低工资标准。同时，《外国人在中国就业管理规定》第 22 条规定，在中国就业的外国人的工作时间、休息、休假、劳动安全卫生以及社会保险按国家有关规定执行。

实操 13：用人单位与外籍员工在备案用劳动合同之外，另行签订劳动合同的，效力如何认定？

用人单位聘用外籍员工需要签订劳动合同并办理就业手续。但是，如果用人单位与外籍员工在备案用劳动合同之外，另行签订劳动合同的，不能直接认定备案用劳动合同的效力高于另行签订的劳动合同，仍然要从合同具体约定、双方履行情况进行综合判断，探寻当事人的真实意思。

第二节 案例精解

案例1：企业在进行招聘时，是否应告知劳动者相关信息？

张某在面试时，想了解一下企业的业务状况、办公条件以及自己的薪资待遇等。请问：招聘企业是否应该告知劳动者相关的信息呢？

【精解】

用人单位在招聘时有告知劳动者相关情况的义务，无论劳动者是否提出悉知要求，用人单位都应该如实告知。

案例2：企业发现员工学历或工作履历造假后，与其解除劳动合同，员工不服，申请仲裁，要求撤销企业解除劳动合同的决定，继续履行劳动合同，仲裁机构会支持吗？

A企业在发布招聘信息时，要求应聘人员必须具有研究生及以上学历，并且有国家颁发的法律职业资格证书。赵某通过A企业的笔试和面试后，在办理入职手续时谎称自己是法学研究生学历，并且已取得了硕士学位，拥有法律职业资格证书，于是A企业与赵某签订了劳动合同。

A企业在为赵某办理居住证的过程中，有关机关发现A企业提供的赵某的硕士学位证书和法律职业资格证书均是伪造的，于是将相关手续退回。A企业以赵某欺骗公司使公司名誉受损为由解除了与赵某的劳动合同。赵某不服，申请仲裁，要求撤销企业解除劳动合同的决定，继续履行劳动合同。请问：仲裁机构会支持吗？

【精解】

仲裁机构不会支持。

理由：A企业在发布招聘信息时，已经明确要求应聘人员必须具有研究生及以上学历，并且有国家颁发的法律职业资格证书，说明A企业在录用前已经向员工明示了录用条件，而且员工的学历和职业资格证书是录用其的决定性条件。

根据《劳动合同法》的规定，如果用人单位要求劳动者提供学位证书和职业资格证书，劳动者就应当如实提供。如果劳动者提供虚假信息或隐瞒真实情况导致用人单位违背真实意思而与之签订劳动合同，那么此种劳动合同应当被认定为无效。

赵某隐瞒自己的真实情况，提供虚假的硕士学位证书和法律职业资格证书，导致A企业违背真实意思而与之签订劳动合同，该劳动合同应该被视为无效，因此赵某的要求不会被仲裁机构支持。

案例3：企业如何适用"不符合录用条件"辞退新员工？

A公司经过面试招聘李某为华东区的销售总监，并与之签订了一份劳动合同，合同约定试用期为3个月。试用期期满前，由于李某未通过公司试用期的考核评估，因此公司决定与其解除劳动合同。请问：A公司如何适用"不符合录用条件"辞退新员工？

【精解】

在试用期合法解除劳动合同需要具备以下4个法律要件。

（1）用人单位有明确的录用条件：①用人单位在招聘信息中应根据所招聘职位的要求，明确招聘条件，并将此招聘信息存档备查；②用人单位在招聘过程中，可根据本单位的实际情况具体设定录用条件，录用条件应根据所招聘职位的要求逐条拟订，内容应当明确化、具体化；③录用条件应事先向劳动者公示，并保留相应的公示证据。公示方法包括以下几种：

a. 通过招聘广告来公示，并采取一定方式予以固定和保留；

b. 员工入职时，向其明示录用条件，并要求员工签字确认；

c. 劳动关系建立以前，在录用通知书中向员工明示录用条件，并要求其签字确认；

d. 在劳动合同中明确约定录用条件或不符合录用条件的情形。

上述方法，用人单位可以根据本单位的实际情况选择或结合使用。

（2）用人单位有证据证明该员工不符合录用条件。用人单位应进行工作绩效考核，用数据说明员工无法胜任该职位的工作。

（3）用人单位解除劳动合同的通知书应当在试用期结束前发出。

（4）用人单位需要在解除通知书中明确说明解除理由，并交由员工签收。

以上4个法律要件，缺少一个用人单位都不能在试用期内合法有效地解除劳动合同。

案例4：录用通知书具有法律效力吗？

张某为某高校大四学生，在校期间不断地向招聘企业投递简历。2020年4月，张某经过笔试和面试后，成功被某知名外企看中，收到了该外企出具的录用通知书，通知书上明确了他的职位、工资待遇及入职时间等，并约定在张某毕业后正式到该外企上班。毕业后，张某如期去该外企报到、办理入职，却被告知由于该企业的人力资源调整，对于新一批的员工都将不再聘用。张某希望该外企能够如约提供工作岗位，该外企则说录用通知书只是一个通知，并不是劳动合同。请问：录用通知书具有法律效力吗？

【精解】

尽管录用通知书和劳动合同不能画等号，但是录用通知书是一个内容具体确定的要约行为（希望与他人订立合同的意思表示），于送达张某时即已生效。张某在该录用通知书上写明的入职时间如期报到，即表明双方已经就该录用通知书的全部内容达成了合意，该合意对用人单位和张某都具有法律约束力。根据《中华人民共和国民法典》（以下简称《民法典》）的规定，要约发生法律效力应当符合下列构成要件：

（1）要约的内容具体、确定；

（2）表明经受要约人承诺，要约人即受该意思表示约束。

用人单位单方面撤销录用，解除该要约的行为一旦给劳动者造成损失，用人单位就应该对劳动者的损失承担赔偿责任。

第二章

签订劳动合同

第一节 实 务 操 作

实操 1：什么是劳动合同？为什么要签订书面劳动合同？

根据《劳动合同法》第 10 条的规定，建立劳动关系，应当订立书面劳动合同。劳动者入职用人单位均需要和用人单位依法签订书面劳动合同，劳动合同由用人单位与劳动者协商一致，并且经用人单位与劳动者在劳动合同文本上签字或者盖章生效。劳动合同的文本通常由用人单位和劳动者各自保管一份。

我国法律要求劳动者入职之后要与用人单位签订书面劳动合同更多的是出于对劳动者的保护而做出的规定。书面劳动合同记载了劳动者的工作岗位、工资标准、工作内容、工作地点、工作时间和休息休假等内容。有了书面劳动合同，劳动者在用人单位工作期间就有了保障，即使日后发生劳动争议，书面劳动合同也是证明劳动者身份和确定双方权利义务关系的重要文件。

实操 2：劳动合同的订立形式有哪些？

根据《劳动合同法》的规定，用人单位与劳动者建立劳动关系，应当订立书面的劳动合同，也就是说，现行法律规定排除了事实劳动关系存在的合法性，一切劳动关系的建立，均必须签订书面的劳动合同。但是，在非全日制用工情况下，双方当事人可以仅订立口头协议，而不签订书面劳动合同。

实操 3：劳动关系的建立以订立劳动合同的时间为准吗？

根据《劳动合同法》第 7 条的规定，用人单位自用工之日起即与劳动者建立劳动关系。也就是说，双方建立劳动关系的时间点是用工之日，而不是签订劳动合同之日。通常来说，劳动者根据录用通知书上的约定或用人单位的指令到单位报到的第 1 天，即为用工之日，而不是视其是否从事了具体的工作或签订了劳动合同。

实操 4：如何认定事实劳动关系？

目前，在认定事实劳动关系时，一般都是以劳动和社会保障部发布的《关于确立劳动关系有关事项的通知》中确立的 3 个标准为依据：①用人单位与劳动者符合法律法规规定的主体资格；②用人单位依法制定的各项劳动规章制度适用于劳动者，劳动者受用人单位的劳动管理，从事用人单位安排的有报酬的劳动；③劳动者提供的劳动是用人单位业务的组成部分。

同时满足以上 3 个要件的，通常会被认定为事实劳动关系。

判断用人单位和劳动者之间是否存在管理和被管理的关系，可依据表 2-1 所列的几个方面内容。

表 2-1　用人单位和劳动者之间是否存在管理和被管理关系的依据

项　　目	内　　容
入职资料	劳动者填写的用人单位招工/招聘入职登记表、报名表等招聘记录
员工身份资料	员工花名册、暂住证、居住证以及用人单位向劳动者发放的工作证、服务证、出入证等能够证明身份的证件
考勤记录	考勤记录的形式多样，有电子考勤或考勤卡、考勤表
工作记录	包括用人单位向劳动者发出的工作指令以及劳动者在提供劳动的过程中形成的文件等，表现为买卖合同、订单、送货单、电子邮件等
劳动者是否接受用人单位的劳动纪律和规章制度约束	劳动纪律和规章制度是用人单位对劳动者进行管理的依据，包括用人单位向劳动者发出的奖惩通知、奖励证书，以及劳动者的请假条等

此外，用人单位是否向劳动者支付劳动报酬及福利待遇也作为评判是否存在事实劳动关系的一个重要方面。劳动者为用人单位提供劳动，相应地享有获取劳动报酬以及福利的权利，具体包括以下几个方面。

（1）工资支付记录。工资支付记录是劳动者和用人单位之间事实劳动关系认定的直接证据，主要表现为银行转账支付凭证、工资条及欠条等。

（2）劳动保护方面的费用。用人单位发放给劳动者的工作服、解毒剂及清凉饮料费用等。

（3）福利，具体包括住房、交通及伙食补贴等。

实操 5：用人单位不按时订立劳动合同有哪些法律后果？

根据《劳动合同法》和《中华人民共和国劳动合同法实施条例》（以下简称《劳动合同法实施条例》）的规定，用人单位与劳动者建立劳动关系，应当最迟在用工之日起 1 个月内与劳动者订立书面劳动合同，否则用人单位应承担相应的法律责任。

1. 支付二倍工资，补签劳动合同

（1）自用工之日起超过 1 个月不满 1 年未订立书面劳动合同的（用工 1 个月＜未订立书面劳动合同＜用工 1 年），自用工之日起满 1 个月的次日至补订书面劳动合同的前 1 日，应向劳动者每月支付二倍工资，并与劳动者补订书面劳动合同。

（2）自用工之日起满 1 年未订立书面劳动合同的（未订立书面劳动合同≥用工 1 年），自用工之日起满 1 个月的次日至满 1 年的前 1 日，应向劳动者每月支付二倍工资，并视为自用工之日起满 1 年的当日已经与劳动者订立无固定期限劳动合同，应当立即与劳动者补订书面劳动合同。

（3）应当订立无固定期限劳动合同而未订立的，自应订立无固定期限劳动合同之日起，应向劳动者每月支付二倍工资。

2. 承担行政责任

根据《劳动法》的相关规定，用人单位故意拖延不按时订立劳动合同的，由劳动行政部门责令改正。各地的劳动法规还规定了此种情况下劳动和社会保障行政部门有权对用人单位处以罚款。

3. 承担赔偿责任

给劳动者造成损害的，用人单位还应当承担赔偿责任。

实操 6：如果劳动者入职已超过 1 个月，用人单位才和其补签书面劳动合同，那么这种情况下，劳动者还能向用人单位主张未签书面劳动合同需支付二倍工资的要求吗？

我国法律规定签订书面劳动合同的时间是自用工之日起 1 个月内，如果劳动者和用人单位事后补签了劳动合同，补签到了实际用工之时，那么在实务中，这种情况下就视为用人单位和劳动者已经达成了一致意见。劳动者如果还主张未签劳动合同需支付二倍工资的要求，那么将无法得到仲裁委或者法院的支持。

但是，如果劳动者和用人单位虽然补签了劳动合同，但是并没有补签到实际用工之日，在实际用工和补签的日期之间还有一段时间的差距，那么此期间扣除一个月的订立书面劳动合同的宽限期，劳动者主张未签书面劳动合同二倍工资的请求是可以得到支持的。

实操 7：劳动者迟迟不签订劳动合同会有哪些法律后果？

如果由于劳动者借故迟迟不签订劳动合同导致劳动合同无法订立，那么用人单位应当书面通知劳动者终止劳动关系，同时根据下列具体情况确定经济补偿金的支付。

（1）自用工之日起 1 个月内，书面通知劳动者终止劳动关系的，用人单位无须向劳动者支付经济补偿。

（2）自用工之日起超过 1 个月不满 1 年，书面通知劳动者终止劳动关系的，用人单位应当根据劳动者的工作年限支付经济补偿金。

需要注意的是，劳动者拒不签订劳动合同的，用人单位可以此为由终止劳动关系，但最迟必须在用工之日起 1 年内作出。如果超过 1 年，无论是谁的原因导致的劳动合同未订立，均视为双方已经订立了无固定期限劳动合同，用人单位也无权再以劳动者不签劳动合同为由终止劳动关系，同时还会面临被追索11 个月二倍工资的法律风险。

实操 8：如果劳动者出具本人不愿意签订劳动合同的书面声明，那么用人单位还会承担正常法律责任吗？

与劳动者订立书面劳动合同是用人单位的法定义务，它包括通知义务（用人单位应当在规定期限内主动提出与劳动者签订劳动合同）和拒签义务（用人单位应当对不愿意签订劳动合同的劳动者拒绝使用）。

用人单位的上述义务并不是劳动者的单方面声明放弃就可以免除的。因此，劳动者出具本人不愿意签订劳动合同的书面声明，不具有免除单位签订劳动合同义务的法律效力。即使劳动者本人同意不订立书面劳动合同，作为用人单位，也要承担未依法订立书面劳动合同的法律责任。

实操 9：劳动合同中的法定必备条款包括哪些？

根据《劳动合同法》第 17 条的规定，劳动合同应当具备图 2-1 所列的法定必备条款。

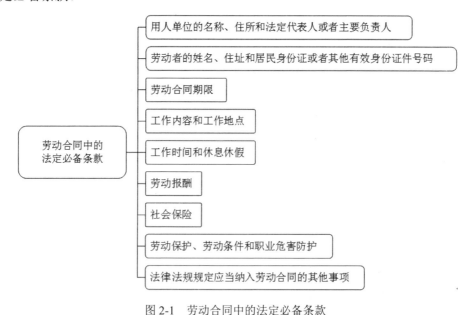

图 2-1　劳动合同中的法定必备条款

实操10:《劳动法》规定的劳动合同必备条款还继续适用吗?

虽然《劳动法》在《劳动合同法》施行之后仍然有效,但是与之相冲突的部分已经由《劳动合同法》所取代。因此,劳动纪律条款、劳动合同终止的条件条款、违反劳动合同的责任条款这3项根据《劳动法》应当写明的必备条款,根据《劳动合同法》已经没有必要或不得在劳动合同中进行约定。

关于劳动合同终止的条件条款和违反劳动合同的责任条款,《劳动合同法》明确规定用人单位不得在法律规定的情形之外与劳动者约定劳动合同的终止条件或为劳动者规定违约责任。

实操11: 劳动合同的主体有哪些?

劳动合同的主体双方,一方是用人单位,另一方则是劳动者,其他任何主体都不能签订劳动合同。

1. 用人单位

用人单位是指在劳动关系中依法使用和管理劳动者并付给其劳动报酬的组织。根据《劳动合同法》及《劳动合同法实施条例》的规定,用人单位的范围主要包括以下两种形式。

(1)直接适用《劳动合同法》的单位,主要包括中华人民共和国境内的企业、个体经济组织、民办非企业单位等组织,依法成立的会计师事务所、律师事务所等合伙组织和基金会。其中,民办非企业单位主要包括各类民办学校、医院、文艺团体、体育场馆、科研院所、职业培训中心、福利院及人才交流中心等。

(2)依照执行《劳动合同法》的单位,主要包括国家机关、事业单位及社会团体。上述单位采用合同制或聘用制用工时,依照《劳动合同法》执行。

2. 劳动者

劳动者是指在劳动关系中为用人单位提供劳动服务并获取劳动报酬的自

然人。一般来说，要成为合法的劳动者，只需要满足两个基本条件：一是达到法定年龄，即年满 16 周岁；二是具有劳动行为能力，即具备能以自己的行为行使劳动权利和履行劳动义务的资格。但需要注意的是，劳动法律法规将现役军人、保姆和公务员等排除在了劳动权利义务主体之外，上述人员的相关权益受其他法律法规的调整和保护。

对于未成年人、退休返聘人员、在校实习生和外国人等特殊的劳动者，人力资源管理部门应特别关注。上述劳动者中，有的是劳动法律法规对其作出了特别规定（如未成年人和外国人）；有的是对其在实践中是否适用劳动法律法规调整存在争议（如退休返聘人员和在校实习生）。

（1）未成年人。劳动关系中的未成年人主要是指年满 16 周岁未满 18 周岁的自然人。由于未成年人在与用人单位建立劳动关系时仍然处于生长发育期，以及有接受义务教育的需要，因此法律对未成年劳动者依法采取了特殊的劳动保护措施（见表 2-2）。

表 2-2 法律对未成年劳动者的特殊劳动保护措施

项 目	内 容
不得安排未成年劳动者从事禁忌的劳动	用人单位不得安排未成年劳动者从事矿山井下、有毒有害、国家规定的第四级体力劳动强度的劳动和其他禁忌从事的劳动
对未成年劳动者进行定期健康检查	用人单位应当分别在以下阶段对未成年劳动者进行定期健康检查： ①安排工作岗位之前 ②工作满 1 年 ③年满 18 周岁，距前一次的体检时间已超过半年
招用未成年劳动者应当办理登记	用人单位招用未成年劳动者，除符合一般用工要求外，还须向所在地的县级以上劳动行政部门办理登记，由劳动行政部门核发《未成年工登记证》，未成年劳动者须持证方能上岗

（2）退休返聘人员。退休返聘人员主要是指已享受养老保险待遇或已达到法定退休年龄后被再次聘用的员工。

根据我国相关法律的规定，男性劳动者的退休年龄为年满 60 周岁；女性劳动者的退休年龄为工人年满 50 周岁，干部年满 55 周岁。根据《劳动部关于实行劳动合同制度若干问题的通知》的规定，聘用离退休人员时，用人单位应与其签订书面协议，明确聘用期内的工作内容、报酬、医疗、劳保待遇等权利和义务。

由于劳动者享受养老保险待遇和达到法定退休年龄是劳动合同终止的情形之一，因此用人单位在招用达到法定退休年龄的劳动者时，形成的是劳务关系而不是劳动关系，其不适用《劳动法》和《劳动合同法》等相关的劳动法律法规，相关权利义务由普通民事法律调整。

（3）在校实习生。在校实习生主要是指在用人单位从事实践和学习的在校学生。在校学生利用业余时间勤工助学，不视为就业，未建立劳动关系，可以不签订劳动合同。因此，在校实习生不是《劳动合同法》范围内的劳动者，其与用人单位之间的关系不属于劳动关系，不受劳动法律法规的调整和保护。

但需要注意的是，目前的司法实践在确认实习生是否和用人单位存在劳动关系时，会面临毕业的在校学生以就业为目的的实习和普通的勤工助学的实习区别对待。对于面临毕业的大学生参加社会实践和到用人单位实习，其在用人单位和该单位普通员工一样全日制工作，一般会被认为是就业，而不是实习，大学生和用人单位之间属于劳动关系，其权益受《劳动合同法》的调整和保护。

（4）外国人。关于聘用外国人的相关规定，请参考本书第一章实操 9 的相关内容。

（5）港澳台员工。《人力资源和社会保障部关于香港澳门台湾居民在内地（大陆）就业有关事项的通知》明确规定，自 2018 年 7 月 28 日起，港澳台人员在内地（大陆）就业不再需要办理《台港澳人员就业证》，并对取消许可后港澳台人员在内地（大陆）就业的有关事项作出规定。对于已经发放的《台港澳人员就业证》，自 2019 年 1 月 1 日起终止使用。不再发放《台港澳人员就业证》后，在内地（大陆）求职、就业的港澳台人员，可使用港澳台居民居住证、港澳居民来往内地通行证以及台湾居民来往大陆通行证等有效身份证件办理人力资源社会保障各项业务，以工商营业执照、劳动合同（聘用合同）、工资支付凭证或社会保险缴费记录等作为其在内地（大陆）就业的证明材料。

实操 12：非法用工单位用工的，是否按劳动关系处理？

非法用工单位主要是指不具备合法经营资格的用人单位，主要包括以下 3 种情形：①未办理营业执照；②营业执照被吊销；③营业期限届满仍继续经营。

只要非法用工单位与劳动者之间签订的劳动合同不违反法律强制性规定，那么即便存在非法用工，也承认其劳动关系的存在。根据《劳动合同法》第 93 条的规定，劳动者已经付出劳动的，该用人单位或者其出资人应当根据《劳动合同法》的规定向劳动者支付劳动报酬、经济补偿、赔偿金；给劳动者造成损害的，应当承担赔偿责任。

实操 13：分公司是否具有独立的用工权？

关于分公司是否具有独立的用工权，根据《劳动合同法实施条例》的规定，应当根据情况区别对待，具体如图 2-2 所示。

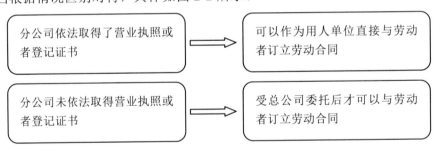

图 2-2　关于分公司是否具有独立用工权的规定

实操 14：如何设立劳动合同的期限？

劳动合同的期限主要包括 3 种：固定期限、无固定期限和以完成一定工作任务为期限。劳动合同的期限是法律要求的劳动合同的必备条款，因此用人单位必须在劳动合同中与劳动者明确约定合同期限（见表 2-3）。

表 2-3　劳动合同的期限

项　　目		内　　容
固定期限劳动合同	基本概念	固定期限劳动合同是指用人单位与劳动者明确约定合同终止时间的劳动合同。用人单位与劳动者协商一致，可以订立固定期限劳动合同
	劳动合同的期限	①固定期限劳动合同可以是较短时间的，如半年、1 年、2 年；也可以是较长时间的，如 5 年、10 年，甚至更长时间 ②不管时间长短，劳动合同的起始和终止日期都是固定的。劳动合同期限届满，劳动关系即告终止 ③如果双方协商一致，还可以续订劳动合同，延长期限
无固定期限劳动合同	基本概念	无固定期限劳动合同是指用人单位与劳动者约定无确定终止时间的劳动合同。这里所说的无确定终止时间是指劳动合同没有一个确切的终止时间，劳动合同的期限长短不能确定，但并不是没有终止时间，一旦出现法律规定的情形，那么无固定期限劳动合同也同样能够终止和解除
	可签订无固定期限劳动合同的情形	约定订立　用人单位和劳动者双方协商一致，同意签订无固定期限劳动合同
		法定订立　出现下列情形之一的，除劳动者提出订立固定期限劳动合同外，用人单位应当订立无固定期限劳动合同： ①劳动者在该用人单位连续工作满 10 年的 ②用人单位初次实行劳动合同制度或者国有企业改制重新订立劳动合同时，劳动者在该用人单位连续工作满 10 年且距法定退休年龄不足 10 年的，即满足"双十"条件 ③连续订立 2 次固定期限劳动合同，且劳动者没有《劳动合同法》第 39 条和第 40 条第 1 项、第 2 项规定的情形，续订劳动合同的
		视为订立　用人单位自用工之日起满 1 年不与劳动者订立书面劳动合同的，视为用人单位与劳动者已订立无固定期限劳动合同

续表

项　　目		内　　容
以完成一定工作任务为期限的劳动合同	基本概念	以完成一定工作任务为期限的劳动合同是指用人单位与劳动者约定以某项工作的完成为合同期限的劳动合同
	劳动合同的期限	用人单位与劳动者协商一致，可以订立以完成一定工作任务为期限的劳动合同。该类劳动合同以某一项工作开始之日作为其期限起算之日，以劳动者完成该项工作之日作为其期限终止之日，因此可能存在合同的变更、解除、中止（双方协议暂停履行）或者终止等问题，但不存在合同续签的问题
		以完成一定工作任务为期限签订的劳动合同主要有： ①以完成单项工作任务为期限的劳动合同 ②以项目承包方式完成承包任务的劳动合同 ③因季节原因临时用劳动合同等

实操 15：无固定期限劳动合同与固定期限劳动合同有何区别？

无固定期限劳动合同与固定期限劳动合同的区别如表 2-4 所示。

表 2-4　无固定期限劳动合同与固定期限劳动合同的区别

项　　目	内　　容
劳动合同不约定存续期限	这是无固定期限劳动合同区别于固定期限劳动合同的显著特征
除非存在法定或约定合同解除的情形，否则无固定期限合同直至劳动者退休才终止	相比于固定期限劳动合同，无固定期限劳动合同具有更强的稳定性。该劳动合同可以在劳动者的法定劳动年龄范围内和企业的存在期限内存在，只有符合法律法规所规定的特殊情况，劳动合同才能解除
适用范围不同	①无固定期限劳动合同主要适用于专业性或者技术性较强的职务、工种，或者工龄达到一定年限的劳动者 ②固定期限劳动合同则主要适用于一般性、季节性、临时性、用工灵活、职业危害较大的工作岗位，适用范围更广，应变能力也更强，既能够保持劳动关系的相对稳定，又能够促进劳动力的合理流动，使资源配置合理化、效益化，是实践中运用较多的一种劳动合同

需要注意的是，无固定期限劳动合同出现约定解除的情况时，用人单位需要向劳动者支付相应的经济补偿金。因此，在订立劳动合同时，用人单位不得将法定的解除条件作为约定的解除事由在劳动合同中加以约定。

实操 16：一个有效的劳动合同应具备哪些要件？

一个有效的劳动合同应具备图 2-3 所列的 4 个要件。

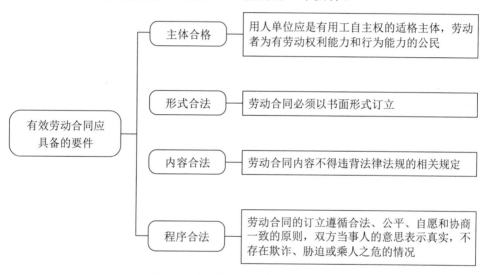

图 2-3　有效劳动合同应具备的要件

实操 17：如何判定劳动合同无效？

判定劳动合同无效的法定情形主要包括表 2-5 所列的 3 个方面。

表 2-5　判定劳动合同无效的法定情形

项　目	内　容
以欺诈、胁迫的手段或者乘人之危，使对方在违背真实意思的情况下订立或者变更劳动合同	订立劳动合同应当遵循合法、公平、平等自愿、协商一致、诚实信用的原则。因此，任何一方采用欺诈、胁迫的手段或者乘人之危，致使对方违反本意与其订立或变更劳动合同的，该劳动合同无效

续表

项　目	内　容
以欺诈、胁迫的手段或者乘人之危，使对方在违背真实意思的情况下订立或者变更劳动合同	欺诈是指劳动合同的一方当事人故意陈述虚伪事实、隐瞒真实情况或者捏造假象，误导对方，使对方违背真实意思而订立合同 ①劳动者使用虚假学历证件、履历或者提供其他虚假情况以骗取与用人单位签订劳动合同 ②劳动者隐瞒尚未和原单位解除劳动关系的事实，与用人单位订立劳动合同 ③用人单位虚假承诺向劳动者提供福利待遇或夸大工资标准等
	胁迫是指一方当事人以暴力或其他手段，威胁、强迫对方，或以将来要发生的损害相威胁，致使对方屈服其压力，违背自己的真实意思而订立合同 ①用人单位限制劳动者人身自由 ②威胁抵押金不予退还 ③合同期满后强迫续订劳动合同
	乘人之危是指乘对方处于危难之际，诱骗或强迫对方违背自己的真实意思接受某种明显不公平的条件而订立合同 如用人单位乘劳动者生活处于窘迫急于找到工作之机，将劳动者的工资压得过低，与其实际劳动力价值不相符，使劳动者不得已而接受显失公平的合同条款
用人单位免除自己的法定责任、排除劳动者权利	①用人单位应该公平合理地确定双方当事人的权利和义务，而不得免除自己的法定责任，排除劳动者的权利，使得劳动合同的内容显失公平 ②用人单位在制作劳动合同时，应当在法律规定的范围内拟订相关的条款，避免出现某些限制或排除劳动者权利的条款
违反法律、行政法规强制性规定	①违反的必须是法律和行政法规，即违反的是由全国人大及其常务委员会制定的法律和国务院制定的行政法规，不包括各部委制定的部门规章，也不包括地方性法规或地方政府规章 ②违反的必须是法律、行政法规中的强制性规定。强制性规定是指法律规定的内容具有强制性，当事人只能无条件地遵守、不能随意更改的法律规范

　　"违反法律、行政法规强制性规定"属于兜底条款，以欺诈手段订立劳动合同，用人单位免除自己的法定责任、排除劳动者权利的条款，也都是违反法律、行政法规强制性规定的，但对于上述无效情形无法覆盖的情况或者条款，

《劳动合同法》以违反法律、行政法规强制性规定作为兜底，认定相应条款无效。常见的违法条款主要有：①违法约定劳动者支付违约金的条款；②超过法定期限的试用期条款；③违法约定劳动合同期限的条款；④违法约定工资标准的条款等。

实操 18：什么情况下可以以劳动者欺诈而主张劳动合同无效？

判断劳动合同无效情形中的欺诈行为可以依据图 2-4 所列的构成要件。

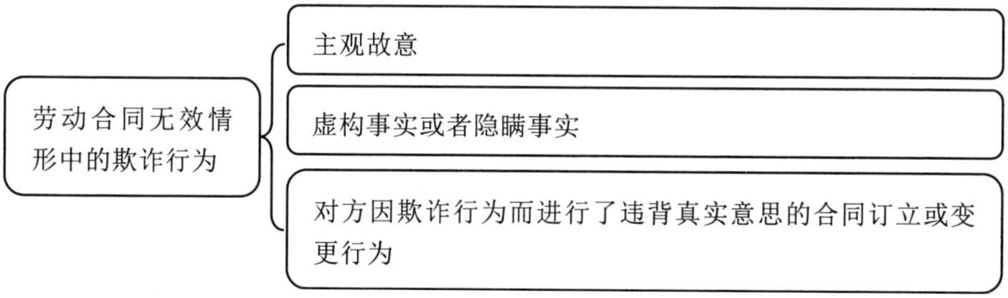

图 2-4　劳动合同无效情形中的欺诈行为

需要注意的是，《劳动合同法》规定的无效情形针对的是劳动合同的双方，因为欺诈行为既可以由劳动者实施，也可以由用人单位实施。由于劳动者欺诈而导致合同无效，是用人单位解除劳动合同的法定理由之一，因此在实践中，主张劳动合同无效的多数为用人单位，常见的理由主要包括劳动者提供虚假学历、虚假专业资格或虚构夸大职业经历等。

实操 19：以欺诈订立的劳动合同有效吗？是否需要支付劳动者报酬？

根据《劳动合同法》第 26 条的规定，以欺诈、胁迫的手段或者乘人之危，使对方在违背真实意思的情况下订立的劳动合同无效。即法律规定如果劳动合同被确认无效，那么劳动者已付出劳动的，用人单位应向劳动者支付劳动报酬，劳动报酬的具体数额，参照本单位相同或相近岗位劳动者的报酬确定。也就是说，虽然劳动合同无效，但是劳动者付出的劳动应得到相应的报酬，用人单位还是应当支付劳动者相应的劳动报酬。同时，还要注意的是，如果劳动合同被确认无效，给对方造成损害的，有过错的一方应当承担赔偿责任。

实操 20：劳动者隐瞒健康或身体状况，签订的劳动合同是否有效？

用人单位在认定欺诈行为时应当谨慎客观，不能将劳动者隐瞒或虚报个人信息或背景信息一律视为欺诈，构成劳动合同无效情形的欺诈行为必须是与用人单位违背真实意思作出劳动合同的订立或变更有直接关联的行为，并且也不应带有就业歧视的意味。

因此，对于劳动者隐瞒健康或身体状况所签订的劳动合同是否有效，应根据是否与用人单位违背真实意思作出劳动合同的订立或变更有直接关联的行为来判断。

实操 21：劳动合同的约定与企业的规章制度内容不一致，劳动合同的约定还有效吗？

根据《最高人民法院关于审理劳动争议案件适用法律问题的解释（一）》第 50 条的规定："用人单位制定的内部规章制度与集体合同或者劳动合同约定的内容不一致，劳动者请求优先适用合同约定的，人民法院应予支持。"也就是说，劳动合同约定与规章制度内容不一致的，应当依劳动者请求，优先适用劳动合同的约定。

实操 22：由劳动合同的无效引起的法律后果有哪些？

劳动合同无效主要分为全部无效和部分无效两种情况。但无论是全部无效还是部分无效，无效的部分从订立时起，就不具有法律效力。对于无效劳动合同，因导致无效的原因不同，订立合同后，合同履行的程度不同，引起的劳动关系的变化程度不同，所引起的法律后果也不尽相同（见表 2-6）。

表 2-6 劳动合同无效引起的法律后果

项 目			内 容
劳动合同全部无效	基本概念		劳动合同全部无效指劳动合同的全部条款不发生法律效力，对双方当事人没有约束力。在劳动合同被认定全部无效的情况下，双方当事人之间的劳动关系及相应的权利义务都归于消灭
	法律后果	随时解除劳动合同	①如果是用人单位的原因导致劳动合同无效的，那么劳动者可以随时解除劳动合同，用人单位需要按照法定标准向其支付经济补偿金 ②如果是劳动者的原因导致劳动合同无效的，那么用人单位可以随时解除劳动合同，而无须支付任何经济补偿
		劳动者已付出劳动的，用人单位应支付报酬	①劳动合同被确认无效后，无论是哪一方的过错，只要劳动者已经付出劳动的，用人单位就应当向劳动者支付劳动报酬 ②劳动报酬的数额，可以参照本单位相同或者相近岗位劳动者的劳动报酬确定；用人单位无相同或相近岗位的，按照本单位职工平均工资确定
		有过错的一方承担赔偿责任	①劳动合同被确认为无效后，因无效劳动合同给一方当事人造成实际损失的，有过错的一方应承担赔偿责任 ②如果因劳动者过错而造成劳动合同无效，那么用人单位可以要求劳动者赔偿其为招聘劳动者而支付的合理费用，以及为劳动者支付的培训费用等
劳动合同部分无效	基本概念		劳动合同部分无效指劳动合同的部分条款虽然被确认无效，但并不影响其他条款的效力。在部分无效的劳动合同中，无效条款如不影响其余部分的效力，则其余部分仍然有效，对双方当事人具有约束力
	法律后果		①无效条款约定的事项按法律规定确定，且追溯到合同订立之时劳动合同部分无效，不影响整个劳动合同的效力，无效的部分，从订立时起，就没有法律约束力 ②对于无效部分事项的确定和相应法律关系的调整，应根据相关的法律规定进行，并且此种调整可以追溯到合同订立之时 ③劳动合同部分条款被确认无效，因此而给一方当事人造成实际损失的，有过错的一方应承担赔偿责任

实操23：如果劳动合同中约定的用人单位发生了变化，那么原劳动合同的效力如何认定？

根据《劳动合同法》第34条的规定，用人单位发生合并或者分立等情况，原劳动合同继续有效，劳动合同由承继其权利和义务的用人单位继续履行。因此，原劳动合同效力不变，只是原合同中的用人单位一方由变化后的用人单位承继其劳动合同上的权利和义务。

第二节　案　例　精　解

案例1：劳动者参加岗前培训能否认定为建立劳动关系？

李某应聘到A公司担任销售人员。根据A公司的规定，新员工正式上岗前需要参加为期1个月的岗前培训，由于岗前培训不算正式工作，因此A公司这1个月只发给李某600元生活费。岗前培训期满后，A公司根据李某在培训期间的表现决定是否聘用。李某对公司的做法提出异议。请问：参加岗前培训能否认定为建立劳动关系？

【精解】

参加岗前培训能够认定与用人单位建立劳动关系。

理由：根据《劳动合同法》的规定，用人单位自用工之日起即与劳动者建立劳动关系。"用工"主要是指用人单位实际上开始使用劳动者的劳动力，劳动者开始在用人单位的指挥、监督、管理下提供劳动。用工之日，简单来说就是劳动者在用人单位开始上班的那一天。

根据《劳动法》的规定，岗前培训既是劳动者的权利，也是用人单位的义务。同时，岗前培训也是劳动者受用人单位指派参加的，即使没有参加正式的工作，也应当视为劳动者提供了"用工"。

因此，可以认定李某自第一天参加培训时起就与 A 公司建立了劳动关系。

案例 2：在校大学生能与用人单位签订劳动合同吗？

张某为某高校应届毕业生，2021 年 7 月正式从高校毕业。2021 年 3 月张某被 A 公司招聘进公司工作，职务为该公司的业务咨询顾问。A 公司与张某双方签订了聘用协议，双方约定试用期为 1 个月，试用期工资为 1000 元。第 2 个月转正后，工资提高到 1500 元。第 1 个月后，A 公司以工资条形式发放张某工资 1000 元。请问：张某作为在校大学生，能与用人单位签订劳动合同吗？

【精解】

张某在进入 A 公司工作时已经年满 16 周岁，具有就业的权利和行为能力，符合劳动法规定的就业年龄，其在校大学生的身份也非劳动法规定排除适用的对象。张某尚未正式毕业的事实，A 公司录用时予以了审查，也不存在隐瞒和欺诈行为。法律并没有禁止临毕业大学生就业的规定，因此张某为适格的劳动合同主体，能够与用人单位签订劳动合同。

需要注意的是，用人单位在聘用在校大学生，特别是聘用即将毕业的大学生时，如果仅仅是为其提供实习和实践机会，而与学生毕业后的就业无关，那么务必订立实习协议，明确说明上述情况，并且具体约定在实习期间的报酬、工作时间和事故责任等，以最大程度降低用工风险。

案例 3：劳动合同欠缺必备条款，企业是否承担法律责任？

2020 年 9 月，张某与 B 公司签订了为期 3 年的劳动合同。劳动合同中约定了合同期限、工作岗位、工资标准以及工作任务等，但没有休息休假和社会保险等条款。2020 年 12 月，张某以与 B 公司订立的劳动合同条款未具备《劳动合同法》规定必备条款为由，向劳动争议仲裁委员会申请仲裁，请求确认该劳动合同无效，应视同未订立劳动合同，并要求 B 公司支付 2020 年 9 月至 12 月的二倍工资。请问：仲裁委员会会支持张某的仲裁请求吗？劳动合同欠缺必备条款，企业是否承担法律责任？作为企业人力资源管理部门，应当如何避免因劳动合同欠缺必备条款而使企业承担法律责任？

【精解】

仲裁委员会不会支持张某的仲裁请求。

理由：B公司并不是没有与张某订立书面劳动合同，而是订立的书面劳动合同条款未完全具备《劳动合同法》规定的必备条款，这种情况不等于未订立书面劳动合同，因此不会支持张某的仲裁请求。

未订立书面劳动合同和劳动合同欠缺必备条款两者是不能等同的，用人单位承担的法律责任也是不同的。根据《劳动合同法》第81条的规定，用人单位提供的劳动合同文本中未载明必备条款，由劳动行政部门责令改正，给劳动者造成损害的，应当承担赔偿责任。由此可见，如果因劳动合同未载明部分必备条款给劳动者造成了实际损害，劳动者可以要求企业承担相应的赔偿责任。

作为企业人力资源管理部门，应当根据《劳动合同法》的规定，重新逐一修订企业劳动合同的各项条款，根据企业自身的情况增加或修改相应的规定，严格遵守关于必备条款中法律法规的强制性和禁止性规定，以免承担因违法而导致合同无效的法律后果。

案例4：缺乏必备条款的劳动合同是否就是无效的呢？

某科技公司新设立了产品研发部门，聘用张某为研发部门的经理。由于产品研发部门为新设立部门，因此该公司的薪酬管理制度中并没有关于研发部门经理薪酬的规定。该公司人事主管在与张某签订劳动合同时，没有特别约定劳动报酬，仅口头说明根据工作绩效而定。双方签订了为期3年的劳动合同，张某的薪酬按照研发部门的工作绩效给付。1年后，因该公司对张某的工作能力不满意，故想解除与其签订的劳动合同。该公司人事主管在查阅资料后发现该公司与张某签订的劳动合同中并没有法律所规定的必备条款——劳动报酬，因此认为这份劳动合同是无效的，双方只存在事实劳动关系，公司想终止劳动关系，只需提前30天通知张某即可。请问：缺乏必备条款的劳动合同是否就是无效的呢？

【精解】

《劳动合同法》明确规定了劳动合同应当具备的条款，尤其是工作岗位和薪酬，不仅是必备条款，而且是极为重要的条款。但是，法律并没有明确规定没有必备条款的劳动合同就是无效的。劳动合同有效的基础是双方意思表示一致，且没有违反法律法规。必备条款的缺乏并不能直接引起劳动合同的无效。

在本案例中，虽然劳动合同的双方当事人没有就劳动报酬在劳动合同中进行明确，但是劳动合同本身确实是出于意思表示一致而订立的，并没有违反法律法规的条款。因此，双方的劳动合同是有效的，公司并不能随意解除劳动合同。

案例 5：劳动合同中存在"不合法条款"但员工认可，那么存在这种"不合法条款"的劳动合同是否有效？

王某为某高校毕业生，应聘到某外企担任投资咨询职务。在签订劳动合同时，该外企公司与王某双方约定，考虑到王某工作的性质，要求王某在 3 年劳动合同期内不得结婚，否则以自动离职处理，并且要向该外企公司支付违约金 10 000 元。双方达成了约定，并签订了为期 3 年的劳动合同。请问：该外企公司要求王某在 3 年劳动合同期内不得结婚，是否属于劳动合同中的"不合法条款"？劳动合同中存在"不合法条款"但员工认可，那么存在这种"不合法条款"的劳动合同是否有效？

【精解】

该外企公司要求王某在 3 年劳动合同期内不得结婚，属于劳动合同中的"不合法条款"。

理由：婚姻自由既是宪法赋予公民的一项基本权利，又是《民法典》的一项重要原则。《民法典》规定，禁止任何组织或个人干涉婚姻自由。"约定 3 年劳动合同期内不得结婚"侵害了王某的婚姻自由，属于无效条款，该外企公司不能以此为理由开除王某，也不能要求王某支付 10 000 元违约金。

根据《劳动合同法》的规定，劳动合同排除劳动者权利或违反法律法规强制性约定的条款无效或者部分无效，因此劳动合同中约定的一些"限制性条件"不具有法律效力。

案例 6：因劳动者原因导致劳动合同无效，应如何处理？

某销售公司急需招聘一名销售主管，张某前往应聘。在面试过程中，张某向该销售公司提交了其以往在多个知名企业从事销售主管的书面简历。该销售公司对张某的工作经历很满意，于是双方签订了劳动合同，聘用张某为该销售公司的销售主管，工资为 10 000 元。3 个月后，该销售公司发现张某销售能力一般，其所带领的销售团队销售业绩也仍无起色。随后该销售公司经调查发现，王某所说的在多个知名企业担任销售主管的经历纯属虚构，企业当即以张某欺诈为由，作出了解除合同的决定，并不予支付张某当月的工资。请问：张某与销售公司订立的劳动合同是否属于无效合同？如果属于无效合同，那么该销售公司是否可以以此为由不支付张某当月的工资？

【精解】

首先，该劳动合同属于无效合同。

理由：根据《劳动合同法》的规定，采取欺诈、胁迫等手段订立的劳动合同无效。对于该无效劳动合同，用人单位可以立即解除劳动合同。本案例中，张某为了达到与销售公司签订劳动合同的目的，隐瞒了真实情况，虚构了工作经历，使销售公司在急需销售主管的前提下与其签订了劳动合同。张某的这种做法属于欺诈行为，因此张某与销售公司订立的劳动合同应当属于无效合同，销售公司有权解除劳动合同。

其次，该销售公司不可以以此为由不支付张某当月的工资。

理由：由于劳动合同的特殊性，对于张某已经为销售公司提供和付出的劳动，其有权向销售公司主张相应的劳动报酬，因此即便张某与销售公司订立的劳动合同属于无效合同，销售公司也仍需按照双方劳动合同中确定的工资标准向张某支付劳动报酬。

在与劳动者签订劳动合同时，企业人力资源管理部门应当谨慎审查劳动者的资质证明和所提供的各种信息，避免出现劳动合同全部或部分无效的情形。无论是因用人单位的原因还是劳动者的原因导致劳动合同无效的，对于用人单位来说，都面临着承担法律责任和经济损失。如果是用人单位原因造成的劳动合同无效，则用人单位除了应给付相应的劳动报酬外，还需要承担一定的损害赔偿责任。如果是劳动者原因造成的劳动合同无效，则用人单位仍然需要支付相应的劳动报酬。

案例 7：劳动者拖延签订劳动合同，能否主张二倍工资？

某服装加工厂因业务需要急招了一批外地的服装加工人员。在员工入职后的 1 周内，该服装加工厂的人事主管安排这些员工与公司签订劳动合同。大部分员工都与该服装加工厂签订了为期 1 年的劳动合同。但部分员工认为劳动合同是"卖身契"，一旦签订了劳动合同就再也无法离职了，因此拒绝与该服装加工厂签订合同。该服装加工厂的人事主管告诉拒绝签订劳动合同的员工，签订劳动合同之后，仍然可以提前 30 天行使单方解除权，但是如果不签订劳动合同，该服装加工厂就要承担二倍工资的惩罚。这些员工以咨询法律人士为由拖延签订劳动合同。请问：劳动者拖延签订合同，能否主张二倍工资？

【精解】

劳动者拖延签订合同，是能够主张二倍工资赔偿的。

理由：根据《劳动合同法》的规定，用人单位自用工之日起，超过一个月不满一年不与劳动者签订劳动合同的，应当向劳动者支付二倍工资；超过一年不与员工签订书面劳动合同的，则视为自动与员工签订无固定期限的劳动合同。

需要注意的是，这里并没有说不签订劳动合同的原因是来源于用人单位还是劳动者。一旦企业不与劳动者签订劳动合同，那么即使是员工明确表示不签订劳动合同，企业也很难避免赔偿二倍工资的责任。因此，针对这种情况，用人单位一定要采取各种措施积极应对，防患于未然。

案例8：劳动者工作两年时间但一直未签订劳动合同，能主张二倍工资吗？

赵某于2018年1月1日起在某商场做销售工作，一直到2019年12月初离职时都没与商场签订劳动合同。请问：赵某能讨要这期间的二倍工资么？

【精解】

根据《劳动合同法》第14条第3款的规定，用人单位自用工之日起满一年不与劳动者订立书面劳动合同的，视为用人单位与劳动者已订立无固定期限劳动合同。一旦未签订劳动合同满一年，双方就被视为订立了无固定期限劳动合同。根据第82条的规定，用人单位自用工之日起超过一个月不满一年未与劳动者订立书面劳动合同的，应当向劳动者每月支付二倍的工资。根据《劳动合同法实施条例》第7条的规定，在用人单位自用工时起未订立劳动合同的情况下，二倍工资计算是"自用工之日起满一个月的次日至满一年的前一日"。

因此，从2018年1月1日起赵某与商场就不再是没有合同的状态，而被默认为已订立了无固定期限劳动合同。商场不需支付2018年1月1日至离职期间的二倍工资，需要支付2018年2月1日至2018年12月31日期间的二倍工资。

案例9：劳动者隐瞒婚姻状况签订的劳动合同是否有效？

林某于2015年3月5日入职北京某培训公司，担任全职法语老师。双方签订了为期3年的劳动合同。因担心就业压力，林某在求职申请表中填写的婚育状况为已婚已育，且在基本情况中填写了子女信息。2016年12月，在公司组织的体检中，林某查出怀孕，且此怀孕为首胎。林某将怀孕一事告知公司后，2017年1月，公司以林某虚报个人资料为由与其解除劳动合同。林某不服，向当地仲裁委员会申请劳动仲裁，要求公司与其恢复劳动关系。请问：林某与该培训公司所签订的劳动合同是否有效？

【精解】

该劳动合同有效。

理由：原则上，员工的婚姻状况、生育状况不应成为用人单位判断是否订立和变更劳动合同的因素。婚姻、生育状况通常与劳动合同的履行没有必然的关系，属于个人隐私。根据《劳动合同法》的规定，用人单位在招用劳动者时，应当如实告知劳动者工作内容、工作条件、工作地点、职业危害、安全生产状况、劳动报酬，以及劳动者要求了解的其他情况；用人单位有权了解劳动者"与劳动合同直接相关的基本情况"，劳动者应当如实说明。"与劳动合同直接相关的基本情况"主要指与劳动合同履行有实质性意义的事项，一般包括劳动者个人身份信息资料，能一定程度反映劳动者工作能力、技术熟练程度的工作履历，原单位推荐函以及特殊岗位必须具备的资格证书或健康资料等。林某因担心就业压力虚报个人生育状况并不构成欺诈，因此培训公司以林某在签订劳动合同、填写求职申请表及员工基本情况时对生育状况做不实陈述为由解除劳动合同是违反法律规定的。对于林某要求与该培训公司恢复劳动关系的诉请，仲裁委员会应当予以支持。

案例 10：劳动者以假文凭签订的劳动合同是否有效？

2015 年 3 月，张某以某财经大学硕士的文凭成功入职某科技公司，并担任该公司销售经理职位，双方于 2015 年 4 月签订了劳动合同，合同期限至 2017 年 4 月止，且合同约定销售经理的月薪为 10 000 元。2016 年 2 月，经过近一年的销售业绩考核，该科技公司发现张某业务能力欠缺，业绩不佳，后经查实张某所持的某财经大学硕士文凭是假的，于是通知张某，决定从 2016 年 3 月 1 日起，解除双方于 2015 年 4 月所签订的劳动合同。该科技公司对张某 2016 年 2 月工资仅支付了一半。张某不服，向当地仲裁委员会申请劳动仲裁。请问：以假文凭签订的劳动合同是否有效呢？

【精解】

该劳动合同无效。

理由：订立劳动合同应当遵循合法、公平、平等自愿、协商一致、诚实信用的原则。张某以假文凭同该科技公司签订劳动合同，违背了订立劳动合同的基本原则——诚实信用原则，属于欺诈行为，使用人单位陷入错误认识，违背了用人单位的真实意思，因此双方所订立的劳动合同无效。

双方所签订的劳动合同无效，从订立时起就没有法律约束力，也就是说从一开始在法律上对双方当事人无约束力，尽管无约束力，但并不意味着用人单位无须支付劳动者已付劳动的报酬。根据《劳动合同法》的规定，劳动合同被确认无效，劳动者已付出劳动的，用人单位应当向劳动者支付劳动报酬。因此，该科技公司应向张某全额支付最后一个月的工资。

第三章

试用期管理

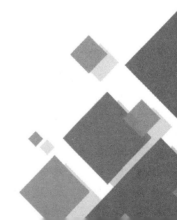

第一节 实务操作

实操 1：《劳动合同法》规定的试用期法定上限是多久？

试用期主要是用人单位和初次就业或者再次就业时改变劳动岗位或工种的劳动者之间为了相互了解、选择和信任而约定的、不超过 6 个月的考察期和磨合期。用人单位与劳动者可以协商一致确定试用期期限，但不能超过《劳动合同法》规定的试用期的最长期限。《劳动合同法》根据劳动合同的期限长短规定了不同的试用期最长期限，如图 3-1 所示。

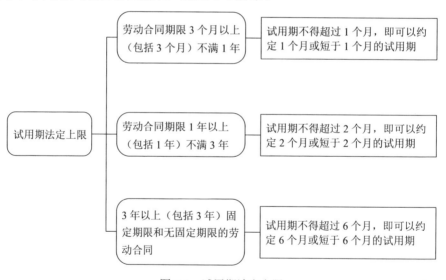

图 3-1　试用期法定上限

实操 2：用人单位提出延长或缩短对劳动者的考察期限，应满足哪些条件？

用人单位是可以在满足以下条件时，根据实际情况提出延长或缩短对劳动者的考察期限的。延长或缩短对劳动者考察期限的条件如表 3-1 所示。

表 3-1　延长或缩短对劳动者考察期限的条件

项　　目	内　　容
用人单位与劳动者协商一致	对于试用期的延长和缩短，都是对双方之前签订的劳动合同条款的变更，因此必须经过双方协商一致。劳动者对于"提前转正"都会欣然接受，提出异议和发生纠纷的可能性较小。但是，关于试用期的延长，常常会引发争议和纠纷。需要明确的是，试用期可以在法律规定的范围内延长，但是任何一方都没有单方决定延长试用期的权利。因此，未经劳动者的同意，用人单位不能单方面随意延长试用期，否则将承担不利的法律后果
	需要注意的是，近年来，北京地区倾向于认为用人单位和劳动者在已经明确约定试用期的情况下，双方又再次约定延长试用期的行为违反了"同一用人单位与同一劳动者只能约定一次试用期"的法律规定，构成违法约定试用期。因此，北京地区的用人单位在与员工约定延长试用期时，应当谨慎
延长后的试用期不得超过法定上限	即便是用人单位和劳动者协商一致同意延长试用期，延长后的总期限也必须在前述法律规定的最高上限内，即如果企业之前已经约定了法定上限作为试用期期限，则即使双方协商一致也不能延长
必须在之前约定的试用期届满前延长	用人单位和劳动者关于延长试用期的协商及一致意见的达成，都必须在之前约定的试用期届满之前作出，否则在试用期届满后，任何一方都没有提出延长试用期的权利，而只有履行劳动合同的义务

实操 3：关于试用期工资，《劳动合同法》有哪些规定？

试用期的工资由用人单位和劳动者协商一致确定，但不得低于《劳动合同法》规定的最低标准。用人单位滥用试用期的现象非常普遍，如任意压低试用期基本薪水，甚至不给工资。因此，《劳动合同法》第 20 条规定，劳动者在试用期的工资不得低于本单位相同岗位最低档工资或者劳动合同约定工资的80%，并不得低于用人单位所在地的最低工资标准。

1. 试用期工资不得低于用人单位所在地的最低工资标准

我国实行最低工资保障制度，即职工在劳动过程中领取的最低劳动报酬不得低于用人单位所在地最低工资标准。在实践中，用人单位的注册地和实际经营地或劳动合同履行地可能出现不一致的情况，由于各地的最低工资标准不尽相同，应当适用哪一地的最低工资标准，直接关系到用人单位和劳动者的权益。

根据《劳动合同法实施条例》的规定，劳动合同履行地与用人单位注册地不一致的，最低工资标准按照劳动合同履行地的有关规定执行；如果用人单位注册地的有关标准高于劳动合同履行地的有关标准，且用人单位与劳动者约定按照用人单位注册地的有关规定执行的，则按照用人单位注册地的标准执行。

2. 试用期工资不得低于本单位同岗位最低档工资或者劳动合同约定工资的80%

上述两个条件中，用人单位只需要满足其中一条即可，即试用期工资低于本单位相同岗位最低档工资的80%，但是不低于劳动合同约定工资的80%，或者试用期工资低于劳动合同约定工资的80%，但是不低于本单位相同岗位最低档工资的80%。

实操 4：劳动者转岗或升职后，能否再次约定试用期？

《劳动合同法》对于用人单位对劳动者反复约定试用期是明确禁止的，即"同一用人单位与同一劳动者只能约定一次试用期"，并且没有规定例外情形。建议用人单位此时可以与劳动者约定转岗考察期等类似的期限，在该期限内，如果劳动者能够胜任新岗位工作的话，则予以转正；如果不能胜任的话，则可以回到原先的岗位。

实操 5：用人单位违法约定试用期应承担哪些法律后果？

《劳动合同法》对试用期的相关内容作了更加严格细致的规定，对于用人单位违法约定试用期的行为，也规定了明确的法律责任，如图 3-2 所示。

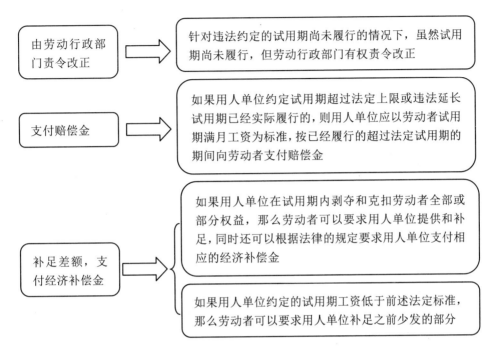

图 3-2　违法约定试用期应承担的法律责任

实操 6：劳动者在试用期内解除劳动合同应如何处理？

劳动者在试用期内解除劳动合同的处理如表 3-2 所示。

表 3-2　劳动者在试用期内解除劳动合同的处理

项　目	内　容	
劳动者解约的条件	根据《劳动合同法》的规定，劳动者在试用期内提前 3 日通知用人单位即可解除劳动合同。也就是说，劳动者只要提前 3 天通知用人单位，就可以解除劳动合同，不需要任何理由，也不需要满足任何条件	
特殊情形下的解约处理	用人单位出资对员工进行培训，员工在试用期内解约的	原《劳动部办公厅〈关于试用期内解除劳动合同处理依据问题的复函〉》关于试用期内违反服务期协议解除劳动合同，无须支付违约金的规定已经被废止，但依据理论观点及实务口径；如果用人单位出资培训的员工在试用期内解约，则用人单位还是很难要求员工支付违约金或赔偿培训费
	用人单位出资招用员工，员工在试用期内解约的	劳动者违反规定或劳动合同的约定解除劳动合同，对用人单位造成损失的，用人单位可以向职工索赔招收录用其所支付的费用（如猎头费用）

实操 7：用人单位在试用期内解除劳动合同应如何处理？

1. 用人单位解除劳动合同的条件

根据《劳动合同法》的规定，劳动者具有第 39 条 6 项情形和第 40 条两种情形之一的，用人单位才可以与劳动者解除劳动合同。

需要注意的是，前述两条款 8 项解除劳动合同情形中的 7 项针对非试用期内的劳动者也是适用的，其中只有 1 项是专门针对试用期内的劳动者的，即第 39 条第 1 项，劳动者在试用期间被证明不符合录用条件的，用人单位可以解除劳动合同。

（1）劳动者在试用期间被证明不符合录用条件的。这是用人单位在试用期解除劳动合同常用的撒手锏，也是法律赋予用人单位在试用期辞退劳动者的一项特权。很多企业人力资源管理者却经常苦恼于用不好这个撒手锏，导致在利用其解除劳动合同时，引发大量的纠纷和争议。因此，必须在这一关键点上下功夫。劳动者在试用期间被证明不符合录用条件的合理运用如表 3-3 所示。

表 3-3　劳动者在试用期间被证明不符合录用条件的合理运用

项　　目	内　　容
合法、清晰和明示的录用条件	用人单位以不符合录用条件为由解除劳动合同的前提是必须明确录用条件是什么，一个有效的录用条件应当满足 3 个要素：①内容必须合法；②必须明确具体；③必须经过向劳动者公示
	只有满足上述 3 点的"录用条件"才能作为有效的前提和标准在用人单位以不符合录用条件为由解除劳动合同时援用
	在北京地区，实务中认为不符合录用条件的情形还包括两种：①劳动者对学历证书、身份证等重要个人证件存在造假、隐瞒或虚构履历、知识、技能、健康等与职业相关的重要信息等违反诚信的行为；②在试用期间存在工作失误的
	因此，企业人力资源管理部门也应将这两点明确在不符合录用条件的情形中，并说明相关后果。其中，对于工作失误的认定，由于劳动法相关规定未具体细化规定何种情况属于"工作失误"，建议企业通过用人单位规章制度以及双方合同约定内容，进一步详细明确"工作失误"的判断标准

续表

项　　目	内　　容
有效的试用期评估考核	①用人单位要以试用期间不符合录用条件为由解除劳动合同，必须举证证明劳动者不符合录用条件，这通常也是用人单位最难举证的地方 ②用人单位应建立规范完善的试用期考核制度，科学合理地设定试用期考核标准和办法，并且将其和录用条件结合起来，从而规范地对劳动者是否符合录用条件作出客观有效的判断
必须在试用期届满前作出解除决定	若劳动者在试用期间不符合录用条件，则用人单位应在试用期届满前作出解除劳动合同的决定并送达劳动者本人；一旦过了试用期而以不符合录用条件为由作出解除劳动合同决定的，则会有违法解除劳动合同的法律风险

（2）劳动者具有其他过错性解除情形之一的。根据《劳动合同法》第 39 条的规定，劳动者在劳动合同履行的过程中存在图 3-3 所列过错的，用人单位可以解除劳动合同。

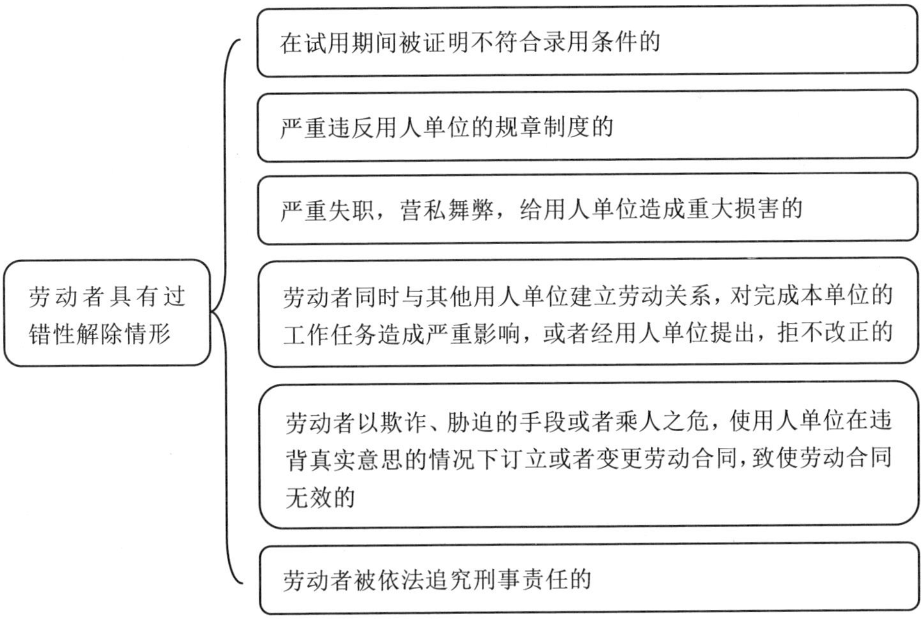

图 3-3　劳动者具有过错性解除情形

劳动者在试用期内有上述情形的，用人单位均可以解除劳动合同。

（3）劳动者具有非过错性解除情形之一的。劳动者本身没有过错，但由于特定情形的出现，用人单位可以在试用期内解除劳动合同，如图 3-4 所示。

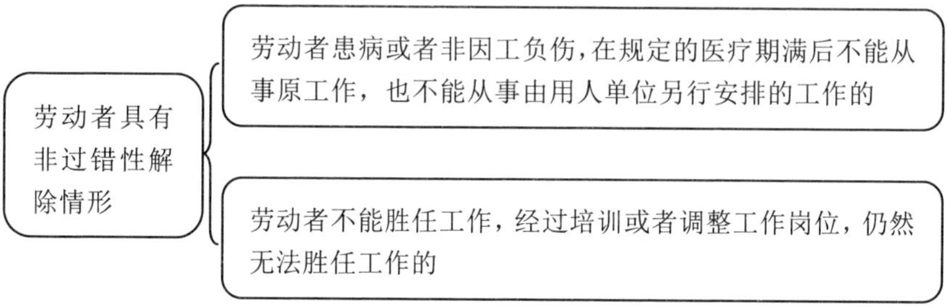

图 3-4　劳动者具有非过错性解除情形

2. 用人单位解除劳动合同的程序

用人单位解除劳动合同的程序如表 3-4 所示。

表 3-4　用人单位解除劳动合同的程序

项　目	内　容
向劳动者说明理由	根据《劳动合同法》的规定，用人单位在试用期解除劳动合同的，应当向劳动者说明理由。对于告知理由的形式，法律并没有作出强制性的规定，但为了规范管理和保留证据，建议采用书面形式，告知劳动者解约理由
经过工会程序	根据《劳动合同法》的规定，用人单位应在解除劳动合同前，将解约理由通知工会。如果用人单位违反法律、行政法规规定或者劳动合同约定的，工会有权要求用人单位纠正。用人单位应当研究工会的意见，并将处理结果书面通知工会
用人单位解约的法律后果	用人单位依据不同的情形解约，承担的法律后果是不同的 ①如果劳动者具有过错性解除情形之一的，包括"在试用期间被证明不符合录用条件"，那么用人单位解除劳动合同后无须支付任何经济补偿 ②如果劳动者具有非过错性解除情形之一的，那么用人单位在解除劳动合同后应当按规定支付经济补偿，此外还需要提前 30 日书面通知劳动者本人或支付相当于 1 个月工资的代通知金

实操8：劳动者在试用期满考核不合格，用人单位是否能解除劳动合同？

根据原劳动部办公厅对《关于如何确定试用期内不符合录用条件可以解除劳动合同的请示》的复函对于试用期内不符合录用条件的劳动者，企业可以解除劳动合同；如果超过试用期，则企业不能以试用期内不符合录用条件为由解除劳动合同。

通常在试用期届满后，按照劳动合同劳动者自动转为该企业的正式员工。因此，用人单位在试用期内应该尽快对劳动者进行全面的考核。一旦发现劳动者不符合录用条件，则应该在试用期结束前解除与劳动者的劳动合同，避免拖到试用期结束之后。

第二节　案例精解

案例1：企业可以任性规定试用期的长短吗？

2017年12月，段某经过半年的努力找工作，终于成功应聘到某大型商务公司。该商务公司提出试用期要持续长一点时间。考虑到工作不好找，段某答应了下来，并与该商务公司签订了为期2年的劳动合同，约定试用期为5个月，试用期工资4000元/月，转正后5500元/月。段某工作了3个月后，要求转正并涨工资，该商务公司以试用期和待遇的约定出自双方自愿为由，拒绝了段某的要求。请问：该商务公司的说法成立吗？

【精解】

该商务公司的说法不成立。

理由：根据《劳动合同法》第19条的规定，劳动合同期限三个月以上不满一年的，试用期不得超过一个月；劳动合同期限一年以上不满三年的，试用期不得超过二个月；三年以上固定期限和无固定期限的劳动合同，试用期不得超过六个月。段某的试用期最多为两个月，实际约定却为 5 个月，显然该说法是违法的。

根据《劳动合同法》第 83 条的规定，用人单位违反本法规定与劳动者约定试用期的，由劳动行政部门责令改正；违法约定的试用期已经履行的，由用人单位以劳动者试用期满月工资为标准，按已经履行的超过法定试用期的期间向劳动者支付赔偿金。因此，段某有权要求公司支付 12 000（4000×3=12 000）元作为赔偿金。

案例 2：企业随意延长试用期应承担哪些法律责任？

某房地产销售公司因为公司业务发展需要，急需招聘若干名房地产销售人员。张某通过该房地产销售公司面试，被聘为销售人员，双方签订了期限为 1 年的劳动合同，约定试用期为 1 个月，试用期工资为 1000 元，转正后底薪为 1500 元，提成为销售额的 10%。劳动合同中还约定该房地产销售公司可以根据张某的表现适当延长或缩短试用期。由于在试用期内张某未完成该房地产销售公司制定的销售任务，房地产销售公司决定延长试用期 1 个月，再予以考核决定是否录用。在延长的试用期内，该房地产销售公司以张某不符合录用条件为由将其辞退。请问：该房地产销售公司单方决定延长试用期的做法是否合法？如果不合法，需要承担哪些法律责任？企业应当如何确定合法合理的试用期期限呢？

【精解】

该房地产销售公司单方决定延长试用期的做法不合法。

理由：该房地产销售公司应在约定的试用期内及时对张某进行考评，并决定是否予以录用。因为试用期经过即进入正式的合同履行期，双方均负有完全履行合同约定的义务。试用期过后，该房地产销售公司单方决定延长试用期的做法没有法律依据，其延长试用期的通知不能作为双方协商一致延长试用期的法律依据。张某虽然继续在该房地产销售公司工作，但因试用期延长的决定无效，只能视为张某在继续履行劳动合同。在合同履行期间，该房地产销售公司应当按合同的约定，给付张某转正待遇。由于该房地产销售公司在合法的试用期内未解除劳动合同，试用期过后，该公司已无权再以员工不符合录用条件为由行使试用期内才享有的解除劳动合同的权利，因此该房地产销售公司作出解除劳动合同的决定没有法律依据，属于违法解除，其应当向张某支付违法解除劳动合同的经济赔偿金。

试用期并非越长越好，企业应当按照《劳动合同法》的规定和岗位的实际情况确定合法合理的试用期期限。企业人力资源管理部门应当针对不同的劳动者、不同的岗位、不同的劳动合同期限，对试用期进行"个性化"的设置。对于背景不是很了解的员工和需要较长时间考察的岗位，可以约定劳动合同期限所对应的法定上限的试用期；而对于背景较为熟悉的员工和不需要较长时间考察的岗位，可以根据用人单位的需要设置一个较短的试用期。

此外，企业应当谨慎决定是否延长试用期，如果企业需要在法定上限内延长试用期，那么企业人力资源管理部门应当注意，首先必须在之前约定的试用期届满前与员工达成一致或征得员工的同意。为了避免事后取证难的风险，建议企业采用书面形式征求劳动者的意见，劳动者同意的，让其签字确认。同时，企业还需要注意其所在地的司法裁判口径，如果明显倾向于不认同协商延长试用期的操作，则更应当谨慎处理。以北京为例，企业应当尽量执行双方首次约定的试用期，而不应轻易与员工约定延长试用期。

案例 3：如何判定员工在试用期是否合格？

A公司因为公司业务发展需要，急需招聘若干名销售人员，于是在招聘网站上发布了招聘信息，要求本科学历，有相关工作经验。赵某向该企业投递了简历并且通过了面试。随后，赵某与A公司签订了为期1年的劳动合同，其中试用期2个月。在试用期届满的前一周，A公司通知赵某，由于其试用期内没有给公司带来销售业绩，未通过公司业绩考核，因此公司作出辞退决定。赵某认为该公司招聘时没有明确业绩要求，入职后也没有向其公示过岗位说明书及有关业绩考核的文件，对该公司的辞退决定不服，向劳动争议仲裁委员会提起仲裁申请，要求撤销公司的辞退决定。请问：劳动争议仲裁委员会会支持赵某的仲裁请求吗？用人单位如何判定员工在试用期是否合格？

【精解】

劳动争议仲裁委员会支持赵某的仲裁请求。

理由：用人单位作为实施劳动用工管理的主体，应当依法建立员工招聘录用条件、岗位职责描述、考核标准等相关规章制度。在招聘时，用人单位应当向应聘者明确招聘录用条件，如业绩具体要求；员工入职后，应当向员工公示岗位说明书、有关业绩考核的标准和文件等。A公司无法提供足够的证据证明赵某在试用期内不符合录用条件，既没有在招聘信息中将通过销售业绩考核列入录用条件，也没有提供包括岗位说明书、考核标准及考核过程记录等在内的规章制度，因此A公司以赵某试用期内未通过考核，不符合录用条件为由解除劳动合同的行为缺乏制度依据，违反法律规定。

由于用人单位对劳动者试用期内不符合录用条件负有举证责任，因此企业人力资源管理部门在日常管理中应当做好招聘录用条件、岗位职责描述及考核标准等相关规章制度的完善工作。同时，用人单位应当树立较强的证据意识，如对于上述规章制度向劳动者的公示，就应当采用书面形式，让员工签字确认来固定相关的证据，以免日后因无法举证而陷入被动。

在员工试用期考核工作中，企业人力资源管理部门需要注意：以不符合录用条件为由解除劳动合同，解除决定必须在试用期内作出并且送达劳动者。这就意味着试用期评估考核也应当提前，尽量不要在试用期即将届满时才进行，否则一旦拖过试用期再作出解除决定，就很有可能会造成违法解除的法律后果。

案例4：在试用期内，员工不符合岗位要求，企业有权行使劳动合同的单方解除权吗？

林某于2018年7月入职M公司担任行政专员职位，双方约定了3个月的试用期。试用期满前1个月，M公司行政总监向林某发送了书面通知，以工作能力不佳、绩效考核不合格、不服从领导管理等为由解除了与林某的劳动关系。

林某认为 M 公司根据行政总监列举的林某不符合岗位要求的情况判定林某不符合岗位要求没有依据，理由是行政总监并没有资格做出判断。请问：在试用期内，员工不符合岗位要求，企业有权行使劳动合同的单方解除权吗？

【精解】

企业有权行使劳动合同的单方解除权。

试用期是用人单位与劳动者相互考察、磨合的时期，其主要目的在于使劳动力资源得到合理配置，使社会生产力最大限度地发挥作用。因此，法律规定在试用期内，对于不符合录用条件的劳动者，用人单位有权行使劳动合同的单方解除权。用人单位具有对劳动者试用期间的考察权，行政总监作为林某的上级，对于林某的日常工作表现、工作能力有着最客观的记录和评价，行政总监出具的《情况说明》以及林某绩效考核不合格等证据足以证明林某不符合岗位要求，M 公司有权行使劳动合同的单方解除权。

建议企业尽量通过书面形式明确录用条件，尽量保存一切可以证明劳动者不符合录用条件的证据。试用期内一旦发现劳动者可能不符合录用条件的，应及时通过合理的考核程序进行考核，在试用期内向劳动者说明考核结果并解除劳动合同。一旦过了试用期，则用人单位将无法以考核不合格为由解除劳动合同。

案例 5：在员工试用期内企业能否随意"炒鱿鱼"？

2018 年 9 月，王某入职某科技公司，从事文秘工作，双方签订了两年劳动合同，约定试用期两个月。在试用期内，王某工作认真，不敢有丝毫懈怠。但是 10 月底，该科技公司却终止了与王某的劳动合同。王某找公司讨要说法，该科技公司人事部经理未给出合理的解释，只说对于试用期员工，公司可以随时"炒鱿鱼"。请问：试用期内真的能随意"炒鱿鱼"吗？

【精解】

试用期内不能随意"炒鱿鱼"。

理由：根据《劳动合同法》第 39 条的规定，在试用期间被证明不符合录用条件的，用人单位可以解除劳动合同。对于"不符合录用条件"，公司需要提供相关的证明材料，如员工在试用期的业绩考核、工作表现、主管评语等。该科技公司拿不出任何理由就终止与王某的劳动合同，这样的做法属于违法解聘，王某有权要求继续履行合同或者要求公司支付二倍标准的赔偿金。

案例6：员工在试用期内能享受工伤待遇吗？

2019年7月，刚毕业的韩某成功入职某机械公司，双方签订了劳动合同，约定试用期3个月。韩某接受半个月的岗前培训后正式上岗，但上班不到两周韩某就因为操作机器失误导致自己受伤。韩某向该公司主张自己的工伤待遇，但是该公司表示韩某还在试用期内，并且还没有缴纳工伤保险，因此不同意为其申报工伤并享受工伤待遇。请问：员工在试用期内能享受工伤待遇吗？

【精解】

员工在试用期内能享受工伤待遇。

理由：试用期内的员工与正式员工的基本劳动权利是一致的。根据《劳动合同法》的规定，用人单位自用工之日起即与劳动者建立劳动关系；试用期包含在劳动合同期限内，社会保险、劳动报酬、劳动保护等内容是劳动合同的必备条款。也就是说，试用期内的员工从工作之日开始就与企业的正式员工一样享受各种合法权利。

尽管韩某还在试用期内，但也同样应享受工伤保险待遇，韩某可以自行申请工伤认定，认定工伤后，由该公司承担韩某的相关医疗费、伤残补助金等工伤待遇。

案例7：企业能否随意解雇试用期内生病住院的员工？

2018年9月10日，吴某入职上海某商务公司，双方签订了为期3年的劳动合同，试用期为3个月。2018年11月16日，吴某因病住院，经过20多天的治疗仍未痊愈出院。2018年12月6日，该商务公司以吴某在试用期内不能正常上班，不符合录用条件为由，作出解除劳动合同的通知，并将书面通知送交给仍在病床上的吴某。请问：企业能否随意解雇试用期内生病住院的员工？

【精解】

企业不能随意解雇试用期内生病住院的员工。

理由：根据《劳动合同法》第42条的规定，劳动者患病或者非因工负伤，在规定的医疗期内，用人单位不得解除劳动合同。根据《企业职工患病或非因工负伤医疗期规定》第3条的规定，企业职工因患病或非因工负伤，需停止工作医疗时，在本单位工作年限5年以下的，给予3个月医疗期。

根据上述规定，吴某的停工医疗期为3个月，应到2019年2月15日终止。而该商务公司于12月6日就解除劳动合同，显然是违法的。

此外，劳动者不符合用人单位招工时要求的条件和标准，即劳动者在相关职业技能考核中不合格，或者在试用期绩效考核不合格时，用人单位才可以解除劳动合同。而劳动者因病暂时住院治疗、不能工作的情形并不属于这种情况。

案例8：企业能否逾期辞退试用期内的不合格员工？

2018年9月，冯某入职某房地产公司，从事销售工作，双方签订了2年期限的劳动合同，其中约定试用期2个月。由于冯某缺乏销售经验，销售业绩不佳，该房地产公司认为冯某难以胜任销售工作。但是，由于当时正处于商品房销售旺季，该房地产公司人手不足，因此在试用期内并没有辞退冯某，而是继续留用。2019年2月初，该房地产公司突然将冯某辞退，理由是冯某在试用期内被证明不符合录用条件。请问：该房地产公司在试用期内未将其辞退，而在试用期满后将其辞退，这样做合法吗？

【精解】

不合法。

理由：如果劳动者在试用期间被证明不符合录用条件，那么用人单位应当在试用期内进行处理，即用人单位可以在试用期内随时解除劳动合同，并且不用支付经济补偿金。反之，如果已经超过了试用期，就应视为该试用员工已经转为正式员工，用人单位就不得再以"劳动者在试用期间被证明不符合录用条件"为由解除劳动合同。

第四章

企业规章制度

第一节 实务操作

实操 1：企业规章制度如何制订才能生效？

一个合法有效的规章制度并不是只有内容合法那么简单，它还必须具备表 4-1 中的条件才能生效。

表 4-1 企业规章制度生效条件

项　　目	内　　容
制定企业规章制度的主体必须合法	①有权以用人单位名义制定劳动规章制度的，应该是该用人单位有权对单位的各个组成部分和全体职工实行全面和统一管理的机构 ②企业的车间、班组等其他组织虽然可以参与用人单位劳动规章制度的制定，但是无权以公司的名义发布，不具有用人单位劳动规章制度的制定主体资格
企业规章制度的制定必须经过民主程序表决	企业规章制度必须经过民主程序表决才有可能生效。规章制度必须出自企业的有权部门，或经其审查批准。此处的有权部门指的并非用人单位的厂长、总经理或者是董事会和监事会
	企业涉及职工切身利益的规章制度必须经过职工代表大会或全体职工大会以及法律规定的其他民主形式通过。没有经过民主程序的规章制度是无效的。需要注意的是，民主是相对的，大多数员工通过即可，并不是所有的员工都同意规章制度才能通过
企业制定规章制度必须向员工明示	①用人单位制定的企业规章制度必须向员工明示之后才能生效，没有经过明示的企业规章制度是无效的 ②企业规章制度是企业对所聘员工的行为规范，作为用人单位内部的企业规章制度，更应该对其适用的人公示。未经过公示的规章制度会导致员工无所适从，因此对职工不具有约束力 ③很多企业往往只是向职工明示过企业规章制度（如张贴告示或发放劳动者手册等），但部分企业没有将其书面化，这样导致的后果就是一旦用人单位与劳动者发生纠纷，在负举证责任时，用人单位就会显得非常被动

实操 2：当劳动合同与企业规章制度不一致时，应当如何处理？

根据《最高人民法院关于审理劳动争议案件适用法律问题的解释（一）》第50条的规定："用人单位制定的内部规章制度与集体合同或者劳动合同约定的内容不一致，劳动者请求优先适用合同约定的，人民法院应予以支持。"也就是说，发生争议时，法院采用的审判标准依据"劳动者请求"。如果劳动者选择劳动合同，则劳动合同的效力高于规章制度；但如果劳动者选择适用规章制度依据，而用人单位主张适用劳动合同时，则可能需要针对具体情况进行综合认定。

此外，企业也可以主动采取一些对应措施来预防和控制规章制度与劳动合同不一致的处理问题。例如，在劳动合同中约定指引性条款，在劳动合同中约定："奖罚等规定，以本公司的相应规定为准。"

实操 3：企业的规章制度违法，应承担哪些法律后果？

企业的规章制度违法主要体现在实体违法和程序违法两个方面。实体违法是指规章制度的内容本身违反法律法规的规定；程序违法指的是规章制度未通过法律要求的民主程序制定，或未依法向劳动者公示。在实务中，上述两个方面的违法引起的法律后果不同，如图4-1所示。

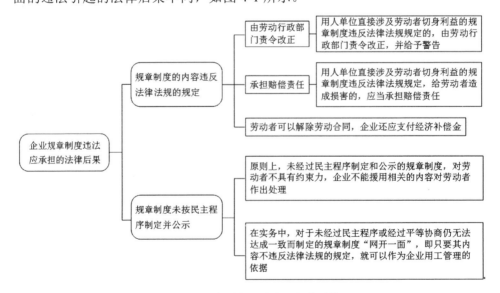

图4-1 企业规章制度违法应承担的法律后果

实操 4：如何制定适合本企业的规章制度？

要想制定出适合本企业的规章制度，企业人力资源管理部门就应重点把握表 4-2 所列的几项内容。

表 4-2　企业规章制度的制定要求

项　目	内　容
内容合理	部分企业认为只要是法律不禁止的，企业就可以根据自己的需要在规章制度中进行规定，并且依据该规定处理劳动关系。事实上，企业的规章制度在保证合法性的同时，还必须注意合理性。如果企业的规章制度超出合理的范围，那么也可能被认定无效
细化标准	部分企业虽然具有很全的规章制度，对于企业经营管理涉及的方方面面均有规定，但是在真正需要靠规章制度解决劳动争议和纠纷时，却发现企业规章制度根本不管用，其主要原因在于企业的规章制度虽然多而全，但是不具有实际操作性，并且缺乏明确的适用标准，进而导致在面临实际问题时，企业规章制度成了一纸空文
规章制度和劳动合同的关系	用人单位制定的内部规章制度与集体合同或者劳动合同约定的内容不一致时，劳动者有权选择适用对其有利的劳动合同的约定 ①选择权在劳动者手里，如果劳动者选择适用劳动合同的约定，那么企业规章制度的相关规定将不被适用 ②规章制度是用人单位对员工管理的依据，管理范围为多数员工的一般行为，是规范劳动权利义务的一般标准；劳动合同形成于劳动者与用人单位双方，是双方协商一致的结果，也是规范双方权利义务的特殊约定 ③按照"特殊优于一般"的法律效力原则，用人单位与劳动者在劳动合同中的特殊约定的法律效力高于规章制度的一般规定，应当被优先适用

根据上述规定，企业人力资源管理部门在处理规章制度和劳动合同之间的关系时，应注意以下两点。

（1）避免将规章制度作为劳动合同的附件。部分用人单位将企业规章制度作为劳动合同的附件，要求劳动者在签订劳动合同时确认接受该规章制度，目的是便于向劳动者告知企业规章制度。这看似一个很有效的办法，实际上并非如此。事实上，劳动合同和企业规章制度之间虽然是密切相关的，但又是相互独立的，其制定和修改程序、侧重规定的内容和法律对其的要求均不相同。企业将规章制度作为劳动合同的附件导致的最大问题就是，对企业规章制度的修订也不得不适用劳动合同变更的程序。也就是说，对企业规章制度的任何修改都必须经过和单个劳动者的协商一致，如果某个劳动者不同意变更，那么企业还必须按照原规章制度继续履行，这将使得对规章制度的修改变成一件充满变数的难事。

（2）在制定或修改企业规章制度时，要避免与劳动合同已经明确约定的内容出现冲突或不一致。如果企业规章制度与劳动合同对同一问题做出不同的规定，会导致管理上的混乱，那么劳动者有权选择适用在劳动合同中约定的、对其有利的内容。因此，企业人力资源管理部门在制定或修改企业规章制度时，应当尽可能避免出现冲突，从而降低法律风险。

实操 5：什么是集体合同？

集体合同亦称"劳动协议""团体协约""联合工作合同"等，主要是指企业职工一方与用人单位就劳动报酬、工作时间、休息休假、劳动安全卫生、职业培训以及保险福利等事项，通过集体协商达成的，以完成生产任务和改善职工的物质生活条件、劳动条件为中心内容的书面协议。

企业职工一方与用人单位通过平等协商，可以就劳动报酬、工作时间、休息休假、劳动安全卫生、保险福利等事项订立集体合同。集体合同草案应当提交职工代表大会或者全体职工讨论通过。集体合同由工会代表企业职工一方与用人单位订立；尚未建立工会的用人单位，由上级工会指导劳动者推举的代表与用人单位订立。

集体合同首先具有的是一般合同的共同特征，即平等主体基于平等、自愿协商而订立的规范双方权利和义务的协议。除此以外，集体合同还具有其自身特征，如图 4-2 所示。

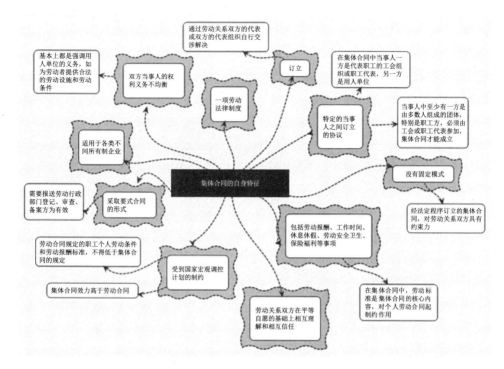

图 4-2　集体合同的自身特征

实操 6：集体合同的主要内容有哪些？

　　根据《劳动合同法》第 51 条和《集体合同规定》第 8 条的规定，集体合同应当包括以下内容：①劳动报酬；②工作时间；③休息休假；④劳动安全卫生；⑤补充保险和福利；⑥女职工和未成年工特殊保护；⑦职业技能培训；⑧劳动合同管理；⑨奖惩；⑩裁员；⑪集体合同期限；⑫变更、解除集体合同的程序；⑬履行集体合同发生争议时的协商处理办法；⑭违反集体合同的责任；⑮双方认为应当协商的其他内容。

实操 7：企业如何依法制定集体合同？

　　集体合同的制定程序如图 4-3 所示。

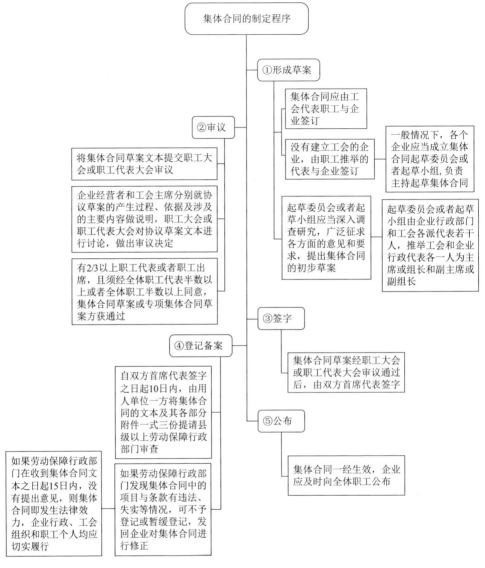

图4-3 集体合同的制定程序

通过图4-3可以看出，集体合同的产生除了要经过双方代表协商、职代会审议通过、首席代表签字程序以外，劳动保障行政部门依法对集体合同进行审查是集体合同生效的必经程序。

实操8：集体合同与劳动合同有什么区别？

集体合同与劳动合同的区别如图4-4所示。

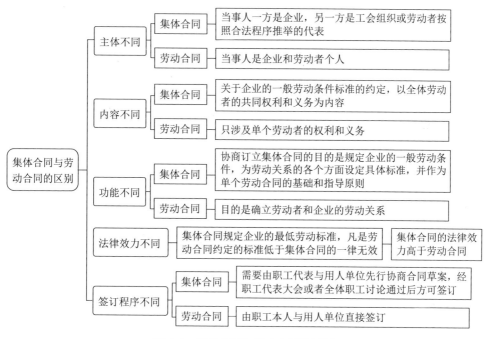

图4-4　集体合同与劳动合同的区别

在适用范围以及高效性上，与劳动合同相比，集体合同的优势如表4-3所示。

表4-3　集体合同的优势

项　　目	内　　容
公平合理	①在签订劳动合同时，单个劳动者处于弱势而不足以同用人单位相抗衡，因而难以争取到公平合理的劳动条件。由工会代表全体劳动者同用人单位签订集体合同，就可以规定集体劳动条件，集体劳动条件是本单位内的最低个人劳动条件 ②集体合同能够纠正和防止劳动合同对于劳动者的过分不公平，使之比较公平合理，也使劳动关系双方达到基本的平衡

续表

项　目	内　容
工资集体协商	很多在劳动合同中难以涉及的职工整体利益问题,可通过集体合同进行约定,如企业工资水平的确定、劳动条件的改善、集体福利的提高等。根据工资方面的法律规定,用人单位在制定工资分配和工资支付制度时应当听取工会和职工代表大会的意见,这实际上是工资集体协商的基础
调整和保障劳动者的利益	①在劳动合同的有效期内,如果企业经营状况和社会经济形势等因素发生了较大变化,那么可以通过集体合同调整和保障劳动者的利益。根据《劳动法》的有关规定,若用人单位需要裁减人员,则应当征求全体职工的意见 ②在集体合同中明确规定这方面的内容,实际上是将经济性裁员规范化,有利于社会的稳定
降低签订劳动合同的成本	通过集体合同对劳动关系的内容进行全面规定之后,劳动合同只需就单个劳动者的特殊情况做出规定即可,这样会大大简化劳动合同的内容,也会大大降低签订劳动合同的成本
从整体上维护职工的劳动权益	①有利于从整体上维护职工的劳动权益,更好地保护劳动者个人的合法权益 ②调动职工生产劳动的积极性、主动性和创造性,增强职工的企业主人翁意识 ③实现《劳动法》维护职工合法权益的根本立法宗旨 ④体现中国社会主义市场经济制度的优越性
实现对劳动关系的多方位、多层次调整	①实行集体合同制度,在劳动关系的调整上可以在国家劳动法律法规的调整与劳动合同的调整中间增加集体合同的调整这个层次,实现对劳动关系的多方位、多层次调整 ②集体合同对劳动关系的调整,与一般的劳动法律法规相比对不同企业劳动关系的针对性比较强,同时也有利于消除或弥补劳动合同存在的某些随意性,为企业劳动关系的调整提供一种新机制,进而使企业劳动关系更和谐、更稳定、更巩固,更有利于促进企业发展
发挥工会在稳定企业劳动关系中的积极作用	有利于更好地发挥工会在稳定企业劳动关系中的积极作用,能够使工会协调劳动关系和维护职工劳动权益的职能发挥得更直接、更生动、更有效,使工会的"维权"职能实现法治化

续表

项　　目	内　　容
缓和、解决劳动争议和劳动矛盾，促进企业发展	①有利于缓和并解决劳动争议和劳动矛盾 ②有利于劳动争议案件的减少和处理 ③有利于职工和企业之间的沟通和理解 ④有利于维护企业生产经营的良好秩序，促进企业的稳定发展
有利于政府从"救火队"到"裁决者"的角色转变	当前很多劳动纠纷，劳动者权益受到侵害的情况，社会容易将矛头指向政府。如果国家有健全的集体合同法律制度，用人单位就可以实行集体合同制度，劳动者可以通过自己的力量维护自身权益，政府居中裁决，政府的压力也将大大减轻

实操9：集体合同具有哪些法律效力？

集体合同的法律效力是指集体合同的法律约束力。

根据《劳动法》第35条的规定："依法签订的集体合同对企业和企业全体职工具有约束力。职工个人与企业订立的劳动合同中劳动条件和劳动报酬等标准不得低于集体合同的规定。"根据《劳动合同法》第54条第2款的规定："依法订立的集体合同对用人单位和劳动者具有约束力。行业性、区域性集体合同对当地本行业、本区域的用人单位和劳动者具有约束力。"由此可见，凡是符合法律规定的集体合同，一经签订就具有法律效力。集体合同的法律效力包括3个方面，如表4-4所示。

表4-4　集体合同的法律效力

项　　目	内　　容
集体合同对人的法律效力	①根据《劳动法》的规定，依法签订的集体合同对用人单位和用人单位全体劳动者具有约束力。这种约束力主要表现在集体合同双方当事人必须全面履行集体合同规定的义务，任何一方都不得擅自变更或解除集体合同 ②集体合同的当事人如果违反集体合同的规定，就需要承担相应的法律责任。劳动者个人与用人单位订立的劳动合同中有关劳动条件和劳动报酬等的标准不得低于集体合同的规定

项 目	内 容
集体合同的时间效力	①时间效力指集体合同从什么时间开始发生效力，什么时间终止其效力 ②集体合同的时间效力一般以其存续时间为标准，一般从集体合同成立之日起生效。当事人另有约定的，应当在集体合同中明确规定 ③集体合同的期限（一般为 1～3 年）届满，其效力终止
集体合同的空间效力	集体合同的空间效力指集体合同规定的对于哪些地域、哪些从事同一产业的劳动者、用人单位所具有的约束力

实操 10：集体合同如何签订才能生效？

集体合同生效需具备以下几个条件。

1. 建立在集体协商的基础上

集体合同的签订应当建立在集体协商的基础上。集体协商是指企业工会或职工代表与相应的企业代表为签订集体合同进行商谈的行为。集体协商应遵守法律法规的规定和平等、合作的原则。

2. 双方共同商定

集体协商的内容、时间及地点应当由双方共同商定。在不违反有关保密规定和不涉及企业商业秘密的前提下，协商双方有义务向对方提供与集体协商有关的情况说明或资料。

3. 可以进行变更或解除

（1）集体合同的期限为 1～3 年，在合同期限内，双方代表可以对集体合同内容进行变更或解除。

（2）由于签订集体合同的环境和条件发生变化，集体合同难以履行时，集体合同任何一方均可以提出变更或解除集体合同的要求。

（3）当一方提出变更或修订或解除集体合同时，另一方应当给予答复，并且双方应在 7 天内进行协商。

4. 协商一致、讨论通过后，报劳动保障行政部门审查

（1）集体合同的签订应当建立在集体协商的基础上，由企业工会（未建立工会的由职工民主推举的代表或上级工会组织委派代表）代表职工一方与用人单位指派的代表，就劳动条件、劳动报酬及福利待遇等进行协商，达成一致后形成集体合同草案，提交职工代表大会或全体职工讨论。

（2）经讨论通过，由协商双方首席代表签字，并且在签字后 10 日内将集体合同文本报劳动保障行政部门审查，劳动保障行政部门自收到集体合同之日起 15 日内未提出异议的，集体合同即行生效。

第二节　案例精解

案例 1：企业规章制度如何公示？

某外企公司将新制定的《员工考勤管理制度》在公司的告示栏里公布，连续张贴了 1 个月。该外企公司员工李某离职时认为在该外企公司工作期间存在加班，企业应当支付其加班工资，但该外企公司认为李某的加班未经过主管领导的审批，不符合公司《员工考勤管理制度》的要求，故不认可其加班事实。李某向劳动争议仲裁委员会提起仲裁，要求该外企公司补发其加班工资。请问：劳动争议仲裁委员会会支持李某的仲裁请求吗？企业规章制度应该如何公示呢？

【精解】

劳动争议仲裁委员会会支持李某的仲裁请求。

理由：该外企公司无法提供该《员工考勤管理制度》已经向李某进行过公示的证据，因此该《员工考勤管理制度》对李某不具有约束力，该外企公司应向其支付加班工资。

虽然很多企业都知道企业规章制度公示的重要性，将规章制度张贴在公告栏中进行公示，也有的企业通过网络或发送"公共邮件"进行公示，这些方法看似简捷高效，但是存在着法律风险，一旦员工否认，由于存在举证困难的问题，企业就会非常被动。因此，建议用人单位首选发放《企业员工手册》的办

法作为公示手段，即将本企业的规章制度汇编成册，并且融合进《企业员工手册》里，让员工签收，并且确认已知悉该规章制度的全部内容且同意遵守。

案例2：企业规章制度这样制定是否合理？

甲公司为生产烟花爆竹企业，该企业规定职工禁止在车间内吸烟，一经发现企业即可解除劳动合同。乙公司是位于一座写字楼内的商贸公司，该公司制定的规章制度中，有一项表明禁止员工在公司办公室内吸烟，一经发现，即可解除劳动合同。请问：甲、乙两家公司制定这样的规章制度是否合理？

【精解】

甲公司制定的规章制度合理，乙公司制定的规章制度不合理。

理由：甲公司为生产烟花爆竹的企业，员工在车间内吸烟是极其危险的，因此在企业规章制度中将吸烟作为劳动合同的解除条件是很合理的。对于乙公司而言，吸烟行为属于一般的违纪行为，若企业将该行为作为解除条件，就存在很大的不合理性。

关于"合理"标准，很难有一个统一的界定，必须具体情况具体分析。由于用人单位各行各业千差万别，同样的规章制度放在不同的企业，其效力和适用结果可能会大相径庭，因此需要具体情况具体分析。

案例3：企业规章制度中应如何界定"严重违纪"标准？

张某为某生产企业员工，其工作职务内容包括对各生产工序进行质量确认。一日，张某未仔细检查生产用的材料，使用错误的材料生产，导致直接经济损失1万元。次日，该生产企业书面通知张某，根据公司《员工管理手册》的规定：员工存在严重失职，并且造成不良影响和经济损失5000元以上的，公司可以予以辞退。该生产企业决定与其解除劳动合同，张某不服，向劳动争议仲裁委员会申请仲裁，要求该生产企业撤销解除决定，继续履行劳动合同。请问：仲裁委员会会支持张某的仲裁请求吗？企业规章制度中应如何界定"严重违纪"标准？

【精解】

仲裁委员会不会支持张某的仲裁请求。

理由：该生产企业在《员工管理手册》中对《劳动合同法》中规定的"严重违反""严重失职"的情形作了进一步细化，明确了劳动者严重失职，并且造成不良影响和经济损失达5000元以上可以予以辞退，这从根本上解决了处理依据的问题。因此，该生产企业与违纪员工张某解除劳动合同的处理合理合法。

企业的规章制度应当是一套符合企业自身实际、切实可行的标准化手册，应当将"严重违纪""不能胜任工作""严重失职"或"重大损害"等《劳动合同法》中的原则性的概念，通过相关制度的完善和标准的细化来达到对企业自身有利的局面，进而在法律允许的范围内实现更自主的用工管理。

案例4：用人单位与工会签订了集体劳动合同，还需要与劳动者签订劳动合同吗？

2017年7月1日，M公司与工会签订了集体劳动合同，合同期限为2017年7月1日至2020年7月1日，合同规定：公司原则上不与劳动者签订劳动合同，如果劳动者要求签订的，那么公司可以考虑与其签订。赵某于2018年1月1日入职M公司担任行政专员一职，因M公司与赵某一直未签订书面劳动合同，因此赵某向当地仲裁委员会提出仲裁申请，要求M公司支付未签订书面劳动合同的二倍工资。请问：仲裁委员会会支持赵某的仲裁申请吗？

【精解】

仲裁委员会会支持赵某的仲裁申请。

理由：根据《劳动合同法》的规定，用人单位自用工之日起超过一个月不满一年未与劳动者订立书面劳动合同的，应当向劳动者每月支付二倍的工资。也就是说，该规定明确针对的是未订立劳动合同的情形，而不是未订立集体合同的情形。因此，在法律法规层面上，并没有集体合同可以取代劳动合同的法律依据。用人单位即使在与工会签订有集体合同的情况下，也应该依法在劳动者入职之日起的1个月内与劳动者签订书面劳动合同。M公司与赵某一直未签订书面劳动合同，应当依法向赵某支付未签订劳动合同的二倍工资。

第五章

保密与竞业限制

第一节　实务操作

实操 1：什么是商业秘密？如何认定？

根据《中华人民共和国反不正当竞争法》（以下简称《反不正当竞争法》）的相关规定，商业秘密是指不为公众所知悉，具有商业价值并且经权利人采取相应保密措施的技术信息、经营信息等商业信息。相关信息是否构成商业秘密，必须具备三要素，即秘密性、价值性与合理的保密措施（见表 5-1）。

表 5-1　商业秘密必须具备的三要素

项　　目	内　　容
秘密性	该信息不向社会公开，也不能从公开渠道直接获取
价值性	该信息具有现实的或潜在的商业价值，能够为权利人带来竞争优势
合理的保密措施	权利人采取了一系列保密措施，足以使承担保密义务的相对人意识到该信息为需要保密的信息 例如，在规章制度中明确保密信息，或签订保密协议等

企业如果没有依据表 5-1 所列的三要素来合理确定自己需保密的信息，相关信息就很可能因为不构成法律规定的"商业秘密"而得不到法律的保护。

实操 2：如何理解信息的秘密性与价值性？

在界定商业秘密的范围时，企业应当严格按照"实操 1"中"商业秘密三要素"的要求确定，千万不能随意约定。如果欠缺某一要素，那么即便企业在保密协议或规章制度中明确规定某信息为企业商业秘密，也无法受到法律的保护。在实务中，由于签订保密协议或制定保密规章制度本身就是采取保密措施的表现，因此对于是否属于商业秘密范围，主要考察的是信息的秘密性与价值性。

1. 信息的秘密性

根据《反不正当竞争法》中关于商业秘密的规定可知，如果企业的信息是可以通过公开渠道轻易获得的，那么该信息就不属于商业秘密。

2. 信息的价值性

企业的信息必须具有现实的或潜在的商业价值，能够为权利人带来竞争优势，这样的信息才能成为商业秘密。对于企业信息的价值性，应当注意表 5-2 所列的注意事项。

表 5-2 企业信息的价值性

项　目	内　容
信息的价值既包括现实价值，也包括潜在价值	无论是现实的可以直接使用的信息，还是正在研究、试制及开发等具有潜在的（可预期的）价值的信息，均可以构成企业商业秘密
信息只要具有价值，就可以构成商业秘密	无论是对生产、销售、研究及开发等生产经营活动直接有用的信息，还是在企业生产经营中有利于节省费用、提高经营效率的信息，如客户名单、企业设计图纸、企业失败的试验报告等，均属于企业商业秘密
信息的价值必须具有客观性	①除了权利人认为信息有实用价值外，信息在客观上也确实具有实用价值 ②仅仅是权利人认为有价值，并且作为商业秘密进行管理，而客观上没有价值的信息，也不能构成企业商业秘密

实操 3：商业秘密的内容具体有哪些？

商业秘密的内容包括经营信息、技术信息、财务信息、人事信息及第三方信息（见表 5-3）。

表 5-3 商业秘密的具体内容

项　目	内　容
经营信息	①企业的经营战略、经营规划和经营决策 ②企业的合同、可行性研究报告 ③企业的重要会议纪要 ④客户资料 ⑤进货渠道 ⑥招、投标信息

续表

项　　目	内　　容
技术信息	①技术方案 ②设计图纸 ③计算机程序 ④产品配方 ⑤产品模型 ⑥制作工艺 ⑦制作方法
财务信息	①财务预决算报告 ②各类财务报表 ③银行账务信息
人事信息	①企业的人事档案 ②组织架构 ③薪酬体系
第三方信息	第三方信息即企业在对外交往和合作过程中知悉的第三方的保密信息 对于第三方信息，不仅企业对外承担保密义务，企业员工也应当承担相应的义务

实操4：用人单位与劳动者约定保密义务的，需要向劳动者支付保密费吗？

用人单位与劳动者约定保密义务的，无须向劳动者支付保密费。

我国法律法规仅仅规定用人单位可以与劳动者约定就相关信息承担保密义务，并未规定用人单位因此应当向劳动者支付保密费，因此用人单位不支付保密费并不违反法律法规的禁止性规定。

在用人单位的相关信息构成法律意义上的商业秘密时，根据《反不正当竞争法》第9条的规定，违反保密义务或者违反权利人有关保守商业秘密的要求，披露、使用或者允许他人使用其所掌握的商业秘密，属于侵犯商业秘密的侵权行为之一。也就是说，劳动者违反约定的保密义务实施侵犯用人单位商业秘密的行为属于法律禁止的侵权行为，劳动者遵守该禁止性规定并不以用人单位向其支付保密费为前提或者条件。因此，用人单位与劳动者约定承担保密义务的，是无须向劳动者支付保密费的。但在实务中，也有部分用人单位与劳动者约定支付保密费的，以此作为鼓励劳动者积极为用人单位保守秘密的措施，对此，我国法律也不禁止。

用人单位在与劳动者签订保密协议时，如果没有同时签订竞业限制协议，那么就不能与劳动者约定违约金，因为根据《劳动合同法》的规定，劳动者仅就违反竞业限制条款和服务期条款向用人单位承担违约金支付的约定义务。如果劳动者违反保密协议的约定侵犯用人单位商业秘密的，那么用人单位可以向劳动者主张侵权责任，要求劳动者承担损害赔偿，如果因此给用人单位造成重大损失的，那么还应当根据《中华人民共和国刑法》的规定，承担刑事责任。

实操 5：企业如何建立完善严格的保密规章制度？

企业应当根据自身的实际情况建立完善的保密规章制度，并且做好相应的公示，确保本企业员工能够明确知晓保密信息的存在，以及违反企业保密制度应承担的法律责任（见表 5-4）。

表 5-4　企业建立完善的保密规章制度的措施

项　　目	内　　容
建立健全登记制度	①建立外来人员登记制度，禁止外来人员随意进入企业办公区域 ②企业的出入口应当安排专人负责外来人员的审查、登记 ③条件允许的企业，还可以配备电子监视系统及防盗系统
设定企业保密区域	①在企业内部设定保密区域，如企业技术部门、产品研发部门等，限制无关人员进入企业内部保密区域 ②企业内部无关人员进出保密区域的，应当进行登记
对含有商业秘密的文件和档案进行保密管理	①根据商业文件和技术档案的内容，确定保密级别和保密期限，加盖保密章，实行专人、专库、专柜保管，同时可以规定文件的借阅范围和借阅手续等 ②对于发放给特定人的含有商业秘密的文件和资料，应当加盖企业保密章，并且对保密事项以书面形式作出说明。如果条件允许，还可以要求对方签署保密声明

续表

项　目	内　容
对生产设备、生产过程、原材料等的物理隔离	①将含有商业秘密的生产设备和生产过程安排在企业特定的保密区域内进行，对设备机器的保密部分应用箱体封闭管理 ②对于属于商业秘密的原材料或模具等，应当采用密闭容器盛装，并且标注"保密"标志
明确计算机的使用和操作规程	①企业可以规定任何员工不允许随意复制含有商业秘密的软件或电子文件，严禁将上述软件或文件带出保密区域或企业 ②对于企业内含有企业商业秘密的专用计算机，应当确定专人管理，并且全面记录和登记其使用情况 ③对于计算机内的保密信息，可以使用密码或代码
对离职人员的保密管理	①企业应当明确员工离职时工作交接的具体内容，并且以书面形式确定员工必须交还的文件、资料和设备 ②在员工个人档案中，应当保存相应的培训记录，并且尽量记录其所接触的保密信息范围 ③企业应当要求离职人员承诺，已根据企业指示交回一切含有商业秘密的资料和文件
明示保密措施和制度	企业应当向相关员工明示相应的保密制度和规范，并且进行全面的保密教育，使员工明确知晓其所负有的保密义务及相应的法律责任

实操 6：企业如何与员工签订保密或竞业限制协议？

与员工签订保密协议或者在劳动合同中设立保密条款是企业最常使用的保密措施和手段。那么，企业应当如何与员工签订保密或竞业限制协议呢？

（1）保密协议可以对保密的内容和范围、保密协议双方的权利和义务、保密期限和违约责任等事宜作出约定。保密协议不仅可以规范企业员工的日常行为，还是要求泄密员工承担赔偿责任的重要依据。

（2）对于涉密性特强的员工，企业可以与其签订竞业限制协议，要求竞业限制人员在离职后的一定期限内未经企业同意不得从事与本单位相同或相类似的业务，进而从根本上阻断泄密的渠道。

实操 7：保密协议和竞业限制协议有什么区别？

保密协议和竞业限制协议均是企业采取保密的措施，是防范企业商业秘密泄露的重要手段，这两者的内容有所重叠，但其法律内涵和适用却有着本质的区别，具体如图 5-1 所示。

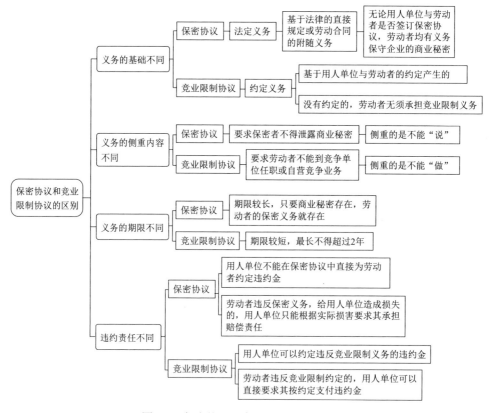

图 5-1　保密协议和竞业限制协议的区别

实操 8：保密协议的内容一般包括哪些？

保密协议的主要内容通常包括保密的内容和范围、用人单位和劳动者双方的权利和义务、保密期限和违约责任等。关于保密的内容和范围，在本章"实操 2、实操 3"中已经做了详细的介绍，这里重点介绍双方的权利和义务、保密期限和违约责任（见表 5-5）。

表 5-5　保密协议的主要内容

项　目		内　容
权利和义务	义务	员工应当按照法律的规定和双方的约定对企业的商业秘密承担保密义务
	权利	企业不能滥用保密协议或保密条款限制和侵害员工的权益，如限制员工的择业自由
保密期限		①只要企业的信息属于商业秘密，保密义务就存在 ②保密期限可以长于劳动合同期限 ③从劳动者知悉企业的商业秘密开始，直到企业商业秘密解密时为止
违约责任		①根据《劳动合同法》的规定，除了员工违反服务期约定或违反竞业限制义务两种情形外，企业不得与劳动者约定由劳动者承担违约金 ②如果员工泄露了企业的商业秘密，那么企业不能要求员工支付违约金，只能要求员工赔偿由此给企业造成的经济损失

在实务中，企业追偿员工泄密给企业造成的经济损失往往存在着"举证难"的问题，包括有关员工泄密的事实的举证和员工泄密给企业造成的损失数额的举证。对此，企业人力资源管理人员应当在《保密协议》中对员工泄密行为、泄密造成损失的计算标准及方法作出明确的约定，并且注意保留好相关的证据。

实操 9：什么是竞业限制？

竞业限制是指用人单位与知悉用人单位重要商业秘密或对用人单位有重大影响的劳动者约定，劳动者在劳动合同解除或者终止后一定时期内不得在相同领域具有竞争关系的单位任职，或者不得在相同领域内经营业务，用人单位给予经济补偿的一种制度。竞业限制是基于诚实信用原则而产生的劳动者的职业道德要求，适用于世界各国的法律和劳动实践。

劳动合同法意义上竞业限制义务为约定义务。一般来说，用人单位应当在劳动合同签订时，或者劳动合同解除、终止前和劳动者订立书面竞业限制协议，协议的约定内容直接决定了用人单位商业秘密能够得到保护的程度，以及用人单位所需支出的经济成本。

实操 10：如何确定竞业限制的人员范围？

根据《劳动合同法》的规定，竞业限制人员应当限于用人单位的高级管理人员、高级技术人员和其他负有保密义务的人员。因此，劳动者是否需要承担保密义务是劳动者和用人单位是否签署竞业限制协议的前提条件，用人单位无须与没有接触其商业秘密和相关知识产权信息的普通劳动者约定竞业限制，因为即便作出了这样的约定，劳动者也是无须遵守的。另外，对于用人单位和劳动者约定竞业限制义务的，应当在劳动者离职后竞业限制期限内按月向劳动者支付经济补偿。因此，用人单位在考虑对劳动者进行竞业限制以保护企业商业秘密和核心技术的同时，也要适当考虑因此而承担的经济成本，通过理性权衡之后，将竞业限制的人员限定在合理范围之内。

实操 11：如何约定竞业限制期限？

根据《劳动合同法》规定，用人单位和劳动者可以约定竞业限制期限，但最长不得超过 2 年。也就是说，法律规定了竞业限制期限的上限，用人单位约定竞业限制期限可以短于 2 年，超过 2 年的，超出部分则无效。

实操 12：竞业限制义务的内容有哪些？

一般来说，竞业限制义务主要包括两个方面的内容：①限制员工到生产同类产品或经营同类业务且有竞争关系或其他利害关系的企业任职；②员工不得自行建立与本单位业务范围相同的企业，也不得自己生产、经营与本单位有竞争关系的同类产品或业务。

　　由于劳动者自由择业的权利受到了限制，依据公平原则，法律要求企业应当对竞业限制的范围和区域作出明确的约定。限制就业的职业种类和范围应当限定在员工在企业所从事的特殊的、专门的业务范围内，不允许任意扩大到整个行业和各种职业，否则相关约定将会被认定为侵犯了员工的就业权，属于无效条款。

　　企业人力资源管理人员应当准确理解和适用关于竞业限制的最新法律规定，避免因理解错误和适用不当导致人力资源管理成本的增加，甚至引发劳动争议。在确定竞业限制的范围时，应当尽量明确合理，企业人力资源管理人员可以采取列举的方式明确限制员工就业的竞争对手名单。

实操13：关于竞业限制经济补偿，有哪些规定？

　　劳动者承担的竞业限制义务会使劳动者的就业范围缩小，劳动者无法在竞业限制期限内从事与原工作相同或者类似的工作，这就意味着劳动者可能无法获得与以前相同或者相当的劳动报酬，严重者甚至可能没有收入，因此用人单位有必要对劳动者进行经济补偿。

　　对于竞业限制经济补偿的标准，虽然《劳动合同法》并没有进行限定，允许用人单位和劳动者进行协商确定，但是最高人民法院出台的《关于审理劳动争议案件适用法律问题的解释（一）》第36条规定，如果用人单位和劳动者约定了竞业限制义务，但是未约定解除或者终止劳动合同后给予劳动者经济补偿的，劳动者履行竞业限制义务后，就可以要求用人单位按照劳动者在劳动合同解除或者终止前12个月平均工资的30%按月支付经济补偿金，如果该经济补偿金低于劳动合同履行地最低工资标准，则按照劳动合同履行地最低工资标准支付。该规定主要针对未约定或未明确约定金额的情况下对竞业限制经济补偿金标准作出了规定。

实操14：关于竞业限制的违约金，有哪些规定？

　　违约金是双方当事人约定的如果一方不履行合同义务而应当承担的法律

责任。根据《劳动合同法》的规定，劳动者违反竞业限制义务的，应当按照约定向用人单位支付违约金。

法律赋予用人单位在竞业限制协议中约定违约金的权利，用人单位应当充分运用好这项权利，明确约定员工违反竞业限制约定应承担的违约金标准，以便发生违约时，企业的相关权益能够得到及时充分的救济。

对于违约金的具体支付标准，法律并没有作出任何规定。在实务中，企业应当遵循合理原则，根据企业自身的实际情况确定。如果违约金过分高于企业所遭受的实际损失，劳动者就可以请求仲裁委员会或法院予以适当减少。

在与劳动者协商确定补偿金和违约金数额时，企业应当遵循自愿、公平、合理的原则，依照相关的法律规定予以确定，避免利用强势地位约定不合理的补偿及违约条款，从而损害劳动者的合法权益。

实操 15：竞业限制协议应当在什么时候签订？

由于竞业限制协议限制了劳动者自由择业的权利，因此很多员工都不愿意签订竞业限制协议。对此，企业人力资源管理人员可以选择在员工入职前或办理入职手续时，与《劳动合同书》同时签订，此时员工为了获得工作机会，通常会同意与企业签订竞业限制协议。

实操 16：用人单位违法解除劳动合同或劳动者被迫解除劳动合同的，竞业限制条款对劳动者是否仍有约束力？

最高人民法院出台的《关于审理劳动争议案件适用法律问题的解释（一）》第 37 条规定："当事人在劳动合同或者保密协议中约定了竞业限制和经济补偿，当事人解除劳动合同时，除另有约定外，用人单位要求劳动者履行竞业限制义务，或者劳动者履行了竞业限制义务后要求用人单位支付经济补偿的，人民法院应予支持。"该条规定明确了劳动合同的解除不影响竞业限制约定的效力，该约定具有相对独立性。也就是说，无论是用人单位违法解除还是劳动者被迫解除，均不必然导致竞业限制的约定失效，双方另有约定除外。否则，不论劳动合同是因什么原因解除的，竞业限制条款对双方当事人都具有约束力，双方当事人都应当依约履行。

实操17：员工违反竞业限制义务，向企业支付竞业限制的违约金后，企业还能要求员工继续履行竞业限制义务吗？

最高人民法院出台的《关于审理劳动争议案件适用法律问题的解释（一）》第40条规定，劳动者违反竞业限制约定，向用人单位支付违约金后，用人单位要求劳动者按照约定继续履行竞业限制义务的，人民法院应予以支持。

实操18：用人单位没有及时按约定履行竞业限制经济补偿义务时，劳动者是否还需要履行竞业限制的义务？

根据《最高人民法院关于审理劳动争议案件适用法律问题的解释（一）》第38条的规定，当事人在劳动合同或者保密协议中约定了竞业限制和经济补偿，劳动合同解除或者终止后，因用人单位的原因导致3个月未支付经济补偿，劳动者请求解除竞业限制约定的，人民法院应予支持。届时劳动者即无须承担竞业限制义务，也无须因此向用人单位支付违约金。也就是说，在用人单位未按时支付经济补偿金的情况下，竞业限制约定并不会自行终止，而是继续保持有效，只有当用人单位不支付经济补偿金达到一定期限时，劳动者的竞业限制义务才能够得以解除。

实操19：用人单位与员工约定竞业限制经济补偿金包含在工资、奖金、津贴或其他福利待遇中是否有效？

对于此类约定的效力认定，根据《劳动合同法》第23条的规定，竞业限制补偿金应当在解除或者终止劳动合同后，在竞业限制期限内按月给予劳动者。员工在职期间，按月与工资同时支付竞业限制经济补偿金的约定显然与《劳动合同法》的规定相违背。

此外，部分地方法规中也对此类约定的效力明确予以否定。深圳市颁布的《深圳市中级人民法院关于审理劳动争议案件的裁判指引》第108条规定，双方约定劳动者在职期间的工资中包含竞业限制经济补偿的，该约定无效。用人单位在劳动者离职后的竞业限制期内仍负有支付竞业限制经济补偿的义务。

实操 20：如何解除竞业限制协议？

1. 劳动者单方解除竞业限制协议

根据最高人民法院出台的《关于审理劳动争议案件适用法律问题的解释（一）》第38条的规定，劳动合同解除或终止后，由于用人单位的原因导致3个月未支付竞业限制经济补偿的，劳动者有权请求解除竞业限制约定。该条规定明确规定了企业3个月未支付经济补偿的，员工可以单方解除竞业限制协议。因此，一旦企业3个月不支付经济补偿的事实形成，员工即可提出解除竞业限制的约定，而无须征得企业的同意。

2. 用人单位单方解除竞业限制协议

根据最高人民法院出台的《关于审理劳动争议案件适用法律问题的解释（一）》第39条的规定，在竞业限制期限内，用人单位有权请求解除竞业限制协议。但在解除竞业限制协议时，劳动者有权请求用人单位额外支付劳动者3个月的竞业限制经济补偿。该条规定明确规定了企业享有单方解除竞业限制协议的权利，即企业可以根据自己的经营状况和实际需要，随时通知离职员工解除竞业限制协议。但为了保护劳动者的预期利益和合理的择业期间，《关于审理劳动争议案件适用法律问题的解释（一）》又给用人单位附加了要额外支付劳动者3个月经济补偿的义务。

第二节　案例精解

案例1：未采取保密措施的信息能构成商业秘密吗？

王某供职于某科技公司，主要负责公司科技产品的销售工作，双方签订了为期3年的劳动合同，并在合同中约定：在合同期内和以后，不得向任何人泄露本企业的商业秘密，否则给企业造成损失，完全由员工承担赔偿责任。员工合同终止或其他原因离职时，应向部门主管人员交回所有与经营有关的文件资料，离职后5年内不得从事与本行业有关的工作，以及与本公司客户有任何业务联系。合同期满后，王某与该科技公司解除了劳动合同，与某发展有限公司签订了劳动合同，从事销售工作。该科技公司向劳动争议仲裁委员会提出申请，主张王某在离职后泄露了该公司客户名单等商业秘密，应赔偿违约金50 000元。王某认为，该科技公司对客户名单等资料并未采取保密措施，且客户名单在该科技公司公开的网站中可以看到，既已公开，则不属于经营秘密。请问：仲裁委员会会支持该科技公司的仲裁请求吗？

【精解】

不会。

理由：根据法律规定，劳动者与用人单位可以就工作中商业秘密的有关事项进行保密约定，如果劳动者违反了保密约定，则用人单位可以追究劳动者的责任，如客户名单等资料都可以纳入商业秘密的范畴。但是，该公司对客户名单等资料并未采取保密措施，不属于商业秘密，因此该科技公司主张王某泄露商业秘密的事实不能成立，仲裁委员会不会支持该科技公司的仲裁请求。

案例2：是不是所有的客户名单都属于商业秘密？

A化工公司主要从事化工产品的开发和销售，张某为公司销售业务员，主要负责化工产品在华北地区的销售，并负责与华北地区客户签订产品销售合同。张某入职时与 A 化工公司签订了包含对客户名单有保密义务的协议书，同时与 A 化工公司签署了《保密责任承诺书》。张某从 A 化工公司离职后，到与 A 化工公司化工产品相竞争的另一家 B 化工公司任销售经理一职，并与 A 化工公司华北地区的多家客户签订了购销合同。请问：A 化工公司能否以商业秘密被侵害为由，要求张某停止侵权、赔偿损失？

【精解】

可以。

理由：A 化工公司的客户名单采取了保密措施，属于商业秘密，并非其他企业所能普遍知晓的。张某使用 A 化工公司客户名单的行为已经构成对其商业秘密的侵害。

在实务中，客户名单要构成商业秘密，除了要具备商业秘密的一般要件外，还应满足以下几点要求。

（1）客户名单具有特定性。受法律保护的客户名单应当具体明确，区别于可以从公开渠道获得的普通客户名单。

（2）客户名单的内容应较为全面。客户名单的内容应当包括客户名称、联系方式、需求类型和需求习惯、经营规律等综合性客户信息。需要注意的是，单独的客户名称的列举不构成商业秘密。

（3）客户名单具有稳定性。受法律保护的客户名单中的客户群体应是权利人经过一定的努力和投入，在一定时间段内相对固定的、有独特交易习惯内容的客户。

（4）客户名单具有秘密性。受法律保护的客户名单应当是权利人采取了合理的保密措施予以保护的客户信息，他人无法通过公开途径获得。

客户名单只有满足了上述几点要求，才能比较容易被认定为商业秘密，受到法律的保护。

案例 3：企业要求员工保密，需要支付保密费吗？

某公司现要求与技术部门的所有员工签订保密协议。请问：是否需要单独支付给员工保密费？

【精解】

不需要。

理由：保密义务是劳动者的一项法定义务，该义务的履行不以企业支付保密费为前提和条件，因此即使企业不支付保密费，劳动者也应当保守企业的商业秘密。

案例 4：享有著作权的软件作品是否同时可以被视为公司的商业秘密呢？

A 科技公司和 B 信息技术公司称 C 软件公司恶意高薪聘请上述两家公司的员工，得到了 A 科技公司和 B 信息技术公司研发的软件源代码，严重侵犯其商业秘密，同时还在网站上进行虚假宣传。A 科技公司和 B 信息技术公司称，这些源代码系 A 科技公司和 B 信息技术公司自主研发的，投入了大量的成本，市场价格和市场占有率均较高，A 科技公司和 B 信息技术公司均与员工签署保密协议，采取了保密措施。请问：享有著作权的软件作品是否同时可以被视为公司的商业秘密呢？

【精解】

可能无法被视为公司的商业秘密。

商业秘密是指不为公众所知悉、能为权利人带来经济利益、具有商业价值并经权利人采取保密措施的技术信息、经营信息等商业信息。"不为公众所知悉"是认定商业秘密的前提条件，如果涉案信息不符合该要件，就没有必要再对其是否符合商业秘密的其他要件进行认定。计算机软件可以同时构成作品和商业秘密，分别受到《中华人民共和国著作权法》（以下简称《著作权法》）与《反不正当竞争法》的保护。计算机软件，在其符合独创性、有形性、可复制性之智力成果的情况下，即构成作品。一旦构成作品，无论其是否被发表，均自其创作完成之时自动享有著作权。如果软件权利人欲以商业秘密为途径寻求法律救济，则必须同时具备 4 个法定要件，即"不为公众所知悉""能为权利人带来经济利益""具有商业价值""经权利人采取保密措施"，这 4 个要件缺一不可，否则就无法获得《反不正当竞争法》的保护。A科技公司和B信息技术公司未指明其软件中哪些技术信息是其保护的秘密点，无法对其是否达到"不为所属领域的相关人员普遍知悉和容易获得"的商业秘密程度进行判断。如果软件权利人认为其软件著作权遭到侵害，则可以以侵犯著作权的民事侵权诉由，另行提起诉讼。

符合《著作权法》规定的软件作品，可能无法被认定为商业秘密；而侵犯作品著作权的行为，也不一定同时构成侵犯商业秘密的行为。

案例5：竞业限制的期限可以随意约定吗？未按时向劳动者支付补偿金的竞业限制协议是否有效？

赵某于2017年4月1日进入某信息技术开发公司工作，担任研发经理，双方签订了为期3年的劳动合同。劳动合同中约定，赵某离职后3年内负有竞业限制义务，公司会支付9个月的工资作为竞业限制补偿金，支付方式为每月支付10 000元，具体何时支付双方未明确约定。2019年3月31日，双方劳动关系解除。自离职后，公司从未向赵某支付过合同约定的竞业限制补偿金。2021年5月，赵某成立了一家信息技术开发公司，公司经营范围与原信息技术开发公司基本相同。原信息技术开发公司认为赵某的行为具有直接的竞争关系，侵害了其商业技术秘密，并违反了劳动合同中的竞争限制条款，于是要求赵某赔礼道歉，承担竞争限制违约的法律责任。请问：违法约定的3年竞业限制期限是否有效？未按时向劳动者支付补偿金的竞业限制协议是否有效？

【精解】

无效。

根据《劳动合同法》的规定，竞业限制的期限可以事先约定，但是不得超过2年。因此，一般来说，超过时间限制的竞业限制协议是无效的。此外，用人单位未支付竞业限制补偿金的，竞业限制协议对劳动者无约束力。该信息技术开发公司在2年内从未向赵某支付过任何经济补偿金，因此也就无权要求赵某履行竞业限制的义务。

案例 6：员工自动履行竞业限制协议的，能要求补偿金吗？

张某于 2018 年 11 月 1 日进入某科技公司工作，担任技术顾问。双方签订了为期 3 年的劳动合同，同时签订了保密及竞业限制协议书，该协议设定了张某离职后的竞业限制义务，但未约定补偿金。2020 年 10 月 31 日，该科技公司人事部向张某发出终止劳动合同通知书，决定终止与张某的劳动合同。张某离职后一直在家休息，未从事任何工作。2021 年 3 月，张某向劳动争议仲裁委员会提出仲裁申请，要求该科技公司支付竞业限制补偿金。请问：仲裁委员会会支持张某的仲裁请求吗？企业在与员工签订竞业限制协议时，该如何规避类似的法律风险？

【精解】

会支持。

理由：根据最高人民法院出台的《关于审理劳动争议案件适用法律问题的解释（一）》第 36 条的规定，企业和员工约定了竞业限制但未约定经济补偿，员工又履行了竞业限制义务的，竞业限制约定对双方具有法律效力，企业应当向员工支付竞业限制经济补偿金。

企业在与员工签订竞业限制协议时，应注意以下几点问题：①竞业限制协议不能随意乱签，只能和确实掌握企业核心商业秘密的员工签订；②企业与员工签订竞业限制协议后，当员工离职时，企业应当就竞业限制问题作出专门说明，如果要求员工承担竞业限制义务，那么应当按照协议约定支付经济补偿金或达成其他补充协议；③如果企业决定放弃对员工的竞业限制要求，那么应当以书面形式告知员工离职后无须承担竞业限制义务，企业将不支付竞业限制经济补偿金。

案例 7：违法解除劳动合同是否影响竞业限制协议的效力？

2015 年 3 月，赵某入职某高科技研发公司，担任部门主管，双方签订了为期 3 年的劳动合同和竞业限制协议，约定从赵某离职之日起开始计算竞业限制补偿金。2017 年 5 月，该高科技公司以"赵某没有按时完成工作任务，不积极配合领导工作"为由作出辞退赵某的决定。赵某认为，该高科技公司的决定违反法律规定，于是向劳动争议仲裁委员会提起仲裁，要求认定该高科技公司违法解除劳动合同，并支付违法解除劳动合同的赔偿金。仲裁委员会经过调查，支持了赵某的申诉请求。该高科技公司按照裁决内容，向赵某支付了解除劳动合同的赔偿金，并按月向赵某支付竞业限制补偿金。2017 年 7 月，赵某开始就职于另一家高科技公司，从事与原来工作岗位相同的业务。原高科技公司知悉后，函告赵某应当按照竞业限制约定履行竞业限制义务，否则追究其法律责任。赵某认为，原高科技公司违法解除劳动合同在先，自己不需要继续履行竞业限制义务。请问：违法解除劳动合同是否影响竞业限制协议的效力？

【精解】

不一定影响。

所谓竞业限制，主要是指公司的职员（特别是高级职员）在其任职期间不得兼职于竞争公司或者兼营竞争性业务，在其离职后的特定时期和地区内也不得从业于竞争公司或进行竞争性营业活动。根据《劳动合同法》第 23 条第 2 款的规定："对负有保密义务的劳动者，用人单位可以在劳动合同或者保密协议中与劳动者约定竞业限制条款，并约定在解除或者终止劳动合同后，在竞业限制期限内按月给予劳动者经济补偿。劳动者违反竞业限制约定的，应当按照约定向用人单位支付违约金。"

竞业限制协议是劳动合同的从合同，竞业限制义务的产生以劳动合同的解除或者终止作为条件。竞业限制合同属于双务有偿合同，离职员工承担保守原企业商业秘密、不与原企业竞争的义务，同时享有获取一定经济报酬的权利。按照《劳动合同法》的规定，用人单位违法解除或者终止劳动合同将会产生两种法律后果：①劳动者要求继续履行劳动合同的，用人单位应当履行；②劳动者不要求继续履行劳动合同或劳动合同已不能继续履行的，用人单位应当向劳动者支付赔偿金。在这种情况下，用人单位超出法律许可的解除劳动合同的范围，提出解除劳动合同的，应当向劳动者支付两倍于经济补偿金的赔偿金；劳动者对解除劳动合同与用人单位达成一致意见后，产生劳动合同协商解除的法律后果。

用人单位违法解除劳动合同，已经承担了包括支付赔偿金在内的相应的法律后果。因此，用人单位违法解除劳动合同，并不必然导致竞业限制协议的无效。此外，用人单位按月向劳动者支付竞业限制补偿金，劳动者有义务履行竞业限制义务。竞业限制的约束力始于劳动合同解除或者终止。因此，赵某应当按照竞业限制约定继续履行竞业限制义务。

第六章

员工培训管理

第一节 实务操作

实操1：如何理解"岗前培训"？

我国的劳动法律法规未对"岗前培训"作出明文规定。从字面意思来看，岗前培训是用人单位在劳动者正式上岗工作之前向其提供的培训。岗前培训的目的主要是使劳动者掌握工作岗位所需的基本知识和技能，其属于职业培训的一种。

根据《劳动法》第68条的规定，用人单位应当建立职业培训制度，按照国家规定提取和使用职业培训经费，根据本单位实际，有计划地对劳动者进行职业培训。也就是说，向劳动者提供职业培训是用人单位的义务，相应的培训费用依法应由用人单位承担，用人单位不得向劳动者收取培训费用，或者在劳动者的劳动报酬中扣除。

实操2：用人单位向劳动者进行岗前培训时，双方是否在岗前培训期间建立了劳动关系？

目前，我国劳动法律法规对此并无明确规定，在实务中，除个别省份（如江苏、山东）外，大多数省份也未就此进行规定。在判断岗前培训期间，用人单位与劳动者是否建立劳动关系，通常从表6-1所列的几个方面进行考虑。

表6-1 判断用人单位与劳动者是否建立劳动关系

项　　目	内　　容
用人单位是否将劳动者招用为成员	即用人单位在提供岗前培训时是否已经正式录用劳动者
	如果用人单位已经正式录用劳动者，则双方在岗前培训期间建立劳动关系
	如果用人单位提供的岗前培训仅是作为正式录用劳动者的前提条件，则此时双方不一定建立劳动关系

项　　目	内　　容
劳动者是否接受用人单位的管理	在岗前培训期间，劳动者是否服从用人单位安排的培训形式、内容、日程和进度，且劳动者在培训期间是否遵守用人单位的内部规章制度和劳动纪律以及接受用人单位的管理和监督
劳动者是否向用人单位提供劳动	即劳动者在参加岗前培训期间是否同时向用人单位提供劳动
用人单位是否向劳动者支付报酬	即用人单位在劳动者参加岗前培训期间，是否就劳动者的培训或者劳动提供一定的报酬

通过对表 6-1 所列的 4 个方面的考察，如果用人单位和劳动者同时符合这 4 个方面，则可能会被认定为建立了事实上的劳动关系。但需要注意的是，即便用人单位和劳动者没有同时符合这 4 个方面，也有可能被法院认定存在劳动关系。

实操 3：如果用人单位不想在劳动者通过岗前培训考核之前与劳动者建立劳动关系，用人单位应该采取哪些措施防范法律风险？

用人单位在向劳动者提供岗前培训时，如果不想在劳动者通过岗前培训的考核之前与劳动者建立劳动关系，那么可以在合理范围内尽量同时采取以下措施。

（1）避免在用人招聘信息及其他任何材料中将培训与录用进行关联。

（2）岗前培训可以进行签到，但不记录考勤。

（3）岗前培训期限合理，培训时间不依从用人单位内部规定的工作时间。

（4）不安排参加培训的劳动者提供任何劳动。

（5）不向劳动者支付劳动报酬。

（6）书面告知劳动者，岗前培训是用人单位招聘的考核环节，只有当劳动者通过岗前培训的考核之后，才会被正式录用为用人单位的成员，并且让劳动者签收通知。

实操 4：培训费包括哪些？

根据《劳动合同法实施条例》第 16 条以及《劳动合同法》第 22 条第 2 款的规定，培训费用包括用人单位为了对劳动者进行专业技术培训而支付的有凭证的培训费用、培训期间的差旅费用以及因培训产生的用于该劳动者的其他直接费用。

实操 5：用人单位在培训期内向劳动者支付的工资属于培训费用吗？

用人单位在培训期内向劳动者支付的工资通常不被认定为培训费用。我国部分地区的地方性法规中已经明确规定培训期内劳动者的工资不计算入培训费用内，如江苏省高级人民法院、江苏省劳动争议仲裁委员会《关于审理劳动争议案件的指导意见》及浙江省的《关于审理劳动争议案件若干问题的意见》。

实操 6：什么是服务期？

所谓服务期，主要是指用人单位与获得特殊待遇的劳动者在劳动合同或者其他协议中约定的劳动者应当为用人单位服务的期限。需要注意的是，约定服务期是以双方存在劳动关系为前提的，但它又不同于劳动合同的期限。

实操 7：服务期可以随意约定吗？

服务期不能随意约定，必须是用人单位根据法律规定履行了特别义务，即为劳动者提供专项培训费用，对其进行专业技术培训的，才能够与员工约定服务期。

实操8：服务期内劳动者可以解除或终止劳动合同吗？

在服务期内，劳动者不能解除或终止劳动合同。对于没有约定服务期的普通劳动合同，劳动者想要解除或终止劳动合同，只要提前30日书面通知用人单位即可。但是，如果用人单位与劳动者签订了培训协议或者在劳动合同中约定了服务期条款，那么在服务期届满前，劳动者不能随意解除劳动合同，如果劳动者想解除劳动合同，则应当支付违约金或者承担赔偿责任。此外，对于劳动合同期满，但用人单位与劳动者约定的服务期尚未到期的，劳动合同应当续延至服务期满。

实操9：可以约定服务期的情形有哪些？

根据《劳动合同法》的规定，用人单位为劳动者提供专项培训费用，对其进行专业技术培训的，可以与该劳动者约定服务期。因此，企业出资提供专业技术培训是其能与劳动者约定服务期的前提条件，但是关于"专项培训费用"和"专业技术培训"，法律法规没有给出明确的界定，在实务中，主要把握以下两点。

1. 用人单位提供了专项培训费用

用人单位通常是委托具有培训和教育资格的第三方单位进行培训，并且有第三方出具的用人单位为劳动者参加培训出资的货币支付凭证。此外，培训费用的数额应当是比较大的，但是这个数额到底是多少，法律并没有具体规定，在实务中通常由仲裁庭和法官根据当地的实际情况自由裁量。

2. 用人单位给员工提供的是除了义务性培训以外的专业技术培训

（1）义务性培训。义务性培训主要是指用人单位根据法律要求为劳动者提供的安全卫生教育、岗前培训或转岗培训等。对员工进行义务性培训是用人单位的法定义务，因此不能约定服务期。

（2）专业技术培训。专业技术培训是指为员工提供的专业知识和职业技能的培训，一般包括如图 6-1 所示的培训内容。

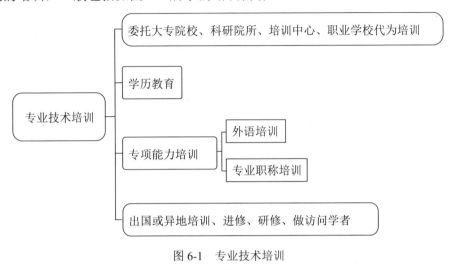

专业技术培训
委托大专院校、科研院所、培训中心、职业学校代为培训
学历教育
专项能力培训
外语培训
专业职称培训
出国或异地培训、进修、研修、做访问学者

图 6-1　专业技术培训

实操 10：法律对服务期的期限有何规定？

法律对服务期的年限并没有作出具体规定，对于用人单位到底应当给受训员工设置或约定多长时间的服务期，主要取决于用人单位的实际情况和员工的性格特点。用人单位应当按照公平、合理的原则，根据用人单位为劳动者提供培训的时间、费用来综合确定服务期的期限。对于员工流动率低的用人单位，可以约定得长一些，反之则可以短一些。根据对我国跳槽周期的合理预估，服务期的期限一般 3～5 年为最佳，最好不要超过 10 年。

实操 11：服务期与劳动合同期限有何区别？

服务期和劳动合同期限均约定劳动者在一定期限内为用人单位服务，但是两者的法律性质区别较大（见表 6-2）。

表 6-2　服务期与劳动合同期限的区别

项　　目		内　　容
性质不同	服务期	①不是劳动合同的必备条款 ②由用人单位和劳动者特别约定的 ③期限长短由双方自行协商确定
	劳动合同期限	①劳动合同的法定必备条款 ②包括固定期限、无固定期限、以完成一定工作任务为期限
利益归属不同	服务期	①劳动者不能随意辞职或离职 ②用人单位可以主动放弃服务期约定 ③利益归属于用人单位
	劳动合同期限	①用人单位无法定理由不得解除劳动合同 ②利益归属于劳动者
劳动者承担的风险不同	服务期	劳动者不能随意解约，否则需要承担违约责任
	劳动合同期限	①劳动者只要做到提前通知，就可以解除劳动合同 ②劳动合同期限对于劳动者并无实质上的约束力

实操 12：服务期与劳动合同期限不一致时，要怎么处理？

在实务中，用人单位出于成本回收的考虑，设置或约定的服务期一般都长于劳动合同期限。

（1）当劳动者以劳动合同期限届满为由提出终止劳动合同时，如果用人单位放弃对劳动者履行剩余服务期要求，则劳动合同终止，劳动者也无须再向用人单位支付违约金。

（2）当劳动者以劳动合同期限届满为由提出终止劳动合同时，如果用人单位要求劳动者继续履行剩余服务期，则根据《劳动合同法实施条例》第 17 条的规定，劳动合同期限自动顺延至服务期满。

（3）劳动者与用人单位双方也可以通过续订或者变更劳动合同的方式，继续履行劳动合同至服务期满，如果劳动者不同意继续履行劳动合同，则需要向用人单位支付违约金。

实操 13：企业向员工提供商品房、解决户口等特殊待遇时，能否与员工约定服务期和违约金？

我国法律规定劳动者向用人单位承担违约金的情形仅限于两种情形，即违反关于竞业限制的约定和违反专项技术培训的服务期约定。

根据《劳动合同法》第 22 条的规定，服务期应仅限于用人单位为劳动者提供专项培训费用，对其进行专业技术培训之后作出的关于服务期限的约定。但在实务中，很多企业会以向员工提供商品房、解决户口、车辆等特殊待遇为由，与员工约定服务期和违约金，这样的约定违反了《劳动合同法》的规定，因而是无效的。

尽管用人单位不能以向劳动者提供前述特殊待遇为由与劳动者约定服务期和违约金，但是在劳动者违反劳动合同约定期限辞职时，用人单位仍有权要求劳动者相应返还。《上海市高级人民法院关于适用〈劳动合同法〉若干问题的意见》第 7 条、《江苏省高级人民法院劳动争议案件审理指南》第 4 节均明确提出了对于劳动者违反合同约定的期限解除劳动合同的，用人单位对于承诺的特殊待遇可以不予支付；已经支付的，可以要求劳动者相应返还。

此外，我国部分省市还规定，尽管用人单位不能因提供特殊待遇与劳动者约定违约金，但如果劳动者的行为构成违反诚实信用原则，给用人单位造成损失的，劳动者应当予以赔偿。例如，北京市高级人民法院、北京市劳动争议仲裁委员会《关于劳动争议案件法律适用问题研讨会会议纪要》第 33 条规定，用人单位为其招用的劳动者办理了本市户口，双方据此约定了服务期和违约金，用人单位以双方约定为依据要求劳动者支付违约金的，不应予以支持；确因劳动者违反了诚实信用原则，给用人单位造成损失的，劳动者应当予以赔偿。

实操 14：劳动者违反服务期约定，应当向用人单位支付多少违约金？

《劳动合同法》允许用人单位与劳动者在培训及服务期协议中依法约定违

约金，如果劳动者违反服务期约定，则应当按照约定向用人单位支付违约金。但是，违约金不能任意约定，法律明确规定了违约金数额的上限，如图6-2所示。

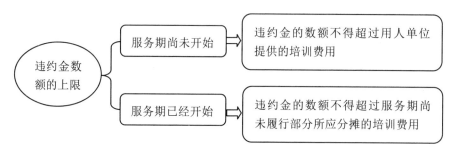

图6-2　违约金数额的上限

根据图6-2的规定，企业在确定违约金数额时，可以直接按培训费用总额来约定，如果员工发生实际违约，就根据违约时间和服务期已经履行的时间长短来确定员工应承担的违约金数额。下面通过一个例子来具体说明违约金数额的计算方法。

【例】M企业将员工张某派到日本进行技术培训，培训时间共4个月，培训费用共6万元。M企业与张某约定了5年服务期。张某工作到第2年结束时，向M企业提出辞职请求，请问张某应承担多少违约金？

【答案】3.6万元。将张某已经履行的2年服务期所应分摊的培训费2.4万元扣除掉，剩下的3.6万元便是张某应当支付的违约金数额。

实操15：用人单位与劳动者未签订培训或服务期协议，或虽然签订了协议，但未对违约金作出明确约定，这种情况下，如果劳动者违反了服务期约定，可以不承担违约责任吗？

不可以。根据《违反〈劳动法〉有关劳动合同规定的赔偿办法》第4条的规定，劳动者违反规定或劳动合同的约定解除劳动合同，对用人单位造成损失的，劳动者应赔偿用人单位为其支付的培训费用。因此，在上述情形下，劳动者应当按照用人单位实际支付的培训费用总额和已履行的服务期的情况，承担损失赔偿责任。但是，企业最好与员工签订培训或服务期协议，并且明确约定违约金的计算方式，以免引起劳动争议。

实操 16：劳动者违反了服务期约定，哪些情形下需要支付违约金？

根据《劳动合同法》的规定，劳动者违反服务期约定的，应当按照约定向用人单位支付违约金，具体情形如表 6-3 所示。

表 6-3 劳动者违反服务期约定需要向用人单位支付违约金的情形

项 目	内 容
劳动者提出解除劳动合同	①服务期尚未届满，劳动者因个人原因单方提出解除劳动合同的
	②服务期尚未届满，经劳动者提出双方协商一致解除劳动合同的
用人单位依法解除劳动合同	服务期尚未届满，用人单位因劳动者有下列情形而依法解除劳动合同的： ①劳动者严重违反用人单位的规章制度的 ②劳动者严重失职，营私舞弊，给用人单位造成重大损害的 ③劳动者同时与其他用人单位建立劳动关系，对完成本单位的工作任务造成严重影响，或者经用人单位提出，拒不改正的 ④劳动者以欺诈、胁迫的手段或者乘人之危，使用人单位在违背真实意思的情况下订立或者变更劳动合同致使劳动合同无效的 ⑤劳动者被依法追究刑事责任的

这里还需要注意，劳动者在服务期内解除劳动合同，无须支付违约金的例外情形。根据《劳动合同法实施条例》的规定，用人单位与劳动者约定了服务期，劳动者依照《劳动合同法》第 38 条的规定解除劳动合同的，即由于用人单位存在违法行为导致解除劳动合同的，不属于违反服务期的约定，用人单位不得要求劳动者支付违约金（见图 6-3）。

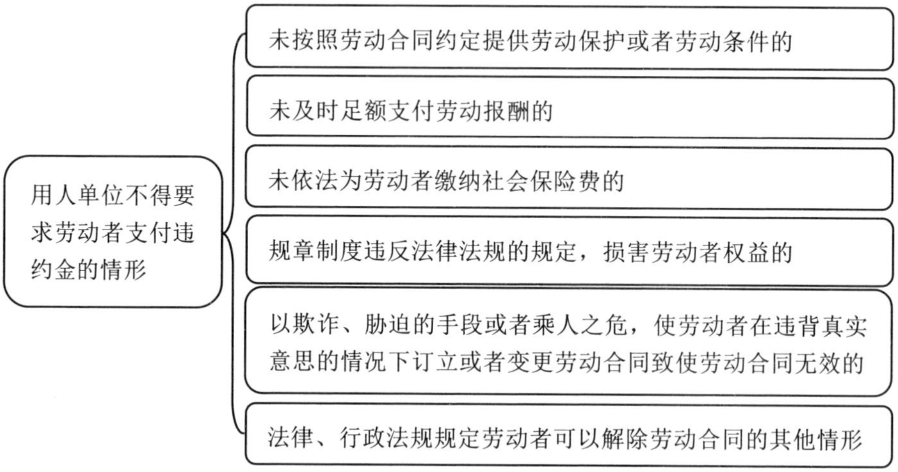

图 6-3　用人单位不得要求劳动者支付违约金的情形

实操 17：企业如何与员工签订培训协议？签订培训协议有哪些技巧？

企业人力资源管理人员应当与员工签订书面培训协议，对于培训费用、服务期和违约责任等作出明确规定，从而最大限度地维护企业的利益，降低争讼成本。企业人力资源管理人员可以按照表 6-4 所列的技巧与员工签订书面培训协议。

表 6-4　签订培训协议的技巧

项　目	内　容
确定受训人员	①企业对什么类型的员工提供出资培训，需要企业综合考虑各方面的情况作出决定 ②建议企业安排专业培训时仍尽量将试用期的员工排除在外
明确培训费用	企业应当在培训协议中明确约定培训费用的数额和所包括的项目，培训前无法确定的，应当明确费用的支付依据和支付标准，并且规定由劳动者先行垫付，待培训结束后，凭有效票据到企业账务管理部门进行报销
约定服务期限	①企业在订立培训协议时，应当约定合理的服务期限 ②约定的服务期限切忌过长，过长的部分将会因显失公平被认定为无效或可撤销，对劳动者丧失约束力

项　目	内　容
约定培训期间的待遇	由于法律没有对培训期间员工工资和福利待遇的支付作出强制性的规定，因此企业可以根据具体情况，与劳动者协商确定培训期间的工资及福利待遇支付标准。例如，员工脱产培训期间，由于未向企业提供正常劳动，可以约定企业不支付工资或者仅支付最低工资
明确违约金标准	①用人单位应当充分利用法律赋予的权利，明确劳动者违反服务期约定的违约责任 ②在确定违约金的数额或计算方法时，应当严格遵守法律规定的违约金上限，不能随意扩大

第二节　案 例 精 解

案例1：岗前培训能约定服务期吗？

2019年3月，张某被某销售子公司录取，成为该销售子公司的新员工，该公司规定每名新员工都需要到公司总部进行为期1个月的培训学习，主要培训销售技巧。张某出发前，子公司与张某签订了员工培训协议，协议中约定了2年的服务期，并且约定如果张某违反服务期协议，需要向公司支付违约金10 000元。2020年2月，张某提出解除劳动合同，公司以张某违反服务期约定为由要求张某支付违约金10 000元。请问：张某需要向公司支付违约金吗？

【精解】

张某不需要向公司支付违约金。

理由：根据《劳动合同法》的规定，提供专项培训费用，进行专业技术培训是约定服务期的唯一情形和条件。销售子公司的培训是由公司总部统一安排的，并不是委托专门的第三方机构进行培训，而且销售子公司无法提供证据证明其为此次培训支付了专项费用。此外，销售子公司给张某提供的培训内容只属于一般的岗前培训。因此，销售子公司无权与张某约定服务期，双方关于服务期的约定是无效的，张某辞职不需要向销售子公司支付违约金。

案例 2：服务期内劳动合同到期，用人单位能终止劳动合同吗？

王某与某外企公司于 2018 年 7 月 1 日签订了为期 2 年的劳动合同。2019 年 5 月，该外企公司将王某派到德国深造学习，为期 6 个月。公司与王某签订了员工培训协议，约定王某在培训结束后需要在该外企公司服务 3 年。2019 年 11 月，王某培训结束后回到该外企公司继续工作。2020 年 7 月，王某的劳动合同到期。该外企公司经过讨论，认为王某业务能力欠缺，想要终止劳动合同。该外企公司人力资源部负责人将终止劳动合同的决定通知了王某，并提出由于王某尚有服务期未履行，因此要求王某返还剩余服务期的相关费用。王某认为，虽然劳动合同到期，但服务期尚未结束，因此劳动合同应当顺延至服务期结束。请问：该外企公司可以终止劳动合同吗？可以向王某追索剩余服务期未履行的违约金或赔偿责任吗？

【精解】

该外企公司可以终止劳动合同。但在这种情况下结束服务期，不可以向王某追索剩余服务期未履行的违约金或赔偿责任。

理由：服务期是用人单位以给付一定培训费用为代价，要求接受对价的劳动者为用人单位提供相应服务的约定。由于服务期主要是为保护用人单位的权益而设的，因此应当允许企业根据实际情况决定是否放弃。在劳动合同期满后，用人单位可以放弃对剩余服务期的履行要求，但这种情况下结束服务期，企业不得向劳动者追索剩余服务期未履行的违约金或赔偿责任。对此，建议企业可以在员工培训协议中约定，劳动合同期满，服务期尚未届满的，企业可以终止劳动合同。

需要注意的是，企业在约定服务期时，应当明确约定服务期的长短和起算时间，但应尽量避免服务期限过长，损害劳动者的合法权益。

案例3：如何认定"专业技术培训"？如何计算员工在服务期内离职的违约金？

　　冯某为某培训学校的教育主管，为了使冯某更好地适应工作岗位，该培训学校安排冯某到北京某教育集团进行为期1年的培训学习。培训学校与冯某签订了培训服务期协议，协议中约定，服务期为5年，培训总费用为10万元，违约金按照年限递减的方式处理。培训结束后，冯某回到该培训学校继续工作。3个月后，冯某向该培训学校人事部提出离职申请。该培训学校认为冯某违反了服务期协议的约定，在服务期未满的情况下提出离职应该承担赔偿责任。冯某认为，去北京培训只是学校在业务上的安排，并不是专业技术培训，而且自己1年的培训学习根本花不了10万元。请问：如何认定"专业技术培训"？如何计算员工在服务期内离职的违约金？

【精解】

　　根据《劳动合同法》的规定，用人单位为劳动者提供专项培训费用，对其进行专业技术培训的，可以与该劳动者订立协议，约定服务期。培训可以分为两种：①一般层次的职业技术培训，主要就是针对平时工作中的一些基本技能进行培训，目的是使员工能够顺利地工作，这种培训是用人单位的法律义务，一般不得与劳动者约定服务期；②职业发展培训，主要是在员工已经满足了本用人单位的要求之后，用人单位为了提高员工的职业技能而提供的培训，这种培训是用人单位为了留住人才、促进企业发展所提供的一种培训，可以约定服务期。

　　该培训学校为了使冯某更好地适应工作岗位，安排冯某到北京进行培训学习的行为，不能认定为专业技术培训，因此冯某的服务期协议是无效的。

　　对于培训费用，我国法律明确规定，劳动者违反服务期约定的，应当按照约定向单位支付违约金，违约金的金额不得超过用人单位提供的培训费用。用人单位要求劳动者支付的违约金不得超过服务期尚未履行的部分所应该分摊的培训费用。如果用人单位可以提供发票，证明用人单位曾为该劳动者培训出资的数额且其培训为专业技术培训，那么违约劳动者必须承担向用人单位赔偿的责任。

案例4：企业为员工办理了北京户口，如果员工单方离职，企业能否以违反服务期协议为由要求员工支付赔偿金？

张某为某知名高校毕业生，毕业后便与北京某公司签订了为期5年的劳动合同，被该公司作为储备人才予以培养，并为其办理了北京户口。该公司与张某签订了服务期协议书，双方约定：由于进京指标属于社会稀缺资源，公司为其解决北京户口付出了较大成本，劳动合同未到期单方离职会给公司在人才引进方面造成一定的损失，因此约定员工服务期为5年（自双方签订劳动合同之日计算），如果张某因个人原因导致劳动合同未到期而不能继续履行的，张某需支付给公司100 000元户口赔偿金。工作两年后，张某提出离职，该公司以违反服务期协议为由要求张某支付100 000元户口赔偿金。请问：类似张某的这种行为，给企业造成损失的，需要对企业进行赔偿吗？

【精解】

需要。

理由：尽管用人单位为其招用的劳动者办理了本市户口，双方据此约定了服务期及违约金，由于该约定违反法律规定，因此用人单位以双方约定为依据要求劳动者支付违约金的，不符合法律规定，但确因劳动者违反了诚实信用原则，给用人单位造成损失的，劳动者应当予以赔偿。

案例5：员工服务期未满跳槽的，是否违反服务期协议？是否需要支付违约金？

某科技公司将林某送到北京某培训机构学习，期限为两年，每年培训费为12 000元，两年共24 000元。同时约定，林某自培训机构毕业之日起，为该科技公司服务4年，如因各种原因擅自离开培训机构或离开该科技公司，则林某必须交纳违约金,违约金为学费、交通费总和的 2 倍。林某从培训机构毕业后,回到科技公司上班,并与科技公司签订了为期 4 年的劳动合同。工作 9 个月后,林某另找了一份高薪工作,因此向科技公司提交了一份辞职报告后便离开了工作岗位。该科技公司向林某出示了培训合同、学费缴纳情况证明、双方劳动合同等证据,要求林某按协议支付违约金共 30 000 元。请问:林某是否违反服务期协议?是否需要支付违约金?

【精解】

林某仅工作 9 个月便提出辞职,违反了双方合同约定,应该按照合同向科技公司支付违约金。根据《劳动合同法》的规定,用人单位为劳动者提供专项培训费用,对其进行专业技术培训的,可以与该劳动者订立协议,约定服务期。劳动者违反服务期约定的,应当按照约定向用人单位支付违约金,违约金的数额不得超过用人单位提供的培训费用。用人单位要求劳动者支付的违约金不得超过服务期尚未履行部分所应分摊的培训费用。用人单位与劳动者约定服务期的,不影响按照正常的工资调整机制提高劳动者在服务期的劳动报酬。因此,该科技公司要求林某支付违约金数额中超过法定的部分将不被支持。

第七章

工作时间与休息休假

第一节　实务操作

实操 1：什么是标准工时制？

工时制度，即工作时间制度。目前，我国有 3 种工作时间制度，即标准工时制、综合计算工时制和不定时工作制。根据《劳动法》和《国务院关于职工工作时间的规定》的规定，在标准工时制下，劳动者每天工作的最长工时为 8 小时，周最长工时为 40 小时。标准工时制还应注意以下几点要求。

（1）用人单位应当保证劳动者每周至少休息 1 日。

（2）由于用人单位生产经营需要，经与工会和劳动者协商，一般每天延长工作时间不得超过 1 小时。

（3）特殊原因每天延长工作时间不得超过 3 小时。

（4）每月延长工作时间不得超过 36 小时。

由上述规定可知，根据标准工时制的规定，工作时间比较固定，并且延长工作时间有明确严格的限制条件。

实操 2：什么是综合计算工时制？

所谓综合计算工时制，主要是指用人单位以标准工作时间为基础，以一定的期限为周期，综合计算工作时间的工时制度。综合计算工时制分别以周、月、季、年等为周期，综合计算工作时间，但其平均日工作时间和平均周工作时间应当与法定标准工作时间基本相同。企业实行综合计算工时制的条件和相关规定如表 7-1 所示。

表 7-1 企业实行综合计算工时制的条件和相关规定

项　目	内　容
企业实行综合计算工时制的条件	企业因自身生产特点无法实行标准工时制,并且符合条件的经劳动保障行政部门批准,可以实行综合计算工时制。企业实行综合计算工时制必须满足以下两个条件: ①确实由于工作性质特殊无法执行标准工时制 ②必须经过劳动行政部门的审批 未经审批的,用人单位不能擅自决定或与劳动者约定实行综合计算工时制
工作时间和劳动报酬的规定	对于实行综合计算工时制的劳动者,企业应当根据标准工时制合理确定劳动者的劳动定额或者其他考核标准,以便安排劳动者休息。劳动者工资由企业按照本单位的工资制度和工资分配办法,分别以月、季、年等为周期,综合计算员工工资与员工工作时间
	在综合计算周期内,某一具体日(或者周)的实际工作时间可以超过8小时(或者40小时),平均每周工作时间不超过40小时
	综合计算周期内的总实际工作时间不应超过总法定标准工作时间,对于超过部分,应当视为延长工作时间,并且按劳动法的规定支付劳动者报酬。其中,对于法定休假日安排劳动者工作的,应当按照劳动法的规定支付劳动者报酬。应当注意,延长工作时间的小时数平均每月不得超过36小时
	如果在整个综合计算周期内的实际平均工作时间总数不超过该周期法定标准工作时间总数,只是该综合计算周期内的某一具体日(或者周、或者月、或者季)超过法定标准工作时间,其不超过部分不应视为延长工作时间

实操 3:用人单位对哪些劳动者可以实行综合计算工时制?

根据相关法律法规,图 7-1 所示的劳动者可以实行综合计算工时制。

交通、铁路、邮电、水运、航空、渔业等行业中因工作性质特殊需要连续作业的职工

地质、石油及资源勘探、建筑、制盐、制糖、旅游等受季节和自然条件限制的行业的部分职工

可以实行综合计算工时制的劳动者

亦工亦农或由于受能源、原材料供应等条件限制难以均衡生产的乡镇企业的职工

对于那些在市场竞争中，由于外界因素影响，生产任务不均衡的企业的部分职工

其他适合实行综合计算工时制的职工，如果因职工家庭住址距工作地点较远或者根据企业生产经营特点，可以采用集中工作、集中休息方式的

图 7-1 法律规定可以实行综合计算工时制的劳动者

对于因外界因素影响，生产任务不均衡的用人单位的部分劳动者，经劳动行政部门审批后，也可以参照综合计算工时制的办法实施。部分地区对综合计算工时制适用范围进行了更加明确的界定，表 7-2 列举了北京、上海、天津等地区除人力资源和社会保障部明确规定范围外适用综合计算工时制的其他劳动者岗位或工种。

表 7-2 部分地区适用综合计算工时制的岗位

地　　区	其他适用综合计算工时制的劳动者
北京	①受外界因素影响，生产任务不均衡的 ②因劳动者家庭距工作地点较远，采用集中工作、集中休息的 ③实行轮班作业的 ④可以定期集中安排休息、休假的
上海	①因受季节条件限制，淡旺季节明显的瓜果、蔬菜等食品加工单位和服装生产工人 ②宾馆、餐馆的餐厅和娱乐场所的服务员等

续表

地　　区	其他适用综合计算工时制的劳动者
天津	基本保持了与人力资源与社会保障部规定类似的规定，在岗位所属行业上除人力资源与社会保障部规定的行业以外，增加列举了海运、电信、内河航运、电力、石油、石化行业
重庆	因工作性质特殊或受季节及自然条件限制，需在一段时间内连续作业，采取以周、月、季、半年、年等为周期综合计算工作时间。例如，交通、铁路、水运、航空、旅游、地质、石油、建筑、制糖、制盐等行业和受外界因素影响生产经营任务不均衡的部分工作岗位人员等
杭州	①市场竞争中由于外界影响，生产任务不均衡，需要连续作业的部分劳动者，可以实行以月或季度为周期的综合计算工时制 ②因季节条件限制，淡旺季明显的服装加工、食品加工单位，可以实行以半年或年为周期的综合计算工时制 ③餐饮、住宿、批发、零售、家庭服务业、服务外包企业的劳动者，因工作地点较远需要集中安排工作、休息的劳动者，可以实行以月为周期的综合计算工时制 ④因行业特点、工作特殊，需要实行综合计算工时制的，经行政许可联合审核组审定的其他岗位劳动者
江苏	①受市场因素影响生产任务不均衡企业的职工 ②因工作地点较远需要集中安排工作、休息的职工 ③法律法规或国家规定的其他情形
深圳	①受能源、原材料供应等条件限制难以均衡生产的 ②受外界因素影响，生产任务不均衡的 ③可以定期集中安排休息、休假的 ④其他适合实行综合计算工时制的劳动者
广东	因工作性质特殊或受季节及自然条件限制，需在一段时间内连续作业，采取以周、月、季、年等为周期综合计算工作时间

实操 4：用人单位实行综合计算工时制，必须经过劳动行政部门审批吗？

如果用人单位认为部分劳动者必须实行综合计算工时制等特殊工时制，那么用人单位必须依法向劳动行政部门提出申请，经批准后方可实行。用人单位在未获得劳动行政部门审批前，不能擅自实行综合计算工时制，应当严格实行标准工时制，否则可能面临劳动行政部门的处罚。

实操 5：什么是不定时工作制？

不定时工作制主要是每一工作日没有固定的上下班时间限制的工作时间制度，是针对因生产特点、工作特殊需要或者职责范围的关系，无法按标准工作时间衡量或者需要机动作业的劳动者所采用的一种工时制度。对于经过批准实行不定时工作制的劳动者，不受《劳动法》日延长工作时间和月延长工作时间标准的限制。

与综合计算工时制一样，企业实行不定时工作制也必须满足两个条件：①确实由于工作性质特殊无法按标准工作时间衡量或者需要机动作业；②必须经过劳动行政部门的审批，未经过审批的，用人单位不能擅自决定或者与劳动者约定实行不定时工作制。

实操 6：用人单位对哪些劳动者可以实行不定时工作制？

根据《关于企业实行不定时工作制和综合计算工时工作制的审批办法》的规定，企业可以对图 7-2 所示的劳动者实行不定时工作制。

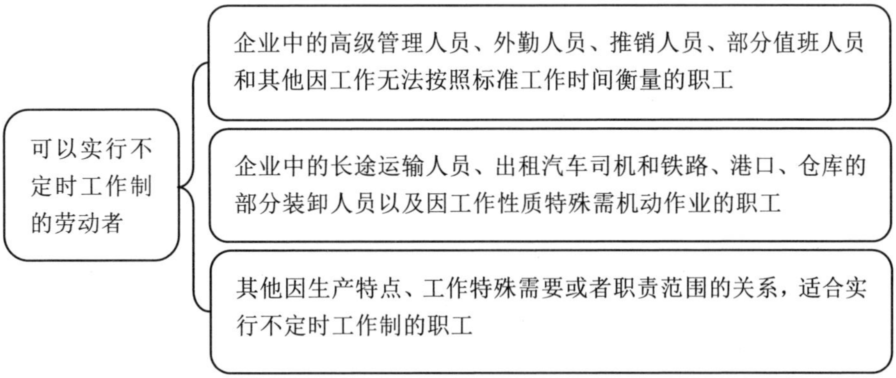

图 7-2　法律规定可以实行不定时工作制的劳动者

表 7-3 列举了北京、上海、深圳等地区其他适用不定时工作制的劳动者岗位或工种。

表 7-3 部分地区适用不定时工作制的岗位

地 区	其他适用不定时工作制的岗位
北京	①长驻外埠的劳动者 ②非生产性值班劳动者 ③可以自主决定工作、休息时间的特殊工作岗位的其他劳动者
上海	因生产特点、工作特殊需要或职责范围的关系无法按标准工作时间衡量，需要机动作业的职工，如用人单位的消防和化救值班人员，以及值班驾驶员等
深圳	①实行年薪制或劳动合同约定工资高于深圳市劳动者上年度月平均工资 3 倍以上，且可以自主安排工作、休息时间的劳动者 ②其他适合实行不定时工作制的劳动者
重庆	因生产特点、工作特殊需要或职责范围，无法按标准工作时间衡量、需机动作业而采取不确定工作时间的职工，如高级管理人员、外勤人员、购销人员、装卸人员、长途运输驾驶人员、押运人员、小车驾驶员等
广东	因生产特点、工作特殊需要或职责范围，无法按标准工作时间衡量、需机动作业而采取不确定工作时间的职工
杭州	①用人单位中的高级管理人员的专职司乘服务人员 ②可以自主支配工作时间，用人单位无考勤要求的管理人员、技术人员 ③需要机动作业，实行工作量与工资挂钩不统计出勤的购销人员、售后服务人员 ④不能按照标准工作时间衡量的非生产性值班、维护、抢修人员 ⑤其他因生产特点、工作特殊需要或职责范围的关系，需要实行不定时工作制的，经行政许可联合审核组审定的其他岗位劳动者
江苏	①国有企业中的高级管理人员（指企业领导班子成员） ②非国有企业中经营管理人员事先约定实行年薪制的 ③从事下列工种或者岗位的职工： a. 无法按标准工作时间衡量的外勤人员 b. 实行工作量与工资挂钩的推销人员、长途运输人员、押运人员 c. 实行工作量与工资挂钩的铁路、港口、仓库的部分装卸人员 d. 实行承包经营出租车的驾驶员 e. 非生产性值班人员

实操 7：《劳动法》中关于加班加点的规定有哪些？

加班加点，即《劳动法》规定的"延长工作时间"，具体是指劳动者超过法定标准工作时间或者企业规定的工作时间进行工作。《劳动法》中关于加班加点的相关规定如表 7-4 所示。

表 7-4　《劳动法》中关于加班加点的规定

项　目		内　容
加班加点的基本概念	加班	根据用人单位要求，在法定节假日、休息日进行工作，一般以天数作为计算单位
	加点	在法定的日标准工作时间以外进行工作，以小时为计算单位
标准工时制下的加班	加点（延时加班）概念理解	加点，即在工作日 8 小时以外的加班
	加班时间	①一般每日延长不得超过 1 小时 ②因特殊原因需要延长的，每日不得超过 3 小时，但是每月不得超过 36 小时
	加班报酬	企业安排员工延时加班的，应当支付不低于工资 150% 的加班报酬
	除外情况	下列情况下的加班加点不受正常情况下延长工作时间的限制： ①发生自然灾害、事故或者因其他原因，威胁劳动者生命健康和财产安全，需要紧急处理的 ②生产设备、交通运输线路、公共设施发生故障，影响生产和公众利益，必须及时抢修的 ③法律、行政法规规定的其他情形
	休息日加班概念理解	休息日加班，即安排员工在休息日进行工作 员工的休息日根据法律规定和双方的约定而具体确定，并非一定是周六周日，有可能是一周的某一天，或者某两天
	加班报酬	企业安排劳动者休息日工作又无法安排其补休的，应当支付不低于工资 200% 的加班报酬
	法定节假日加班概念理解	法定节假日加班，即安排员工在法定节假日进行工作
	加班报酬	企业安排劳动者法定节假日工作的，支付不低于工资 300% 的加班报酬

项　目		内　容
综合计算工时制下的加班	加班报酬	①在综合计算工时周期内，某一具体日（或周）的实际工作时间可以超过法定标准工作时间，即超过 8 小时（或 40 小时），但如果计算周期内劳动者的总实际工作时间超过总法定标准工作时间，则超过的部分应当视为延时加班，应当按照不低于员工工资150%的标准支付加班工资
		②在综合计算工时制下，虽然工作时间是综合计算的，但员工仍然享受法定节假日，如果企业安排员工在法定节假日工作，则应视为法定节假日加班，企业应当按照不低于员工工资300%的标准支付加班工资
不定时工作制下的加班		①在不定时工作制下，员工可以自行安排工作时间，故原则上不存在加班的问题
		②员工在法定节假日工作是否视为加班，各地规定不太统一。在实务中，大多数地区规定不定时工作制下的员工在法定节假日工作的，不视为加班
		③个别地区，如上海，将不定时工作制下的员工在法定节假日工作的也视为加班，要求用人单位应当按照不低于员工工资300%的标准支付加班工资

实操8：员工自愿加班时，企业是否还有向劳动者支付加班工资的义务？

　　根据《劳动法》的规定，用人单位在延长劳动者工作时间时，必须经过协商程序，主要包括劳动者本人申请加班，用人单位同意；或者用人单位安排加班，劳动者确认等情形。因此，如果员工自愿加班，则应当被视为员工对自己休息权的主动放弃，企业可以不支付加班工资。

　　但是，企业人力资源管理人员应当注意的是，企业在考虑对员工自愿加班不支付其加班工资时，应特别注意其中的举证问题。如果企业仅仅主张员工是自愿加班的，而没有进行相应的举证，那么司法机关很有可能以员工的出勤及加班管理属于企业管理职责范围为由，认定企业规避其支付加班工资的义务，司法机关将不会采纳企业的主张。对此，建议企业采取加班审批制度，每个月在员工签收工资时，让员工对当月加班、出勤的时间进行确认，从而达到规范管理考勤制度、加班审批制度的目的。

实操9：如果劳动者加班时数超过法律规定时数的上限，那么劳动者能否要求用人单位加倍支付加班费或者要求用人单位赔偿？

如果劳动者加班时数超出法定标准（如超出36小时的上限），那么劳动者有权向劳动行政部门投诉，并且由劳动行政部门纠正用人单位的做法。但是，如果用人单位按照法律规定支付了加班工资或安排了调休，那么劳动者要求用人单位加倍支付加班费或主张其他赔偿，就是没有法律依据的。

实操10：用人单位安排劳动者超时加班，将会面临怎样的行政处罚？

如果用人单位违反劳动保障法律法规或者规章延长劳动者工作时间，那么劳动保障行政部门将会给予警告，责令其限期改正，同时可以按照权利受侵害的劳动者每人100元以上500元以下的标准对用人单位处以罚款。我国部分地区更是加大了处罚力度，如在广州地区，用人单位如果违法超时加班，将按人头计算处以每人每小时100元的罚款。

实操11：劳动者在非工作日参加培训属于加班吗？

根据《劳动法》第44条的规定，休息日安排劳动者工作又不能安排补休的，应当支付加班费。因此，应当从两个方面考察劳动者休息日参加培训是否构成加班：①培训是否是用人单位安排、劳动者是否被强制参加；②培训内容是否与劳动者工作内容相关。

对于并非用人单位组织，或者培训内容与本职工作无关，不带有强制性的休息日培训，通常不应认为属于加班。

实操12：企业在考勤管理和加班审批中存在的问题主要有哪些？

企业在考勤管理和加班审批中存在的问题如图7-3所示。

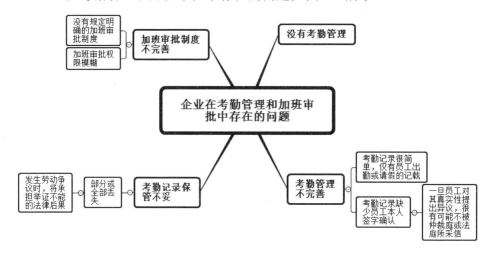

图7-3 企业在考勤管理和加班审批中存在的问题

针对图7-3所示的企业常见问题，从防范和控制法律风险的角度，对企业考勤管理和加班审批方面提出以下几点建议。

1. 企业应完善考勤记录的内容

企业员工的考勤记录应当全面记载员工上下班时间、午休时间、迟到及早退的时间、休假、旷工的时间。同时，对于未出勤的原因，应当予以注明，以便企业人力资源管理部门对考勤记录进行统计、留档。

2. 考勤记录应当由员工本人签字确认

（1）在一个考勤周期结束时，考勤记录不仅应当有考勤负责人和主管人员的签字，更应当有员工本人的签字认可。

（2）如果员工因旷工不能签字认可的，或者因其他原因不愿签字认可的，则应当由员工所在部门的负责人在考勤记录上签字，并且注明详细原因。

3. 建立并完善企业加班审批制度

（1）企业应当对加班的审批权限、申请流程和汇报制度作出明确的规定，员工未按规定向有审批权限的人员提出加班申请，且未获得加班批准的，不视为加班。

（2）员工申请加班应当填写加班审批单，并注明加班的原因、工作内容和加班时间，由有审批权限的人员和员工本人签字。

（3）企业人力资源管理部门以员工书面的加班审批单为准，进行考勤统计和记录。

实操13：《劳动法》中关于休息日的规定有哪些？

根据《劳动法》的规定，用人单位应当保证劳动者每周至少休息1日，具体每周是休息一日还是两日，是周六周日休还是周一至周五的某两日或某一日休，用人单位可以根据实际情况灵活安排。在实务中，绝大多数企业实行的都是"做五休二"，即周六、周日休息的所谓"双休"制度。

用人单位在休息日安排劳动者加班的，可以安排补休，如果不能安排补休的，则应当按照不低于工资200%的标准支付加班费。

实操14：我国法定节假日主要包括哪些？

我国法定节假日主要包括3类，具体如表7-5所示。

表7-5　我国法定节假日

项　　目	内　　容
全体公民放假的节日	①新年，放假1天（1月1日）
	②春节，放假3天（农历正月初一、初二、初三）
	③清明节，放假1天（农历清明当日）
	④劳动节，放假1天（5月1日）
	⑤端午节，放假1天（农历端午当日）
	⑥中秋节，放假1天（农历中秋当日）
	⑦国庆节，放假3天（10月1日、2日、3日）

续表

项 目	内 容
部分公民放假的节日	①妇女节（3 月 8 日），妇女放假半天 ②青年节（5 月 4 日），14 周岁以上的青年放假半天 ③儿童节（6 月 1 日），不满 14 周岁的少年儿童放假 1 天 ④中国人民解放军建军纪念日（8 月 1 日），现役军人放假半天
少数民族的节日	由各少数民族聚居地区的地方人民政府按照各民族习惯规定放假日

根据《全国年节及纪念日放假办法》的规定，全体公民放假的假日如果适逢星期六、星期日，则应当在工作日补假。部分公民放假的假日，如果适逢星期六、星期日，则不予补假。

用人单位在上述全体公民放假的假日安排劳动者工作的，应当按照不低于工资 300%的标准支付加班工资。

实操 15：丧假有哪些规定？

丧假是劳动者的直系亲属死亡时，其依法享有的假期，具体规定如表 7-6 所示。

表 7-6　丧假的规定

项 目	内 容
丧假	根据《关于国营企业职工请婚丧假和路程假问题的通知》的规定，国有企业职工的直系亲属死亡时，企业应当根据具体情况，酌情给予职工 1~3 天的丧假。直系亲属包括父母、配偶和子女 在实务中，其他企业也都参照上述规定执行，丧假一般为 3 天
路程假	如果员工死亡的直系亲属在外地，需要员工本人去外地料理丧事的，企业应当根据路程远近，另外给予员工路程假
假期待遇	①员工休丧假和路程假期间，企业应当照发工资 ②员工在路途中的车船费等，由其自行承担

实操 16：婚假有哪些规定？

婚假是劳动者本人结婚时依法享受的假期，具体规定如表 7-7 所示。

表 7-7　婚假的规定

项　　目		内　　容
正常婚假		根据《关于国营企业职工请婚丧假和路程假问题的通知》，国有企业职工本人结婚时，企业应当根据具体情况，酌情给予 1～3 天的婚假 在实务中，其他企业也都参照上述规定执行，婚假一般为 3 天
增加婚假	2016 年 1 月 1 日之前	根据各地计划生育条例的规定，员工属于晚婚（男方年满 25 周岁、女方年满 23 周岁初婚）的，在享受国家规定的正常婚假的基础上，还可以享受晚婚奖励假
	2016 年 1 月 1 日《中华人民共和国人口与计划生育法》修正案颁布实施后	①国家及各地陆续取消了晚婚奖励假的规定，仅规定依法办理结婚登记的享受正常婚假 ②在各地新出台的计划生育条例规定中，大部分省市仍然规定 3 天的正常婚假，部分省市在正常婚假的基础上，规定了一定天数的增加婚假。例如，北京、上海地区规定了 7 天增加婚假；江苏地区规定了 10 天延长婚假
路程假		如果夫妻双方不在同一地方工作，一方需要去对方所在地点结婚，企业应当根据员工实际情况和实际需要，另外给予员工路程假
假期待遇		①员工休婚假和路程假期间，企业应当照发工资 ②员工在路途中的车船费等，由其自行承担

实操 17：婚假遇上节假日可以顺延吗？

对于婚假遇上节假日是否顺延的问题，国家层面没有具体的规定，但通常理解 3 天的婚假应当为 3 个工作日，不包含法定节假日。对于地方法规中规定的延长婚假是否包含法定节假日，应当以地方法规为准。

在实务中，如果当地法规没有明确规定，企业可以在其规章制度中作出自己的规定或者与员工在劳动合同中就相关事项进行约定。

实操 18：婚假未休的，企业是否应当予以补偿？

我国的劳动法律法规中并未规定婚假未休时的处理。在实务中，通常如果劳动者提出婚假申请，而用人单位因工作原因或者其他原因未批准，则用人单位应当对劳动者予以补偿，具体补偿方式为支付加班工资或者安排补休；如果因劳动者未主动提出婚假申请而导致未休婚假，则用人单位无须另外补偿。

实操 19：产假有哪些规定？

有关产假的规定请参考本书第十二章"三期"女职工劳动关系管理的相关内容。

实操 20：探亲假有哪些规定？

探亲假是员工探望与自己不住在一起，又不能在公休假日团聚的配偶或父母的带薪假期。目前关于探亲假的规定主要是 1981 年出台的《国务院关于职工探亲待遇的规定》。需要注意的是，该规定仅适用于国家机关、人民团体和全民所有制企业、事业单位工作满 1 年的固定职工，具体规定如表 7-8 所示。

表 7-8　探亲假的规定

项　　目		内　　容
享受探亲假的条件	探望配偶	工作满 1 年的职工，与配偶不住在一起，又不能在公休假日团聚的，可以享受探望配偶的待遇
	探望父母	工作满 1 年的职工，与父亲、母亲都不住在一起，又不能在公休假日团聚的，可以享受探望父母的待遇
	"不能在公休假日团聚"主要是指不能利用公休假日在家居住一夜和休息半个白天	

续表

项　目	内　容
探亲假的天数	①职工探望配偶的，每年给予一方探亲假一次，假期为 30 天 ②未婚职工探望父母，原则上每年给假一次，假期为 20 天，如果因为工作需要，本单位当年不能给予假期，或者职工自愿两年探亲一次，可以两年给假一次，假期为 45 天 ③已婚职工探望父母的，每 4 年给假一次，假期为 20 天
路程假	①探亲假期是指职工与配偶、父、母团聚的时间，另外，企业应根据实际需要给予员工一定的路程假 ②探亲假和路程假，均以自然日计算，包括公休日和法定节假日在内
假期待遇	①职工在规定的探亲假期和路程假期内，按照本人的标准工资发放工资 ②职工探望配偶和未婚职工探望父母的往返路费，由所在单位负担 ③已婚职工探望父母的往返路费，在本人月标准工资 30%以内的，由本人自理，超过部分由所在单位负担

实操 21：社会活动假有哪些规定？

社会活动假主要是指劳动者在法定工作时间依法参加社会活动所享受的假期，上述社会活动主要包括：

（1）行使选举权或被选举权；

（2）当选代表，出席政府、党派、工会、青年团及妇女联合会等组织召开的会议；

（3）担任人民法庭的人民陪审员、证明人及辩护人；

（4）出席劳动模范、先进工作者大会；

（5）《中华人民共和国工会法》规定的不脱产工会基层委员会委员因工会活动占用的生产时间；

（6）其他依法参加的社会活动。

员工享受社会活动假期间，用人单位应依法支付工资。

实操 22：事假有哪些规定？

事假主要是员工因私事向用人单位申请，并且经单位批准的假期。法律对于企业员工什么情况下可以请事假，以及请事假的工资待遇等均没有作出统一规定，因此企业可以根据具体情况自行制定相关的制度。

在实务中，企业应当注意以下两点：①企业对员工的事假申请拥有审批权，但审批理由一定要合理、恰当，特别是对不予批准的事假申请；②关于事假期间的待遇，各地区一般都有相应的规定，用人单位可以不支付事假期间的工资，因此企业可以不支付事假工资，当然也可以按照员工工资的一定比例或者最低工资标准支付工资。

实操 23：带薪年休假有哪些规定？

带薪年休假主要是指员工每年享有的保留工作和工资的连续休假。

1. 员工享受年休假的条件

根据《职工带薪年休假条例》及《企业职工带薪年休假实施办法》的规定，职工连续工作满 12 个月以上的，享受带薪年休假。

在实务中，企业人力资源管理人员应特别注意一个问题："连续工作满 12 个月以上"是否包含前家单位的工作时间呢？根据《职工带薪年休假条例》及《企业职工带薪年休假实施办法》中年休假通常不跨年度安排，以及职工新进用人单位当年度年休假天数的折算方法等规定，我们可以推断出此处的"连续工作"应当理解为包含劳动者在以前用人单位的工作期间。那么，如何证明连续，如何认定连续呢？目前法律并没有明确规定，建议企业人力资源管理部门可以根据企业自身的情况作出相关规定，也可以要求劳动者提供相关的证明，如离职证明、原劳动合同或社保缴费记录等，以证明其连续工作。

2. 员工不享受当年的年休假的情形

员工存在下列情形之一的，不享受当年的年休假。

（1）职工依法享受寒暑假，其休假天数多于年休假天数的；但是，如果职工享受的寒暑假天数少于其年休假天数的，用人单位应当安排补足年休假天数；

（2）职工请事假累计 20 天以上且单位按照规定不扣工资的；

（3）累计工作满 1 年不满 10 年的职工，请病假累计 2 个月以上的；

（4）累计工作满 10 年不满 20 年的职工，请病假累计 3 个月以上的；

（5）累计工作满 20 年以上的职工，请病假累计 4 个月以上的。

需要说明的是，如果职工已经享受当年的年休假，年度内又出现上述第（2）（3）（4）（5）项规定情形之一的，那么职工不享受下一年度的年休假。但是，职工依法享受的探亲假、婚丧假、产假等国家规定的假期以及因工伤停工留薪期间均不计入年休假假期，企业不能以此为由取消职工的年休假。

3. 年休假天数的计算

（1）由累计工作时间确定年休假天数。

根据《职工带薪年休假条例》的规定，员工累计工作已满 1 年不满 10 年的，年休假 5 天；已满 10 年不满 20 年的，年休假 10 天；已满 20 年的，年休假 15 天。根据《企业职工带薪年休假实施办法》的规定，员工在同一或不同用人单位工作期间，以及依据法律、行政法规或国务院规定的视同工作期间，应当合并为"累计工作时间"。也就是说，累计的是"工龄"，而不是"司龄"，而且既然是累计，中间是可以间断的。

【例】张某在 A 公司工作了 8 年，然后休息了 2 年，又到 B 公司工作了 2 年。请问张某在 B 公司的年休假天数应按多少年确定？

【答案】10 年。张某的累计工作时间就是 8+2=10 年。在 B 公司的年休假天数，按 10 年确定。

（2）在特殊情形下，年休假天数按比例折算。

特殊情形指的是员工在本单位工作不足全年的情形，主要针对两类员工：企业的新进员工和离职员工。

对于员工新进用人单位，并且连续工作满 12 个月以上的，当年度年休假天数按照在本单位剩余日历天数折算确定，折算后不足 1 整天的部分不享受年休假。

折算方法为：年休假天数=（当年度在本单位剩余日历天数÷365 天）×职工本人全年应当享受的年休假天数。

企业人力资源管理人员需要注意的是，对于新进员工，并不是根据入职时间来确定当年度在本单位的剩余天数，而是以连续工作满 12 个月的时间点作为起始时间，计算在本单位当年度的剩余天数。

员工解除或者终止劳动合同时，当年度年休假天数按照在本单位当年已经工作的时间折算确定，折算后不足 1 整天的部分不享受年休假。

折算方法为：年休假天数=（当年度在本单位已过日历天数÷365 天）×职工本人全年应当享受的年休假天数。

如果用人单位当年已经安排职工年休假的，多于折算应休年休假天数的部分，用人单位不得扣回。员工累计工作年限、年休假天数和不享受年休假的情形如表 7-9 所示。

表 7-9　员工累计工作年限、年休假天数和不享受年休假的情形

累计工作年限	年休假天数	不享受年休假的情形
1 年≤累计工作年限＜10 年	5 天	当年度在本单位剩余或已过日历天数＜73 天
10 年≤累计工作年限＜20 年	10 天	当年度在本单位剩余或已过日历天数＜36.5 天
20 年≤累计工作年限	15 天	当年度在本单位剩余或已过日历天数＜25 天

（3）单位约定年休假天数。

上述年休假天数是员工年休假的法定下限，企业可以规定比法定天数长的年休假。在实务中，大多数企业在法律规定的基础上，根据员工级别来确定年休假天数，级别越高，即使工龄较浅，年休假也较长，甚至远远高于法定天数。但当发生劳动争议时，超出法定年休假部分的约定年休假如何进行补偿便成了一个很大的问题。对此，《企业职工带薪年休假实施办法》规定，劳动合同、集体合同约定的或者用人单位规章制度规定的年休假天数高于法定标准的，用人单位应当按照有关约定或者规定执行。在实务中，建议企业对于规定的年休假天数比法定年休假长的，应当在劳动合同或企业规章制度中明确将法定年休

假天数和约定年休假天数区分开来，对于约定年休假部分的休假审批程序和应休未休的处理，可以根据企业自身的具体情况作出专门的规定。

4. 年休假工资报酬

（1）企业不安排年休假，或者安排年休假天数少于应休天数的，应当在本年度内对员工应休未休的年休假天数，按其日工资收入的 300%支付年休假工资报酬，其中包含企业支付的正常工作期间的工资报酬。

（2）年休假工资报酬的计算基数，即员工的日工资收入，为员工在单位支付未休年休假工资报酬前 12 个月剔除加班工资后的月平均工资，除以月计薪天数（21.75 天）。如果员工在企业工作时间不满 12 个月，则按照实际月份计算月平均工资。

实操 24：企业在规章制度中约定年休假过期作废，这种约定有效吗？

一般来说，年休假应当在当年度安排，因工作原因企业无法在当年度安排的，可以跨一个年度。企业安排员工休年休假，但员工因本人原因书面提出不休的年休假，企业可以只支付正常工资。

对于法定年休假，由于法律法规中明确规定了享受年休假的条件和期限等，企业通常不能违反法律规定在规章制度中规定低于法律法规规定的年休假使用条件或者期限。只要员工符合法律法规规定的条件，且在法律法规规定的期限内的，就应当依法享有年休假的权利，如果当年度企业未能够统筹安排的，则应当依法支付未使用年休假相应的年休假工资，但是员工本人书面申请或者同意顺延当年度年休假至次年使用或者放弃当年度年休假的除外。如果是企业在法定年休假外额外给予员工的补充年休假或者福利年休假，则通常理解为不会受限于法律法规规定的年休假使用条件或者期限，企业可以在其规章制度中规定过期作废等条款。对此，建议企业注意在规章制度中区分法定年休假与补充（福利）年休假，从而避免在实际劳动合同履行过程中两种年休假的制度与法律适用混同。因为在这种情况下，原本仅适用于法定年休假的法律规定也可能被仲裁机构拿来适用在补充（福利）年休假上，而导致企业丧失部分自主管理权。

实操 25：企业应当如何安排员工的年休假？

企业应当根据自身生产、经营的具体情况，并且考虑员工本人意愿，统筹安排员工的年休假。

（1）年休假在 1 个年度内的，可以集中安排，也可以分段安排，但通常不跨年度安排。

（2）企业因生产、经营特点确有必要跨年度安排员工年休假的，可以跨 1 个年度安排。

（3）企业安排员工休年休假，但是员工因本人原因且书面提出不休年休假的，企业可以只支付其正常工作期间的工资报酬。也就是说，如果员工本人主动放弃年休假，企业是可以免责的，但在这种情况下，企业需要保留好员工放弃年休假的书面证据，以免发生劳动争议时陷入被动。

在实务中，大多数企业对年休假一直采取的是由员工主动申请、单位审批的制度。在《职工带薪年休假条例》和《企业职工带薪年休假实施办法》出台后，企业再以员工未提出申请为由，不给员工安排年休假，则企业将会存在很大的风险。因此，建议企业制定相应的规章制度，督促员工按时享受年休假，如果员工请无薪事假的，则可以与员工商量安排其先按年休假休，不足的部分再按事假休，这样企业既可以安排员工正常休年假，也能防范发生劳动争议时陷入被动。

实操 26：企业给员工补发年休假工资是按3倍算还是按2倍算？

根据《企业职工带薪年休假实施办法》的规定，企业应当按照员工日工资收入的300%支付未休年休假工资，"其中包含用人单位支付职工正常工作期间的工资收入"。也就是说，其中 1 倍工资在员工正常工作期间已经支付了，因此企业补发年休假工资时，只需要再支付剩下的 2 倍即可。

实操 27：劳动者休年假的时间应当计算为综合工时制度下的工时吗？

根据《职工带薪年休假条例》的规定，员工在年休假期间享受与正常工作期间相同的工资收入。对此，员工休年假期间可以视为提供了劳动，因此休年假的时间应当折算为工时。企业人力资源管理人员应当特别注意，在计算周期内员工是否已经超出总法定标准工作时间、企业是否需要支付加班费等问题时，员工休年假的时间应当折算为工时并且计算在内。

实操 28：当劳动者与用人单位解除或终止劳动关系时，还未休的年假该如何处理？

带薪休假在本质上属于用人单位与劳动者之间劳动关系权利义务内容的一部分，在双方劳动关系解除或者终止时，带薪休假的问题应当一并予以解决，而不是待到劳动者与新的单位建立的新的劳动关系中去处理。因此，在与员工解除劳动关系时，对于员工未休的年休假，用人单位应当依法发给员工相应的未休假工资报酬，将双方之间的劳动权利义务关系彻底完结；同时，出具劳动者在本单位未休年假的证明，以便劳动者在新的单位工作后计算是否达到可休年假条件。

实操 29：用人单位组织集体外出旅游能否代替年假？

用人单位应当安排职工休年休假，但安排时也应当尊重职工的个人意愿。如果用人单位安排集体外出旅游代替休假的，应当证明此方式属于双方约定的休假方式或者符合单位规章制度中的规定，或者双方就此形成专门的合意。也就是说，用人单位组织旅游代替职工年休假，应当经由职工同意，否则不能以此抵消职工的休假时间。

实操 30：病假有哪些规定？

病假主要是员工患病或非因工负伤，需要接受诊疗而无法上班的期间。在实务中，与病假有关的一个重要概念就是医疗期，医疗期是指劳动者患病或者非因工负伤停止工作治病休息，而用人单位不得因此解除劳动合同的期限。对于医疗期和病假，企业人力资源管理人员应当特别注意，医疗期是法定期间，其目的在于给予患病的员工一段时间的解雇保护，即医疗期内企业解除劳动合同的权利受到了限制；病假是根据员工病情或者负伤情况实际需要的治疗期间。医疗期满后，如果企业未与员工解除劳动合同，员工仍然需请病假的，企业应当予以安排。

1. 医疗期期限

根据原劳动部《企业职工患病或非因工负伤医疗期的规定》，企业员工因患病或非因工负伤，需要停止工作医疗时，根据员工本人实际参加工作年限和在本单位工作年限，给予 3 个月到 24 个月的医疗期，具体如表 7-10 所示。

表 7-10　医疗期期限

实际工作年限	本单位工作年限	医　疗　期
10 年以下	5 年以下	3 个月
	5 年以上	6 个月
10 年以上	5 年以下	6 个月
	5 年以上 10 年以下	9 个月
	10 年以上 15 年以下	12 个月
	15 年以上 20 年以下	18 个月
	20 年以上	24 个月

2. 医疗期的计算

如果员工连续休病假，则连续计算医疗期直至期满；如果员工断断续续休病假，则可以累计计算医疗期，具体如表 7-11 所示。

表 7-11 医疗期的计算

医疗期期限	医疗期计算
医疗期为 3 个月的	按 6 个月内累计病休时间计算
医疗期为 6 个月的	按 12 个月内累计病休时间计算
医疗期为 9 个月的	按 15 个月内累计病休时间计算
医疗期为 12 个月的	按 18 个月内累计病休时间计算
医疗期为 18 个月的	按 24 个月内累计病休时间计算
医疗期为 24 个月的	按 30 个月内累计病休时间计算

需要注意的是，医疗期按照自然日计算，公休日和法定节假日均包括在内。

3. 病休员工的管理

（1）规范员工病假申请流程。在实务中，企业可以利用严格的病假申请来防范虚假病假。

①企业应拟订格式化的病假申请单，病假申请单的内容主要包括病因、预计病休时间、医生的姓名和联络方式、病休期间实际居住地、固定联系方式及联系人。

②病假申请单上应当要求员工声明病假申请是真实的，如有虚假或故意夸大，则构成严重违纪，企业可以进行相应的处罚，直至解除劳动合同。

③员工申请病假应当按要求填写病假申请单，并且提交指定医院开具的病假单。

（2）建立病假定期报告制度。

①建议企业建立病假定期报告制度，可以规定员工在病休期间，其本人或家人每周或每半个月，应当至少和企业联系一次，汇报员工的治疗情况。

②如病休期间病情或治疗地等发生变化，应当及时通知企业。

（3）对医疗终结或医疗期满的病休员工，根据病情，及时就相应的劳动关系作出处理。对医疗终结或医疗期满的病休员工，其与企业的劳动关系应当如何处理，根据原劳动部《企业职工患病或非因工负伤医疗期的规定》，主要分为表 7-12 所列的 3 种情况。

表7-12　医疗终结或医疗期满的病休员工与企业的劳动关系的处理

项　目	内　容	
医疗终结时医疗期未满	企业员工非因工致残和经医生或者医疗机构认定患有难以治疗的疾病，在医疗期内医疗终结，无法从事原工作，也不能从事企业另行安排的工作的，应当由劳动能力鉴定委员会进行劳动能力的鉴定： ①被鉴定为1至4级的，应当退出劳动岗位，终止劳动关系，办理退休、退职手续，享受退休、退职待遇 ②被鉴定为5至10级的，医疗期内不得解除劳动合同	
医疗终结时医疗期已满	企业员工非因工致残和经医生或者医疗机构认定患有难以治疗的疾病，医疗期满，应当由劳动能力鉴定委员会进行劳动能力的鉴定 被鉴定为1至4级的，应当退出劳动岗位，解除劳动关系，并且办理退休、退职手续，享受退休、退职待遇	
医疗尚未终结但医疗期已满	企业员工非因工致残和经医生或者医疗机构认定患有难以治疗的疾病，医疗期满尚未痊愈，经过劳动能力鉴定委员会确认不能从事原工作，也不能从事企业另行安排的工作的，企业可以解除或终止劳动合同	
	解除劳动合同	企业可以根据《劳动合同法》第40条第1款的规定，提前30日以书面形式通知员工本人或者额外支付员工1个月工资后解除劳动合同，同时企业还应当按工作年限支付经济补偿金和不低于6个月工资的医疗补助费。患重病和绝症的，还应当增加医疗补助费，患重病的增加部分不低于医疗补助费的50%，患绝症的增加部分不低于医疗补助费的100%
	终止劳动合同	劳动合同到期，企业可以终止与病休员工的劳动合同。但是，企业应当支付2008年1月1日以后工作年限对应的经济补偿金和不低于6个月工资的医疗补助费

实操31：企业人力资源管理部门应如何做好员工假期管理工作？

企业人力资源管理部门在员工假期管理上应做好表7-13所列的几方面工作。

表7-13　做好员工假期管理工作

项　目	内　容
明确审批权限和流程	除了休息日和法定节假日，建议企业可以规定所有的休假都必须经过申请和审批，并且根据假期的类型、长短及申请人的级别等，确定相应的审批权限和审批流程
制定规范的请假流程	①企业应当制定规范的请假流程，要求员工必须按企业规定的流程办理请假手续，经批准并且移交工作后方可离开工作岗位 ②未按程序请假或虽请假但未获批准就离开工作岗位的，可以按旷工处理 ③如员工遇特殊情况，无法及时办理请假手续的，应当要求其说明情况，并且尽快补办书面请假手续，逾期未办的，可以按旷工处理
完备销假制度	建议企业应当要求员工在休假期满、按时上班后及时办理销假手续，以保证企业对员工到岗情况的监督

第二节　案　例　精　解

案例1："做六休一"合法吗？

王某为某服装专卖店的销售员，该服装专卖店实行每周上6天班，休息1天，每天工作8小时的工作时间制度。王某认为，每周只休1天，员工在休息日工作，该服装专卖店应当按200%支付加班工资。该服装专卖店认为法律没有明确规定一周必须休两天，因此专卖店的工时制度是合法的，也不需要支付加班工资。请问：该服装专卖店实行的"做六休一"合法吗？王某可以主张按休息日加班的标准，要求该服装专卖店支付日工资200%的加班工资吗？

【精解】

不合法，王某可以主张按休息日加班的标准，要求该服装专卖店支付日工资200%的加班工资。

理由：我国法律并不强制用人单位每周必须安排两个休息日，"做六休一"

的工时制度是可以的，但必须满足以下两个条件的限制：①每天工作不超过 8 小时；②每周工作不超过 40 小时。

该服装专卖店每天工作 8 小时，每周上 6 天班，每周工作达到 48 小时，超过了 40 小时的上限，因此该服装专卖店的做法是违法的。

对于超出 40 小时的部分，王某可以主张按休息日加班的标准，要求该服装专卖店支付日工资 200%的加班工资。

案例 2：企业以周工作时间不满 40 小时为由取消员工的休假合法吗？

张某与某化工企业签订了为期两年的劳动合同。该化工企业为了避免劳动者因接触化学物质时间过长而造成中毒事故，在劳动合同中约定，每天每个班组工作时间为 5 小时，但是没有休息日。某日，张某因私事向班组负责人请假一天，但班组负责人拒绝了张某的请假要求，理由是张某请假，其工作岗位没人代替，会给企业带来损失。此外，每天工作 5 小时，一周才工作 35 小时，未超过国家规定的 40 小时，因此不需要休息日。张某不服，于是向当地劳动争议仲裁委员会提出仲裁申请，要求维护自己休假的权利。请问：该化工企业以周工作时间不满 40 小时为由取消员工的休假合法吗？

【精解】

不合法。

理由：劳动者的休息权是我国宪法赋予的，任何组织和个人都无权剥夺。我国法律规定，劳动者每天工作的时间不得超过 8 小时，每周的工作时间不得超过 40 小时，每周还应该至少享有 1 天的休假。企业不得以周工作时间不满 40 小时为由取消劳动者的休假。因此，该化工企业以周工作时间不满 40 小时为由取消员工休假的做法不合法，尽管张某每周的工作时间不足 40 小时，但依旧享有每周至少休息 1 天的权利，企业不得以此为借口剥夺张某休假的权利。

案例 3：每天工作 8 小时，包含午休和用餐时间吗？

张某于 2020 年 3 月入职某商务公司，该商务公司实行"朝九晚六"的工作时间制度，每日 9：00 上班，18：00 下班，12：00—13：00 午休 1 小时。张某认为，该商务公司将午休 1 小时排除在工作时间之外，要求一天上班 9 小时是不合法的，因此要求公司做出调整。该商务公司认为，法律没有明确禁止公司这么做，因此拒绝调整，表示张某不同意可以辞职。请问：该商务公司的做法合法吗？

【精解】

公司将午休 1 小时的时间排除在工作时间之外，只要是在张某入职时明确告知的，就符合法律规定。

午休用餐时间其实就是劳动法所称的"工作日的间歇时间"，主要指的是在工作过程中给予劳动者的必要的休息和用餐时间。在工作过程中，用人单位应当给予劳动者一定的休息时间和用餐时间，以使劳动者的体力得到恢复，能够精力充沛地投入接下来的工作。通常来说，实行一班制或两班制的企业、事业单位，其间歇时间应当在职工开始工作以后 4 小时左右开始，间歇时间供劳动者休息和用餐，通常为 1~2 小时，但最少不应少于 0.5 小时。对于因生产不能间断而不能实行固定间歇时间的员工，企业应当尽量保证其在工作时间内有用餐时间。关于午休时间是否计入 8 小时工作时间，我国法律没有明确规定，因此用人单位有权根据实际情况决定是否将午休时间计算在 8 小时工作时间之内。

企业应当注意，对于未将午休时间计入在 8 小时工作时间内的企业，午休时间属于劳动者休息时间，应由劳动者自行支配，企业应当避免安排工作和随意占用。

案例 4：实行综合计算工时制的员工是否可以享受年休假？

李某在某 24 小时营业的连锁便利店上班，该连锁便利店实行综合工时制，工作时间为"做一休一"。李某工作了两年后，向老板申请年休假。老板回复李某：综合工时制是没有年休假的，而且年休假都是机关事业单位的工作人员才能享受，便利店是私营企业，所以没有年休假的说法。李某不服，向便利店所在地的劳动仲裁委员会提出仲裁申请，要求便利店支付应休未休年休假待遇。请问：实行综合计算工时制的员工，是否可以享受年休假？

【精解】

可以。

带薪年休假制度不仅是法律对劳动者休息权的保障，更是劳动者有尊严劳动的体现。根据《职工带薪年休假条例》的规定，机关、团体、企业、事业单位、民办非企业单位、有雇工的个体工商户等单位的职工连续工作1年以上的，单位应当保证职工享受带薪年休假。也就是说，对于劳动者是否能享受年休假首先是通过用人单位的法律性质通过列举法的方式来规定，并未从工时制度的角度对享受主体加以限制，因此实行综合计算工时制的员工与享受带薪年休假并不冲突，只要是满足上述条件，都能享受带薪年休假。因此，李某符合年休假的享受条件，该连锁便利店应对其进行年休假安排，未对其进行年休假安排的，应支付应休未休年休假工资。

案例5：企业实行综合计算工时工作制，要求员工加班，违法吗？

2006年5月，李某入职某食品公司制冰车间工作。该公司已经通过劳动行政部门审批，实行了半年期综合计算工时工作制。因该公司制冰车间每年在5—8月为生产旺季，工作时间为每天工作10小时，每周休息1天，另外8个月的淡季，制冰车间员工每天工作5小时，有正常双休日。李某工作2个月后，认为该公司存在超时加班的违法行为，违反了《劳动法》相关规定，于是向当地劳动保障监察机构举报。请问：企业实行综合计算工时工作制，要求员工加班，违法吗？

【精解】

综合计算工时工作制是针对因工作性质特殊、需要连续作业或者受季节及自然条件限制的企业部分职工，采用以周、月、季、年等为周期综合计算工作时间的一种工时制度。《关于企业实行不定时工作制和综合计算工时工作制的审批办法》（以下简称《办法》）第 5 条规定："企业对符合下列条件之一的职工，可实行综合计算工时工作制，即分别以周、月、季、年等为周期，综合计算工作时间，但其平均日工作时间和平均周工作时间应与法定标准工作时间基本相同。"但是，实行综合计算工时制度必须经过劳动行政部门审批，该《办法》第 7 条规定："中央直属企业实行不定时工作制和综合计算工时工作制等其他工作和休息办法的，经国务院行业主管部门审核，报国务院劳动行政部门批准。地方企业实行不定时工作制和综合计算工时工作制等其他工作和休息办法的审批办法，由各省、自治区、直辖市人民政府劳动行政部门制定，报国务院劳动行政部门备案。"

该公司已经通过劳动行政部门审批，实行了半年期综合计算工时工作制。员工的工作时间应当以半年为单位综合计算，只要其员工的半年总工作时间不高于半年法定总标准时间，那么该公司的工时制度就不违法。该公司制冰车间员工的半年总工作时间，旺季的两个月共约 9 周，这两个月的工作时间为 10 小时×6 天×9 周＝540 小时，其余 4 个月的工作时间为 5 小时×20.92 天×4 个月＝418.4 小时，半年工作总时间为 540 小时+418.4 小时＝958.4 小时；而标准半年工作时间为 167.4 小时×6 个月＝1004.4 小时。由此可见，该公司的工时制度并未超过半年标准工作时间，因此并未违法。

需要注意的是，即使是实行综合计算工时工作制的用人单位，在法定节假日工作的，仍应支付劳动者不低于正常工作时间工资的 300％的加班工资。

案例 6：企业实行综合计算工时工作制，员工周六上班，属于加班吗？企业需要支付其加班费吗？

徐某为某企业食堂的厨师，由于工作岗位特殊，该企业对特殊岗位员工的工作时间向有关部门申请了综合工时制，以每周 40 小时工作制为计算单位。徐某周一至周六，每天早 7 点上班，准备单位员工的午餐，下午 1 点整理完食堂即可下班。近日，徐某接到该企业食堂的通知，告知其第二天不用来单位上班了。徐某向当地劳动争议仲裁委员会申请仲裁，要求该企业支付其 4 年来每周六上班的加班工资。请问：仲裁委员会会支持徐某的仲裁申请吗？

【精解】

不会。

理由：该企业对特殊岗位员工的工作时间向有关部门申请了综合工时制，以每周 40 小时工作制为计算单位，超过该工作时间即为超时加班。徐某周一至周六每天早 7 点上班，准备单位员工的午餐，下午 1 点整理完食堂即可下班，每周累计工作 36 小时，并没有超过法律规定的每周工作 40 小时的标准，因此不存在加班问题。

案例 7：实行不定时工作制的员工，企业可否以旷工为由与其解除劳动合同？

金某入职某销售公司任销售经理，在与销售公司签订劳动合同时，金某发现工作时间一栏勾选项为不定时工作制，与销售公司沟通后，公司称因金某为企业高管，故不再实行传统的考勤管理，而实行已经报劳动局批准的不定时工时制，可以不作考勤打卡。2018 年 6 月，金某通过电子邮件方式向公司提出休年假申请，要求连休 5 天年假，但金某的领导对金某的休假申请未做出同意的批复，金某便自行休假。金某自行休假后，销售公司的人力资源部向金某发出书面通知，要求金某对其缺勤情况作出书面说明并提交证明材料，否则按旷工处理。金某未按人力资源部的要求进行合理说明。于是，销售公司人力资源部向金某发出解除劳动合同的通知，告知其行为已构成旷工，属于严重违纪行为，公司决定与其解除劳动合同。金某不服，向当地劳动仲裁委员会提出仲裁申请，要求公司继续履行劳动合同。请问：仲裁委员会会支持金某的请求吗？

【精解】

不会。

理由：对不定时工作制员工不实行普通的考勤制度，并不代表用人单位无法对其工作时间进行管理。如果用人单位在规章制度中订有明确的条款，对不定时工作制员工的工作时间进行特别管理，那么实行不定时工作制的员工，违反用人单位规定该出勤而未出勤、该工作而未工作的，也属于违纪违规行为，用人单位可以给予纪律处分，包括解除劳动合同。

虽然金某的工作岗位实行不定时工作制，上下班时间比较灵活，但并不代表金某出勤与否可以不受公司的管理。金某因个人原因在工作日不能上班，没有按照公司请假流程办理请假手续，在向上级发送电子邮件请假但未获得同意的情况下擅自休假，已经构成旷工，严重违反了公司规章制度，公司可以据此与金某解除劳动合同。

案例 8：用人单位实行不定时工作制必须经过劳动行政部门审批吗？

周某入职某销售公司，工作岗位是驾驶员，负责驾驶客车接送员工上下班，双方在劳动合同中约定，根据周某工作岗位性质同意实行不定时工时工作制。该公司向劳动行政部门申请了包括驾驶员在内的岗位实行不定时工时工作制，但在审批期限届满后未及时申请续期。2016 年 4 月，周某与公司签订劳动合同终止解除协议书，协商一致解除劳动合同。5 月，周某申请劳动仲裁，要求公司支付加班工资，并且提交了车辆运行记录表、周末（夜班）用车确认单用以确定其工作时间。请问：用人单位实行不定时工作制必须经过劳动行政部门审批吗？

【精解】

需要经过审批。

该公司在其公司部分岗位需要实行不定时工时工作制时，应当依法获得劳动行政部门的审批，但该公司在审批期限届满后，仍然继续对原执行不定时工时工作制岗位的职工适用该工时制度的同时，却未及时向劳动行政部门提出申请，其公司应承担相应的行政法律责任。周某从事的驾驶员岗位在该公司未获得关于适用特殊工时制度的行政审批期间，仍然属于不定时工时工作制。

案例9：企业能否以加班费来抵偿其经济损失，不支付员工加班费？

A服装公司因其加工的一批服装出现了1000多件的不合格产品而影响了订单生产进度，为了赶时间完成订单，A服装公司要求所有员工连日加班，每天加班3小时以上，且拒绝支付加班费，理由是这批订单按正常的工作进度应该按时完成，但由于员工生产出了大量的不合格产品而耽误了完成订单的时间，且造成了经济损失，因此员工应该加班，且公司有权不支付加班费以抵偿自己的经济损失。有员工不服，向劳动保障监察机构举报。请问：企业能否以加班费来抵偿经济损失，不支付加班费？

【精解】

不能。

公司安排员工加班的行为未经与员工协商，员工加班是被迫的，且每日加班3小时以上，违反了《劳动法》关于加班程序和加班时间标准的规定。根据我国现行劳动法的规定，用人单位通常应当实行每日工作8小时、每周工作40小时的标准工时制度。因工作性质或者生产特点的限制，不能实行以上工时制度的，根据国家有关规定，可以实行其他工作和休息办法。需要注意的是，这种例外必须有其他的明文规定。同时，用人单位由于生产经营需要，可以延长工作时间，但必须经与工会和劳动者协商，并且一般每日不得超过1小时，因特殊原因需要延长工作时间的，在保障劳动者身体健康的条件下延长工作时间每日不得超过3小时，同时每月不得超过36小时。因此，该公司的加班行为是违法的。

根据《劳动法》第44条的规定，安排劳动者延长工作时间的，支付不低于工资的百分之一百五十的工资报酬；休息日安排劳动者工作又不能安排补休的，支付不低于工资的百分之二百的工资报酬；法定休假日安排劳动者工作的，支付不低于工资的百分之三百的工资报酬。本案中公司加班时间工资报酬的支付应执行上述规定。

关于员工工作失误给公司造成的经济损失，为另一个法律关系，公司并不能单方面以抵偿经济损失为由，违背法律关于加班的上述强制性规定。

案例 10：周六上班，算值班还是加班？

周某为某设计公司的设计师，双方签订了为期 1 年的劳动合同。周某自 2021 年年底进入设计公司工作后，每周都工作 6 天，每天工作 8 小时，已经超过《劳动法》所规定的每周工作 40 小时的规定。周某与公司的劳动合同到期，离职时周某要求公司支付其在职期间的加班工资。设计公司拒绝支付，理由是在双方签订的劳动合同中，已经约定周某周六需要值班，且每月工资中已经包含周六值班的工资。周某不服，申请了劳动仲裁。请问：设计公司应当支付周某在职期间周六的加班费吗？

【精解】

应当支付。

值班主要是指用人单位安排有关人员在法定工作时间之外轮流值班，而不是为直接完成生产任务安排的加班，用人单位可以不支付值班工资。加班主要是指员工根据单位要求或者工作上的需要，在标准工作时间以外或者标准工作日以外继续从事生产和工作。尽管周某与设计公司签订的劳动合同中约定，周某周六上班属于值班，但是周某在每周六所从事的工作内容是完成一定的生产任务，而并不是设计公司所称的值班。根据《劳动法》第 36 条、第 44 条第 2 款的规定，设计公司应当支付周某在职期间每周六的加班费。

案例 11：员工自愿加班，可以得到加班工资吗？

李某为某外资公司员工，双方签订了为期 1 年的劳动合同。工作期间，李某每日都很努力工作，当日工作任务在 8 小时内未完成的，为了不将工作任务留到下一个工作日，李某就在下班后自动加班完成当日工作任务。工作一年后，合同期满，李某决定不再与公司续签劳动合同，但要求公司支付其一年内延长工作时间的加班工资，并且出示了一年内延长工作时间的考勤记录。公司认为，李某延长工作时间是个人自愿的行为，因此拒绝了李某的要求。请问：李某自愿加班，可以得到加班工资吗？

【精解】

不可以。

根据《劳动法》及《国务院关于职工工作时间的规定》的相关规定，实行计时工资制度的用人单位，其加班工资的支付有着明确的规定。但其前提是"用人单位根据实际需要安排劳动者在法定标准工作时间以外工作"，即由用人单位安排加班的，用人单位才应支付加班工资。如果不是用人单位安排加班，而是劳动者自愿加班的，用人单位依据规定可以不支付加班工资。此外，《劳动法》规定，企业可以制定与国家法律不相抵触的加班制度，可以规定适当的加班审批程序，对于符合加班制度的加班情况支付法定的加班工资。

该外资公司实行计时工资制度，且有配套实行加班制度，规定只有经过公司同意并按加班制度审批通过的加班才能支付加班工资；李某虽然有延时加班的考勤记录，但并不是公司的安排，是李某自愿延长工作时间，且没有办理过相关审批手续，因此李某要求支付加班工资不符合公司的规定。

案例 12：如何确定员工休的是法定年假还是额外年假？

今年 45 周岁的陈某在大学毕业后便进入全球 500 强公司中国总部工作，如今担任该公司某部门的总监，工作已满 20 年。按照该公司的规定，员工年假由法定年假和福利年假两部分组成，根据陈某的级别，其每年可以享受的年休假总共为 30 天。陈某于 2019 年 1 月主动提出辞职，离职前尚有 2018 年度未休的年休假 25 天。在办理离职手续时，双方因年休假工资的补偿发生了争议。公司认为，陈某的 30 天年假中，5 天为法定年假，25 天为福利年假，陈某已休了 5 天法定年假，由于《员工手册》中明确规定福利年假按日工资补偿，因此公司只应再支付 25 天的按日工资计算的福利年假工资即可。陈某认为，其本人法定年假部分也应是 15 天，而非 5 天，同时认为自己已经休完的 5 天年假应当属于福利年假而非法定年假，要求公司按日工资 300% 的标准补发 25 天的年假工资。双方协商未果，陈某向当地劳动仲裁委员会提出仲裁申请，要求公司按照日工资 300% 的标准补发其 25 天的年休假工资。请问：应当如何确定法定年假与福利年假的天数？陈某已经休完的 5 天年假到底是法定年假还是福利年假？企业在制定年休假的相关制度时，该如何规避类似的法律风险？

【精解】

（1）根据《企业职工带薪年休假实施办法》的规定，劳动合同、集体合同约定或者用人单位规章制度规定的年休假天数、未休年休假工资报酬高于法定标准的，用人单位应当按照有关约定或者规定执行。也就是说，企业有权在法律规定的年假标准之外和员工约定额外的年假，包括对其工资补偿标准和应休未休的处理作出约定。企业应当在劳动合同或者《员工手册》中明确规定，员工应提交其工作年限证明用于确定法定年休假的长短；如果员工因个人原因无法提供的，则企业可以使其承担较低年限的法定年假的不利后果。该公司《员工手册》没有对员工不提交工作年限证明的处理做出明确规定，在这种情形下，公司直接适用最低年限的法定年假的做法是不恰当的。鉴于陈某的毕业时间、工作经历，综合考量应当按照最高工作年限的法定年假，即 15 天来确定陈某的法定年假，剩余 15 天则可以视为福利年假。

（2）由于该公司《员工手册》中关于法定年假和福利年假应该先休哪个、后休哪个并没有明确规定，因此按照有利于员工的处理原则，可以认定陈某已经休完的 5 天年假是福利年假，而不是法定年假。

（3）企业在制定年休假的相关制度时，应当注意以下几个方面的问题。

①年假天数和核定依据。在确定员工的年假天数时，应首先确保全体员工能享受根据其工龄而依法享有的法定年假，在此基础上可以根据职级划分，为高级别的员工规定福利年假。对于福利年假，企业可以在规章制度中自行规定相应的年假工资补偿标准、申请流程以及应休未休的处理方法。

②提交"工龄"证明。企业可以要求员工提交其工作年限的证明，企业有权对工作年限证明进行核实，一旦核实发现有任何虚假或者不实，企业有权要求其重新提供真实的工作年限证明。对于员工本人确实无法提交或者不愿提交的，企业可以规定直接按照较低工作年限确定其法定年假天数。

③区分法定年假和福利年假的申请顺序。在制定员工年假申请流程时，应该规定员工先休法定年假，休完后再休福利年假，或者颠倒顺序休假。

（4）年假未休完的处理。企业应当在《员工手册》中明确规定，企业有权要求员工在一定时间内休完年假，如果员工主动提出不愿意休的，可以要求其出具书面申请，这种情况下未休年假的，企业无须支付年假工资。

需要注意的是，部分企业在《员工手册》中规定年假未休完就按作废处理，这类规定存在着很大的法律风险，应当及时进行纠正，否则一旦发生争议，企业将很难得到法律的支持。

案例 13：当企业规定年休假天数多于法定年休假天数时，员工当年应休未休年休假补偿该怎么算？

高某为某外企公司员工，工龄 3 年。该外企公司规章制度中，不仅规定了法定年休假，还规定了 12 天的福利年休假。但公司规章制度规定，福利年休假必须在法定年休假休完才能申请，且福利年休假没有休完是不能得到补偿的。2016 年 2 月，高某因工作失误被该外企公司辞退，截至 2 月末，高某已经休假 10 天。高某向当地劳动仲裁委员会提出仲裁申请，要求该外企公司支付未休完年休假天数的三倍工资。请问：仲裁委员会会支持高某的仲裁申请吗？

【精解】

不会支持。

理由：该外企公司规定的年休假天数明显高于法定标准，员工除了享有法定年休假外，还可以享有额外 12 天的福利年休假。同时，该外企公司规章制度规定，福利年休假必须在法定年休假休完才能申请，且福利年休假没有休完是不能得到补偿的。高某的法定年休假应为 5 天，截至 2 月末，已经休假 10

天，高某已休年休假天数多于法定年休假天数，其已经享受过了法律所赋予劳动者的年休假权利，因此仲裁委员会不会支持高某的仲裁请求。

案例14：企业能否以补休代替法定休假日加班工资？

M服装公司因为赶制一批订单，安排职工在十一节日期间加班。陈某等加班职工提出应当支付300%的加班工资，M服装公司劳资部经理只同意给加班职工安排补休，并不同意支付加班工资。陈某为此向当地劳动保障局劳动保障监察大队举报，请求纠正该公司的错误行为，维护员工的合法权益。请问：企业能否以补休代替法定休假日加班工资？

【精解】

不能。

理由：根据《劳动法》的规定，对安排劳动者加班后的工资报酬问题规定了以下3种情形：

（1）安排劳动者延长工作时间的，支付不低于工资150%的工资报酬（平日）；

（2）休息日安排劳动者工作又不能安排补休的，支付不低于工资200%的工资报酬；

（3）法定休假日安排劳动者工作的，支付不低于工资300%的工资报酬。

上述3种情形中，法律规定，第（2）种情形（即在休息日安排劳动者工作的），其待遇有两种选择：一是安排补休；二是支付不低于工资200%的加班工资。而第（1）种和第（3）种情形下只能支付法律规定的加班工资报酬，不能以安排补休而不支付高于正常工作时间的加班工资。

M服装公司安排职工法定休假日加班后以已安排补休为由未支付加班工资，违反了《劳动法》的规定，该公司应补发陈某等职工的加班工资。

企业在遇到上述情况，需要安排劳动者工作时，应当严格按照《劳动法》的规定执行。属于哪一种情况，就严格执行法律对这种情况所作出的规定，相互不能混淆，不能代替。凡是不允许代替而代替的，无论什么原因、什么理由都是违法的，都是对劳动者权益的侵犯，都应当依法予以纠正。

案例 15：员工因违纪被解除劳动合同，可以要求企业支付未休年休假报酬吗？

2015年9月1日,公司以李某严重违纪为由立即解除了与李某的劳动关系。劳动合同解除时，李某2014年及2015年的年休假仅休了3天，按规定李某依法可享有每年15天的年休假。9月16日，李某就劳动合同的解除提起仲裁，要求公司支付未休年假报酬。请问：员工因违纪被解除劳动合同，要求企业支付未休年休假报酬，仲裁委员会会支持吗？

【精解】

不会支持。

理由：李某2014年未休年休假工资已经超过一年的仲裁时效，仲裁委员会不会予以支持。2015年9月，李某因严重违纪被解除劳动合同，导致公司客观上不能安排李某休年休假，该情形不属于企业因工作需要不能安排李某年休假，因此李某要求公司支付未休年休假报酬，仲裁委员会不会予以支持。

案例 16：员工可以擅自休年假吗？

2019年5月，陈某入职北京某广告公司。2019年12月，陈某因祖父生病住院，向公司申请休5天年休假，以便照顾祖父。公司称年底业务量大，进度紧张，暂不批准其休假，并称年底会发一笔年休假工资报酬。陈某认为，休年假是他享有的法定权利，尽管公司不批假，他也有权自行休年假。公司则指出，未获批准就自行休年假将按旷工处理。请问：员工可以擅自休年假吗？

【精解】

不可以。

理由：根据《职工带薪年休假条例》第5条第1款的规定："单位根据生产、工作的具体情况，并考虑职工本人意愿，统筹安排职工年休假……"一般情况下，职工休年假由本人申请，单位审批同意后方可执行。审批的过程就是职工与单位双方协商沟通的过程，内容包括休假日期和时间长短。双方协商沟通时，尽管单位应"考虑职工本人意愿"，但最终还要由单位"统筹安排"，决定权在单位。也就是说，单位有权根据生产、工作的具体情况决定是否批准职工此时休假。根据《劳动法》第3条的规定，劳动者应当遵守劳动纪律和职业道德。因此，如果未经单位批准，职工是不能擅自休假的。

如果陈某认为公司不批年休假的理由不能成立，则其可以通过向劳动保障部门投诉来解决，但不能自行决定休年假。如果自行休年假，则单位有权根据其制定的相关制度规定进行处理，甚至可以按旷工处理并且解除劳动合同。

案例 17：产假和年休假之间有冲突吗？

张某于 2015 年 4 月入职北京某公司。2020 年 6 月，张某休了产假，有 4 个多月时间。产假快结束时，张某想利用自己的 10 天年休假接着休息，于是向公司递交了年休假申请。公司拒绝了张某的年休假申请，理由是公司员工守则规定：当年休产假、探亲假的员工，不再享受当年的年休假。请问：产假和年休假之间有冲突吗？

【精解】

国家法定休假日、休息日不计入年休假的假期。职工依法享受的探亲假、婚丧假、产假等国家规定的假期以及因工伤停工留薪期间不计入年休假假期。职工享受寒暑假天数多于其年休假天数的，不享受当年的年休假。确因工作需要，职工享受的寒暑假天数少于其年休假天数的，用人单位应当安排补足年休假天数。

根据《职工带薪年休假条例》第 4 条的规定，职工不享受当年年休假只有五种情形，张某的情况不属于不享受当年年休假的情形。

另外，《企业职工带薪年休假实施办法》第 6 条明确规定，职工依法享受的探亲假、婚丧假、产假等国家规定的假期以及因工伤停工留薪期间不计入年休假假期。

该公司员工守则中的相关规定无效，张某休了产假并不影响其享受当年的年休假。法律并未禁止年休假与其他法定假期一同连休，但由于单位对年休假具有统筹安排权，因此需获得单位批准。

案例 18：劳动者未申请休年休假，是否等同于放弃年休假补偿？

2014 年 3 月 1 日，黄某入职某互联网公司，双方订立了为期 5 年的劳动合同。2019 年 2 月 28 日，劳动合同到期后，该公司人事部通知不与黄某续订劳动合同。在办理离职手续并领取终止劳动合同经济补偿时黄某提出，在 2015 年至 2017 年期间，因公司业务繁忙，其未能休带薪年休假，故要求该公司支付相应的经济补偿。该公司认为，黄某未提出休年休假，按照公司《员工手册》的规定，每年 12 月 31 日之前未提出休年休假的，属于自动放弃当年年休假，因此公司无须向黄某支付经济补偿。双方发生争议，黄某向仲裁委员会提出仲裁申请，要求该公司支付未休年休假的工资报酬。请问：劳动者未申请休年休假，是否等同于放弃年休假补偿？

【精解】

根据《企业职工带薪年休假实施办法》第 9 条的规定：用人单位根据生产、工作的具体情况，并考虑职工本人意愿，统筹安排年休假。用人单位确因工作需要不能安排职工年休假或者跨 1 个年度安排年休假的，应征得职工本人同意。根据第 10 条第 2 款的规定：用人单位安排职工休年休假，但是职工因本人原因且书面提出不休年休假的，用人单位可以只支付其正常工作期间的工资收入。也就是说，年休假应由用人单位统筹安排，且在劳动者本人同意的情况下可跨 1 个年度安排。黄某虽然未提出休年休假，但并未书面提出因个人原因不休年休假，该公司虽然在《员工手册》中有相关规定，但该规定与法律规定相违背，因此不具有相应的效力，该公司仍然应支付相应的补偿。

通过本案例，企业应当注意，非经劳动者书面且系因个人原因提出不休年休假，不等同于其放弃年休假补偿。

案例 19：企业能否以病假为由折扣员工的年休假？

韩某为某民营企业员工。入职后，韩某与企业签订了为期 4 年的劳动合同。2021 年春节过后，韩某患肝炎住了 10 天医院。4 月底，韩某想要休年假，按其工龄应休 5 天年假。韩某想着休 5 天年假与"五一"劳动节，正好 8 天。韩某将自己休年假的想法跟单位领导说完后，领导不同意韩某的休年假请求，认为韩某今年已经休过病假，就没有年休假的权利。双方为此产生了争议。请问：企业能否以病假为由折扣韩某的年休假？

【精解】

不可以。

理由：病假是指任何企业职工因患病或非因工负伤，需要停止工作医疗时，企业应该根据职工本人实际参加工作年限和在本单位工作年限，给予一定的医疗期。年假是指给职工一年一次的假期，即机关、团体、企业、事业单位、民办非企业单位、有雇工的个体工商户等单位的职工，凡连续工作 1 年以上的，均可享受带薪年休假。病假和年休假不能等同相连。

根据《企业职工患病或非因工负伤医疗期规定》，职工患病时，用人单位应给予治病休息时间且不得解除劳动合同，并须依法支付病假工资。按此规定，韩某应该有最长三个月的病假。另外，根据《职工带薪年休假条例》的规定，累计工作满 1 年不满 10 年的职工，请病假累计两个月以上的，才没有年休假。因此，韩某的病假只有 10 天，所以单位不能用病假折扣其年休假。

案例 20：员工离职时，多休的年休假公司是否可以扣回？

2018 年 1 月，孙某入职北京某科技公司，双方签订了为期 3 年的劳动合同。孙某入职时，已经 42 周岁，在其他用人单位已经连续工作满 14 年，根据国家相关法规的规定，每年可以享受 10 天的带薪年休假。2019 年 2 月，孙某想在春节过后出境旅游，向公司请了 10 天的年假，该科技公司批准了孙某的年假请求。2019 年 6 月，孙某向公司提出辞职，该科技公司人事部在与孙某做离职交接时，发现孙某 2019 年度实际工作只有 6 个月时间，未工作满一整年，根据折算，孙某只能享受 5 天的带薪年休假，但其已经休了 10 天的年假，因此该科技公司根据国家的规定，对于其多休的 5 天年假工资，在工资结算时做扣回处理。孙某对此表示不满，认为其连续工作累计工龄达 14 年，因此无论其实际工作多少个月，在公司每年都可以享受 10 天的带薪年休假，而该科技公司却在其离职时无故克扣，属于违法行为，要求科技公司补足。该科技公司没有同意孙某的要求。孙某不服，在劳动关系解除后，向劳动争议仲裁委员会提起劳动争议仲裁，要求该科技公司补足其被克扣的工资。请问：孙某从何时起可以享受带薪年休假？其多休的 5 天年休假是否可以扣回？

【精解】

（1）根据《企业职工带薪年休假实施办法》第 3 条的规定："职工连续工作满 12 个月以上的，享受带薪年休假。" 根据第 4 条的规定："年休假天数根据职工累计工作时间确定。职工在同一或者不同用人单位工作期间，以及依照法律、行政法规或者国务院规定视同工作期间，应当计为累计工作时间。"而人力资源与社会保障部办公厅关于《企业职工带薪年休假实施办法》有关问题的复函进行了进一步明确，其规定如下。

①《企业职工带薪年休假实施办法》第 3 条中的"职工连续工作满 12 个月以上"，既包括职工在同一用人单位连续工作满 12 个月以上的情形，也包括职工在不同用人单位连续工作满 12 个月以上的情形。

②《企业职工带薪年休假实施办法》第 4 条中的"累计工作时间"，包括职工在机关、团休、企业、事业单位、民办非企业单位、有雇工的个体工商户等单位从事全日制工作期间，以及依法服兵役和其他按照国家法律、行政法规和国务院规定可以计算为工龄的期间（视同工作期间）。职工的累计工作时间可以根据档案记载、单位缴纳社保费记录、劳动合同或者其他具有法律效力的证明材料确定。

根据上述规定可知，员工新进单位是否应当享受该年度的年休假，主要是依据累计工作时间确定的。也就是说，只要员工入职前已经连续工作满 12 个月（非全日制除外），入职新进单位的第一年就可以享受年休假的待遇。当然，实际享有的天数应当根据该员工累计工作时间和入职时在本单位剩余日历天数折算确定。

（2）根据《企业职工带薪年休假实施办法》第 12 条的规定："用人单位与职工解除或者终止劳动合同时，当年度未安排职工休满应休年休假的，应当按照职工当年已工作时间折算应休未休年休假天数并支付未休年休假工资报酬，但折算后不足 1 整天的部分不支付未休年休假工资报酬。前款规定的折算方法为：（当年度在本单位已过日历天数÷365 天）×职工本人全年应当享受的年休假天数－当年度已安排年休假天数。用人单位当年已安排职工年休假的，多于折算应休年休假的天数不再扣回。"

孙某与该科技公司解除劳动关系时，虽然根据折算其当年应休的年休假天数只有 5 天，但该科技公司已经在孙某在职期间同意了其休完当年度所有的年假，因此根据相关规定，对于孙某多于折算应休年休假的天数，该科技公司是无权扣回的。

第八章

员工薪酬福利管理

第一节　实务操作

实操 1：工资的主要形式有哪些？

工资是指用人单位依据国家有关规定或劳动合同的约定，以货币形式直接支付给劳动者的劳动报酬。根据《关于工资总额组成的规定》第 4 条的规定，工资的主要形式有计时工资、计件工资、奖金、津贴和补贴、加班加点工资和特殊情况下支付的工资（见表 8-1）。

表 8-1　工资的主要形式

项　目		内　容
计时工资	概念	按计时工资标准（包括地区生活费补贴）和工作时间支付给个人的劳动报酬
	举例	①月工资 ②小时工资
计件工资		①对已做工作按计件单价支付的劳动报酬 ②它也是一种计算报酬的工资形式，但不是直接用劳动时间来计算，而是按一定时间内的劳动成果来计算
奖金	概念	指支付给员工的超额劳动报酬和增收节支的劳动报酬
	支付形式	一般根据企业和员工签订的劳动合同和规章制度的规定支付
津贴和补贴		为了补偿职工特殊或额外的劳动消耗和为了保证职工工资水平不受物价影响及因其他特殊原因而支付给劳动者的金钱补助
加班加点工资		对于劳动者在法定标准工作时间之外从事劳动而依法支付的工资
特殊情况下支付的工资		依据法律和规章制度规定支付给员工的各种假期工资

《关于工资总额组成的规定》和《〈关于工资总额组成的规定〉若干具体范围的解释》对于表 8-1 所列的 6 种工资形式的具体内容作了详细的列举和说明。

2018 年修订的《中华人民共和国个人所得税法》于 2019 年 1 月 1 日起正式实施，因此企业应特别注意关于年终奖如何计算扣缴个税的问题。根据财政部和国家税务总局发布的《关于个人所得税法修改后有关优惠政策衔接问题的通知》的规定，年终奖在 2021 年 12 月 31 日前不并入当年综合所得，以全年一次性奖金收入除以 12 个月得到的数额，按照表 8-2 确定适用税率和速算扣除数，单独计算纳税，但也可以选择并入当年综合所得计算纳税。自 2022 年 1 月 1 日起，年终奖应当并入当年综合所得计算缴纳个人所得税。

表 8-2 按月换算后的综合所得税率表

级　　数	全月应纳税所得额	税率（%）	速算扣除数
1	不超过 3000 元的	3	0
2	超过 3000 元至 12 000 元的部分	10	210
3	超过 12 000 元至 25 000 元的部分	20	1410
4	超过 25 000 元至 35 000 元的部分	25	2660
5	超过 35 000 元至 55 000 元的部分	30	4410
6	超过 55 000 元至 80 000 元的部分	35	7160
7	超过 80 000 元的部分	45	15 160

实操 2：哪些项目不列入员工的工资总额？

员工的工资数额是社会保险缴费、加班费和经济补偿金等的计算基数和计算依据，因此明确工资的范围对于企业人力资源管理人员来说至关重要。根据《关于工资总额组成的规定》，不列入工资总额范围的各项支出、费用或补贴如下。

（1）根据国务院发布的有关规定颁发的发明创造奖、自然科学奖、科学技术进步奖和支付的合理化建议和技术改进奖以及支付给运动员、教练员的奖金。

（2）有关劳动保险和职工福利方面的各项费用。

（3）有关离休、退休、退职人员待遇的各项支出。

（4）劳动保护的各项支出。

（5）稿费、讲课费及其他专门工作报酬。

（6）出差伙食补助费、误餐补助、调动工作的旅费和安家费。

（7）对自带工具、牲畜来企业工作职工所支付的工具、牲畜等的补偿费用。

（8）实行租赁经营单位的承租人的风险性补偿收入。

（9）对购买本企业股票和债券的职工所支付的股息（包括股金分红）和利息。

（10）劳动合同制职工解除劳动合同时由企业支付的医疗补助费、生活补助费等。

（11）因录用临时工而在工资以外向提供劳动力单位支付的手续费或管理费。

（12）支付给家庭工人的加工费和按加工订货办法支付给承包单位的发包费用。

（13）支付给参加企业劳动的在校学生的补贴。

（14）计划生育独生子女补贴。

需要注意的是，上述《关于工资总额组成的规定》是 1990 年由国家统计局颁布实施的，目前在实务中，对于工资总额的范围有了新的变化。财政部 2000 年 11 月 25 日下发的《关于企业加强职工福利费财务管理的通知》，将过去不属于工资总额范围的部分福利费用纳入职工工资总额，因此扩大了职工工资总额的基数。

根据《关于企业加强职工福利费财务管理的通知》，按月按标准发放或支付的住房补贴、交通补贴、车改补贴和通信补贴，应当纳入职工工资总额，不再纳入职工福利费管理；企业给职工发放的节日补助、未统一供餐而按月发放的午餐费补贴，应当纳入工资总额管理。因此，房补、车补、餐补、通信费以及过节费等都成为员工工资总额的一部分，将会引起追索劳动报酬、工伤保险待遇、经济补偿金或赔偿金等劳动争议案件在计算基数上的变化。企业人力资源管理人员在建立内部薪酬体系和制度、处理工资纠纷和争议时，应给予高度重视和相应调整。

实操 3：高温津贴属于工资吗？

高温津贴到底是属于工资还是属于福利，2012 年 6 月 29 日颁布的《防暑降温措施管理办法》对此作出了明确的规定："用人单位安排劳动者在 35℃ 以上高温天气从事室外露天作业以及不能采取有效措施将工作场所温度降低到

33℃以下的，应当向劳动者发放高温津贴，并纳入工资总额。"

从上述规定可以看出，高温津贴的性质应当属于工资，其应属于工资总额构成中的"津贴和补贴"一类，是企业为补偿员工额外和特殊的劳动消耗支付给员工的金钱补助。因此，企业应当按照工资的支付形式和要求，以及当地人力资源和社会保障部门制定的支付标准，向员工按时足额支付高温津贴。

实操 4：如何折算日工资和小时工资？

日工资和小时工资都是核算加班费、年休假工资及病假工资等的依据。因此，企业人力资源管理人员必须掌握日工资和小时工资的折算方法。根据 2008 年《关于职工全年月平均工作时间和工资折算问题的通知》，日工资和小时工资的折算方法为：

日工资=月工资收入÷月计薪天数（21.75 天）

小时工资=月工资收入÷[月计薪天数（21.75 天）×8 小时]

企业人力资源管理人员需要注意的是，2008 年出台的日工资和小时工资的折算方法和之前的折算方法的区别是将工作日与计薪天数进行了区分，法定节假日尽管不是工作日，但是算作计薪天数，因此目前的月计薪天数是 21.75 天，但月工作日为 20.83 天。根据新的折算方法，日工资和小时工资的折算均以月计薪天数作为除数，这使得由此计算的日工资和小时工资较之原来的折算方式有所降低。

实操 5：如何理解最低工资标准？

我国实行最低工资保障制度，以保障劳动者能够按月获得基本的劳动报酬，维持最基本的生活需要。根据《最低工资规定》，最低工资标准是指劳动者在法定工作时间或依法签订的劳动合同约定的工作时间内提供了正常劳动的前提下，用人单位依法应支付的最低劳动报酬。也就是说，只要劳动者提供了正常劳动，用人单位应当支付的工资就不得低于最低工资标准。

最低工资标准一般采取月最低工资标准和小时最低工资标准两种形式，月最低工资标准适用于全日制就业劳动者，小时最低工资标准适用于非全日制就业劳动者。最低工资标准主要由各地政府根据自己的实际情况制定，并且每两年应当至少调整一次。最低工资标准发布后，用人单位应当在 10 日内将该标准向本单位全体劳动者公示。

实操 6：如何理解劳动者"提供了正常劳动"？

"正常劳动"主要是指劳动者按依法签订的劳动合同约定，在法定工作时间或劳动合同约定的工作时间内从事的劳动，其具体含义如图 8-1 所示。

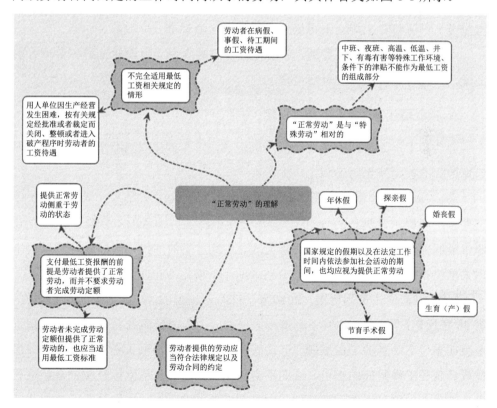

图 8-1　关于"正常劳动"的理解

实操 7：用人单位如果违反最低工资标准的相关规定，将会承担怎样的后果？

1. 告知义务与支付义务

用人单位应当依据最低工资规定履行相应义务，主要包括告知义务和支付义务。

（1）告知义务是指用人单位应当在最低工资标准发布后 10 日内将该标准向本单位全体劳动者公示。用人单位违反告知义务的，劳动行政部门将责令用人单位限期改正。

（2）支付义务是指在劳动者依照要求提供了正常劳动的情况下，用人单位应当支付劳动者工资，不得低于当地最低工资标准。

用人单位违反支付义务的，劳动行政部门将责令其限期补发所欠劳动者的工资，并且可能要求其支付赔偿金。

2. 违反最低工资标准的相关规定

劳动者工资如果低于当地最低工资标准，用人单位应当补发所欠工资，但以何种标准补足并无明确规定。

（1）以同类工资为标准。根据《安徽省高级人民法院关于审理劳动争议案件若干问题的意见》的规定："劳动合同中约定劳动者的报酬低于当地企业职工最低工资标准的，该约定条款无效。由此产生的纠纷，人民法院可以根据用人单位相同工种和资历的其他劳动者的工资确定应得工资。"

（2）以最低工资为标准。2016 年，广东省出台的《广东省工资支付条例》第 56 条规定："用人单位有下列情形之一的，由人力资源社会保障部门分别责令限期支付劳动者的工资报酬、劳动者工资低于当地最低工资标准的差额、加班或者延长工作时间的工资。逾期不支付的，责令用人单位按照应付金额百分之五十以上一倍以下的标准计算，向劳动者加付赔偿金：①拖欠或者克扣劳动者工资的；②支付劳动者工资低于当地最低工资标准的；③拒不支付或者不按照规定支付劳动者加班或者延长工作时间工资的。"

实操 8：最低工资标准的剔除项目有哪些？

根据《最低工资规定》第 12 条的规定，在劳动者提供正常劳动的情况下，用人单位应支付给劳动者的工资在剔除下列各项以后，不得低于当地最低工资标准：①延长工作时间工资；②中班、夜班、高温、低温、井下、有毒有害等特殊工作环境、条件下的津贴；③法律法规和国家规定的劳动者福利待遇等。

在我国各地区制定的相关最低工资规定中，有的地区直接适用上述国家的规定，如深圳、辽宁；有的地区则明确规定最低工资不包括奖金、非货币性补贴、津贴与用人单位为劳动者缴纳的社会保险费及住房公积金，如湖南地区；有的地区明确规定最低工资不包括用人单位为劳动者缴纳的社会保险费和住房公积金，但是包括列入工资总额统计的奖金和补贴，如北京、上海。因此，企业人力资源管理部门在确定和支付员工最低工资时，应当参照当地具体的规定执行，以避免因支付违法而引发劳动争议。

实操 9：最低工资包含加班工资吗？

根据最低工资的含义，最低工资所对应的工作时间是"法定工作时间或依法签订的劳动合同约定的工作时间"。此处所指的"工作时间"不包括加班加点时间，因此法律也明确规定加班工资不作为最低工资的组成部分。

实操 10：员工因事请假若干天后，当月领取的工资水平未达到最低工资标准，企业是否违反了最低工资规定？

最低工资规定是指员工在法定工作时间内提供正常劳动后，所在企业必须支付的最低劳动报酬。对于员工未按法定工作时间提供正常劳动的，不适用最低工资规定。

实操11：只要用人单位扣减劳动者应得工资，就一定属于克扣工资的范畴吗？

根据原劳动部《对〈工资支付暂行规定〉有关问题的补充规定》，"克扣工资"具体是指"用人单位无正当理由扣减劳动者应得工资"（即在劳动者已经提供正常劳动前提下用人单位按劳动合同规定的标准应当支付给劳动者的全部劳动报酬）。

1. 不属于克扣工资的情形

根据《对〈工资支付暂行规定〉有关问题的补充规定》，用人单位不得随意克扣劳动者工资，但是下列情形除外：

（1）国家的法律法规中有明确规定的；

（2）依法签订的劳动合同中有明确规定的；

（3）用人单位依法制定并经职代会批准的厂规、厂纪中有明确规定的；

（4）企业工资总额与经济效益相联系，经济效益下浮时，工资必须下浮的（但支付给劳动者的工资不得低于当地的最低工资标准）；

（5）因劳动者请事假等相应减发工资的。

企业人力资源管理人员需要注意的是，关于上述第（2）（3）种情形，即企业是否可以在劳动合同中约定或在企业规章制度中规定扣减工资的情形，在实务中争议较大。建议在目前欠缺明确法律规定的情况下，企业在制定本单位的企业规章制度时，应当谨慎、规范，对于扣减的情形应当明确规定，扣减的数额也应当相对合理，否则发生劳动争议时，很难得到法律的支持。

2. 代扣工资的情形

根据《工资支付暂行规定》第15条的规定，用人单位可以代扣劳动者工资的情形主要包括以下几种。

（1）用人单位代扣代缴的个人所得税。

（2）用人单位代扣代缴的应由劳动者个人负担的各项社会保险费用。

（3）法院判决、裁定中要求代扣的抚养费、赡养费。

（4）法律法规规定可以从劳动者工资中扣除的其他费用。

3. 工资中扣除赔偿金的情形

根据《工资支付暂行规定》，员工给企业造成经济损失的，企业可以从员工工资中扣除赔偿金。上述扣除必须满足以下 3 个条件：

（1）单位的经济损失确实是由劳动者本人原因造成的；

（2）每月扣除的部分不得超过劳动者当月工资的 20%；

（3）扣除后的剩余工资部分不得低于当地最低工资标准。

在实务中，对于员工是否给企业造成经济损失以及经济损失的大小，企业人力资源管理人员应当及时做好相关证据的收集和保留，从而避免因举证不能而变成"无正当理由克扣工资"。

实操 12：只要用人单位超过规定付薪时间未支付劳动者工资，就一定属于拖欠员工工资范畴吗？

根据原劳动部《对〈工资支付暂行规定〉有关问题的补充规定》，"无故拖欠"主要是指用人单位无正当理由超过规定付薪时间未支付劳动者工资，但不包括以下两种情形：

（1）用人单位遇到非人力所能抗拒的自然灾害、战争等原因，无法按时支付工资的；

（2）用人单位确因生产经营困难、资金周转受到影响，在征得本单位工会同意后，暂时延期支付劳动者工资的。

在上述第（2）种情形下，延期时间的最长限制由各省、自治区、直辖市劳动行政部门根据各地情况具体确定。根据《对〈工资支付暂行规定〉有关问题的补充规定》，除上述两种情形以外的拖欠工资均属于无故拖欠。

实操 13：企业需要编制和保存工资支付记录表吗？

根据《工资支付暂行规定》，用人单位必须书面记录工资支付的情况，并且保存两年以上备查。同时,用人单位还应当向劳动者提供其个人的工资清单。

1. 工资支付记录表的内容

工资支付记录表通常应当包括支付日期、支付周期、支付对象姓名、工作时间、应发工资项目及数额,代扣、代缴、扣除项目和数额,实发工资数额,银行代发工资凭证和劳动者签名等内容。

2. 工资支付记录表的编制和保存

企业人力资源管理部门应当重视工资支付记录表的编制和保存,不仅仅由于它是企业应当履行的法定义务,更重要的是工资支付记录表是解决工资纠纷时的一项重要证据。根据《劳动争议调解仲裁法》的规定:"与争议事项有关的证据属于用人单位掌握管理的,用人单位应当提供;用人单位不提供的,应当承担不利后果。"因此,在发生工资纠纷时,企业有义务提供工资支付记录表,否则将承担举证不能的不利后果。

关于工资支付记录的保存期限,目前国家和各地普遍规定是两年。也就是说,对于超过两年的工资支付记录,用人单位可不予提供。但是,也有个别地方突破了两年的限制,如山东地区规定企业应至少保存15年备查。因此,对于工资支付记录表的保存时间,企业人力资源管理人员应当参照当地的具体规定执行。

实操 14:对于工资的发放时间,有什么规定?

1. 工资的支付周期

根据《工资支付暂行规定》,工资应当至少每月支付一次,实行周、日、小时工资制的可按周、日、小时支付工资。因此,工资的最长支付周期是月,即便是对于实行年薪制的员工,企业也不能按年支付工资,可以按月发放部分工资,数额不能低于最低工资标准,剩余部分在年底一次性发放。

2. 工资的支付时间

根据《工资支付暂行规定》,工资必须在用人单位与劳动者约定的日期支付。当遇到节假日或休息日时，应当提前在最近的工作日支付。因此，工资的发放时间应当是确定的，企业不能想什么时候发就什么时候发。当发工资遇到节假日或周末时，只能提前，不能顺延。

企业人力资源管理人员还应当注意两种特殊情形下的工资支付时间。

（1）对于完成一次性临时劳动或某项具体工作的劳动者，用人单位应当按照有关协议或合同规定在其完成劳动任务后立即支付工资。

（2）劳动关系双方依法解除或终止劳动合同时，用人单位应当在解除或终止劳动合同时一次性付清劳动者工资。

实操 15：员工离职时，企业可以规定其工资于离职后的下一个工资结算月支付吗？

关于员工离职时，双方能否约定工资支付时间的问题，根据《工资支付暂行规定》的相关规定，应当是不允许的，但是也有个别地区有着不同规定。例如，江苏地区规定，员工离职时，双方可以约定工资支付时间。

在实务中，劳动关系解除或终止时，除非双方有特殊约定，或者由于各种原因无法在离职时一次性付清工资，如销售提成的结算或支付等，否则企业应当在解除或终止劳动合同时一次性付清员工工资。

实操 16：如何确定工资支付标准？

1. 正常情形下的员工工资支付标准

（1）劳动者在法定工作时间内提供了正常劳动，用人单位就应当按照劳动合同约定的工资标准向劳动者足额支付劳动报酬。

（2）法律规定用人单位和劳动者在劳动合同中必须明确约定工资标准，而且约定不能违反法律法规的强制性规定，特别是不能违反最低工资标准的规定。

2. 假期员工工资支付标准

假期员工工资支付标准如表 8-3 所示。

表 8-3　假期员工工资支付标准

项　目			内　容
休息日和事假			无薪假期，用人单位可不支付工资
法定节假日、年休假、探亲假、婚假、丧假、社会活动假			带薪假期，一般按照劳动合同约定的劳动者本人工资标准支付劳动报酬
病假	病假工资的下限		根据原劳动部《关于贯彻执行〈中华人民共和国劳动法〉若干问题的意见》，职工患病或非因工负伤治疗期间，在规定的医疗期间内由企业按有关规定支付其病假工资或疾病救济费，病假工资或疾病救济费可以低于当地最低工资标准支付，但不能低于最低工资标准的80%
	各地区病假工资的支付标准	北京	企业可以根据自己的情况在劳动合同或集体合同中约定病假工资的支付标准，只要不低于最低工资标准的80%就是允许的
		深圳	企业应当按照不低于本人正常工作时间工资的60%支付病伤假期工资
		上海	按照员工的工龄和病假时间确定支付标准
产假、看护假、流产假	《女职工劳动保护特别规定》		用人单位不得因女职工怀孕、生育、哺乳降低其工资，不得辞退，不得与其解除劳动合同
	产前假		上海、江苏等地区规定了产前假的工资按本人原工资的80%支付，并且在增加工资时应作出勤对待
	保胎假		根据《国家劳动总局保险福利司关于女职工保胎休息和病假超过六个月后生育时的待遇问题给上海市劳动局的复函》，保胎假的假期工资可按病假工资标准发放
	产假和流产假		根据《女职工劳动保护特别规定》： ①女职工产假期间的生育津贴，对已经参加生育保险的，按照用人单位上年度职工月平均工资的标准由生育保险基金支付 ②对未参加生育保险的，按照女职工产假前工资的标准由用人单位支付 ③流产假的工资待遇标准跟上述产假工资待遇标准是完全一致的，员工按照应休流产假的天数领取生育津贴或由单位按照劳动合同约定的本人工资标准支付
	陪产假		按劳动合同约定的本人工资标准支付

续表

项　目		内　容
	哺乳假	哺乳假属于地方性的规定，企业应根据当地的具体规定支付相应工资： ①上海、江苏等地区规定哺乳假的工资按本人原工资的80%支付，并且在增加工资时应作出勤对待。上海地区还规定，哺乳假满后，如女职工仍有困难，哺乳假可酌情延长，但不得超过 1 年，延长期间的工资按本人工资的 70%支付 ②广东地区规定，企业应按不低于本人标准工资的 75%支付哺乳假工资
	生育费用的支付	①根据《女职工劳动保护特别规定》，女职工怀孕后，其检查费、接生费、手术费、住院费和药费由所在单位负担 ②对于参加了生育保险的女职工，根据各地的生育保险规定，由生育保险基金支付所有的生育医疗费用，包括女职工因怀孕生育发生的医疗检查费、接生费、手术费、住院费及药品费，企业无须再另行支付
停工停产期间	《工资支付暂行规定》	①停工停产在一个工资支付周期内的，用人单位应按劳动合同规定的标准支付劳动者工资 ②停工停产超过一个工资支付周期的，若劳动者提供了正常劳动，则支付给劳动者的劳动报酬不得低于当地的最低工资标准 ③停工停产超过一个工资支付周期的，若劳动者没有提供正常劳动，应按国家有关规定办理
	各地区法规规定	①北京地区规定，用人单位没有安排劳动者工作的，按照不低于当地最低工资标准的 70%支付劳动者基本生活费 ②广东地区规定，用人单位没有安排劳动者工作的，按照不低于当地最低工资标准的 80%支付劳动者生活费，生活费发放至企业复工、复产或者解除劳动关系之日

实操 17：企业未依法支付员工工资，需要承担哪些法律后果？

1. 企业未依法支付工资的情形

企业未依法支付工资的情形主要有：①克扣或者无故拖欠工资；②不支付

加班费；③支付的工资低于当地最低工资标准。

2. 企业未依法支付员工工资应当承担的法律后果

用人单位有上述违法情形的，应当承担以下法律后果。

（1）全额支付或补发：①企业克扣、拖欠工资或不支付加班费的，应当在规定的时间内全额支付劳动者工资；②企业支付的工资低于当地最低工资标准的，应当补足差额部分。

（2）支付经济补偿金。企业除了全额支付或补发工资外，还应当支付克扣、拖欠部分或低于最低工资标准部分的 25% 的经济补偿金。

（3）支付赔偿金。劳动行政部门可以责令企业限期支付和补足差额，如果企业逾期不支付，则可以责令用人单位按应付金额 50% 以上 100% 以下的标准向劳动者加付赔偿金。

（4）劳动者可以解除劳动合同，企业还应当支付经济补偿。

（5）如果企业拒不支付劳动报酬，那么情节严重，构成犯罪的，还将被依法追究刑事责任。

实操 18：什么是社会保险？社会保险和商业保险有哪些不同之处？

1. 社会保险的基本概念

社会保险是国家通过立法建立的一种社会保障制度，其主要目的是为丧失劳动能力、暂时失去劳动岗位或因健康原因造成损失的人口提供收入或补偿。

社会保险制度强制某一群体将其收入的一部分作为社会保险税（费）形成社会保险基金，在满足一定条件的情况下，被保险人可以从基金中获得固定的收入或损失的补偿。它是一种再分配制度，它的目标是保证物质及劳动力的再生产和社会的稳定。

2. 社会保险的主要项目

社会保险的主要项目包括养老保险、医疗保险、失业保险、工伤保险和生育保险。

3. 社会保险的主要作用

在我国，社会保险是社会保障体系的重要组成部分，其在整个社会保障体系中居于核心地位。另外，社会保险是一种缴费性的社会保障，资金主要由用人单位和劳动者本人缴纳，政府财政给予补贴并承担最终的责任。但是，劳动者只有履行了法定的缴费义务，并且在符合法定条件的情况下，才能够享受相应的社会保险待遇。

4. 社会保险和商业保险的不同之处

社会保险和商业保险的不同之处如表 8-4 所示。

表 8-4　社会保险和商业保险的不同之处

项　目		内　容
实施目的不同	社会保险	为社会成员提供必要时的基本保障，不以营利为主要目的
	商业保险	保险公司的商业化运作，以营利为主要目的
实施方式不同	社会保险	根据国家立法强制实施
	商业保险	遵循"契约自由"的原则，由企业和个人自愿投保
实施主体和对象不同	社会保险	由国家成立的专门性机构进行基金的筹集、管理及发放，其对象是法定范围内的社会成员
	商业保险	由保险公司来负责经营管理的，被保险人可以是符合承保条件的任何人
保障水平不同	社会保险	为被保险人提供的保障是最基本的，其水平高于社会贫困线，低于社会平均工资的 50%，保障程度较低
	商业保险	提供的保障水平主要取决于保险双方当事人的约定和投保人所缴保费的多少，只要符合投保条件并且具有一定的缴费能力，被保险人就可以获得高水平的保障

实操 19：如何确定社会保险的缴费基数和比例？

社会保险应当根据各种风险事故的发生概率，并且按照给付标准事先估计的给付支出总额，求出被保险人所负担的一定比率，作为厘定保险费率的标准。而且，与商业保险不同，社会保险费率的计算，除了要考虑风险因素外，还需要考虑社会经济因素，求得公平合理的费率。

社会保险费的征集方式主要有比例保险费制和均等保险费制两种（见表8-5）。

表 8-5 社会保险费的征集方式

项　目		内　容
比例保险费制	概念	以被保险人的工资收入为准，规定一定的百分率，从而计收保险费
	目的	补偿被保险人遭遇风险事故期间所丧失的收入，以维持其最基本的生活
	征集方式	参照其平时赖以为生的收入，一方面作为衡量给付的标准，另一方面作为保费计算的根据
	缺陷	社会保险的负担直接与工资相联系，无论是雇主、雇员双方负担社会保险费还是其中一方负担社会保险费，社会保险的负担都表现为劳动力成本的增加，其结果将会导致资本排挤劳动，从而引起失业增加
均等保险费制	概念	不论被保险人或其雇主收入的多少，一律计收同额的保险费
	优点	①计算简便，易于普遍实施 ②采用此种方法征收保险费的国家，在其给付时，一般也采用均等制，具有收支一律平等的意义
	缺陷	低收入者与高收入者缴纳相同的保费，在负担能力方面明显不公平

那么，社会保险的费用究竟应当如何计算？

根据我国现阶段实施的政策，社会保险费的收缴遵循以下公式：

$$缴费金额 = 缴费基数 \times 缴费比例$$

1. 缴费基数

（1）基本概念。社保的缴费基数主要是指企业或者职工个人用于计算缴纳社会保险费的工资基数，用这个基数乘以规定的费率，就是企业或者个人应该缴纳的社会保险费的金额。

（2）缴费基数的确定方式。我国各地区的社保缴费基数主要与当地的平均工资数据有关。

①社保缴费基数是按照职工上一年度1～12月份的所有工资性收入所得的月平均额来确定的。

②每年确定一次，并且确定以后，1年内不再变动，社保基数申报和调整的时间通常在7月份。

③企业通常以企业员工的工资总额作为缴费基数，员工个人一般则以本人上年度的月平均工资为个人缴纳社会保险费的工资基数。

④缴费基数由社会保险经办机构根据企业的申报依法对其进行核定。

2. 缴费比例

缴费比例就是社会保险费的征缴费率。《中华人民共和国社会保险法》对社会保险的征缴费率并未作出具体明确的规定。按照我国现行的社会保险相关政策的规定，对于不同的社会保险险种，通常实行不同的征缴比例。

实操20：用人单位未依法缴纳社会保险需要承担哪些法律后果？

用人单位应当严格根据法律规定为劳动者缴纳社会保险，否则应承担表 8-6 所列的法律后果。

表8-6 用人单位未依法为劳动者缴纳社会保险需要承担的法律后果

项 目	内 容
责令限期改正	用人单位不办理社会保险登记的，由社会保险行政部门责令限期改正

续表

项　　目	内　　容
限期缴纳或补足并且加收滞纳金	用人单位未按时足额缴纳社会保险费的，由社会保险费征收机构责令限期缴纳或者补足，并自欠缴之日起，按日加收万分之五的滞纳金
处以罚款	①用人单位不办理社会保险登记，逾期仍不改正的，对用人单位处应缴社会保险费数额1倍以上3倍以下的罚款，对其直接负责的主管人员和其他直接责任人员处500元以上3000元以下的罚款
	②用人单位未按时足额缴纳社会保险费，逾期仍不缴纳的，由有关行政部门处欠缴数额1倍以上3倍以下的罚款
强制征缴	①用人单位逾期仍然未缴纳或者补足社会保险费的，社会保险费征收机构可以向银行和其他金融机构查询其存款账户，并且可以申请县级以上有关行政部门作出划拨社会保险费的决定，书面通知其开户银行或者其他金融机构划拨社会保险费。用人单位账户余额少于应当缴纳的社会保险费的，社会保险费征收机构可以要求该用人单位提供担保，签订延期缴费协议
	②用人单位未足额缴纳社会保险费而且未提供担保的，社会保险费征收机构可以申请人民法院扣押、查封、拍卖其价值相当于应当缴纳社会保险费的财产，以拍卖所得抵缴社会保险费
支付相关待遇或承担赔偿责任	因用人单位未按规定为劳动者缴纳社会保险费，导致劳动者不能享受养老、工伤、失业、生育、医疗保险待遇的，劳动者可以要求用人单位按照相关规定支付上述待遇或赔偿金
支付经济补偿	劳动者可以解除劳动合同，企业还应当支付经济补偿
列入社保"黑名单"	根据人力资源社会保障部印发的《社会保险领域严重失信人名单管理暂行办法》（人社部规〔2019〕2号）第5条的规定，用人单位、社会保险服务机构及其有关人员、参保及待遇领取人员等，有下列情形之一的，县级以上地方人力资源社会保障部门将其列入社会保险严重失信人名单： ①用人单位不依法办理社会保险登记，经行政处罚后，仍不改正的 ②以欺诈、伪造证明材料或者其他手段违规参加社会保险，违规办理社会保险业务超过20人次或从中牟利超过2万元的 ③以欺诈、伪造证明材料或者其他手段骗取社会保险待遇或社会保险基金支出，数额超过1万元，或虽未达到1万元但经责令退回仍拒不退回的

续表

项　目	内　容
列入社保"黑名单"	④社会保险待遇领取人丧失待遇领取资格后，本人或他人冒领、多领社会保险待遇超过 6 个月或者数额超过 1 万元，经责令退回仍拒不退回，或签订还款协议后未按时履约的 ⑤恶意将社会保险个人权益记录用于与社会保险经办机构约定以外用途，或者造成社会保险个人权益信息泄露的 ⑥社会保险服务机构不按服务协议提供服务，造成基金损失超过 10 万元的 ⑦用人单位及其法定代表人或第三人依法应偿还社会保险基金已先行支付的工伤保险待遇，有能力偿还而拒不偿还、超过 1 万元的 ⑧法律法规、规章规定的其他情形
企业负责人将可能被限制出行方式	用人单位未依法参加社会保险并且拒不整改的，或者未如实申报社会保险缴费基数且拒不整改，或者应缴纳社会保险费并且具备缴纳能力但拒不缴纳的，企业负责人将会被限制乘坐火车高级别席位及限制乘机

实操 21：企业需要为非全日制员工缴纳社会保险吗？

非全日制员工需要单位为其缴纳社会保险，但不是全部都需要由用人单位缴纳。

（1）根据《劳动法》保护劳动者合法权益的宗旨，按照我国劳动者社会保险的参保原则，无论是全日制用工还是非全日制用工，用人单位都必须为劳动者购买社会保险，特别是工伤保险和生育保险，否则如果出现需要社会保险报销事宜，则用人单位将要承担相应责任。

（2）从事非全日制工作的劳动者应当参加基本养老保险，原则上可以参照个体工商户的参保办法执行。对于已经参加过基本养老保险并建立个人账户的人员，前后缴费年限合并计算，跨统筹地区转移的，应当办理基本养老保险关系和个人账户的转移、接续手续。符合退休条件时，按照国家规定计发基本养老金。

（3）从事非全日制工作的劳动者可以以个人身份参加基本医疗保险，并且按照待遇水平与缴费水平相挂钩的原则，享受相应的基本医疗保险待遇。参加基本医疗保险的具体办法由各地区劳动保障部门研究制定。

（4）用人单位应当按照国家有关规定为建立劳动关系的非全日制劳动者缴纳工伤保险费。从事非全日制工作的劳动者发生工伤时，依法享受工伤保险待遇；被鉴定为伤残5～10级的，经劳动者与用人单位协商一致，可以一次性结算伤残待遇及有关费用。

综上所述，从事非全日制工作的劳动者可以以个人身份购买养老保险和医疗保险，但用人单位应当按照国家有关规定为建立劳动关系的非全日制劳动者缴纳工伤保险。

实操 22：企业招用退休返聘人员，需要为其缴纳社会保险费吗？

对于已经办理了退休的人员，不具备劳动法意义上的劳动者主体资格，因此企业无须为其缴纳社会保险费。

实操 23：如何确定养老保险的缴费基数和比例？

基本养老保险费是由企业和被保险人按不同缴费比例共同缴纳的。社会保险的缴费基数主要是指企业或者职工个人用于计算缴纳社会保险费的工资基数，用这个基数乘以规定的费率，就是企业或者个人应当缴纳的社会保险费金额。

企业通常以企业员工的工资总额作为缴费基数，员工个人通常以上一年度的月平均工资为个人缴纳社会保险费的工资基数。城镇个体工商户、灵活就业人员和国有企业下岗职工以个人身份参加基本养老保险的，以所在省区市上年度社会平均工资为缴费基数，按照20%的比例缴纳基本养老保险，且全部由员工自己负担。缴费基数由社会保险经办机构根据企业的申报，依法对其进行核定。

通常来说，企业职工缴费工资高于所在省区市上年度社会平均工资 300%的，以上年度社会平均工资的 300%作为缴费基数；企业职工缴费工资低于工资所在省区市上年度社会平均工资 60%的，以所在省区市上年度社会平均工资的 60%作为缴费基数。

注意：最高和最低缴费基数的计算比例，各地区可能不同，企业应以各地区人力资源和社会保障局公布的计算比例和基数为准。

实操 24：养老保险的适用范围及发生作用的时间点是什么？

1. 养老保险的适用范围

根据我国相关法律的规定，国有企业、集体企业、外商投资企业、私营企业和其他城镇企业及其职工、实行企业化管理的事业单位及其职工均必须参加基本养老保险。

2. 养老保险发生作用的时间点

养老保险是在法定范围内的老年人"完全"或"基本"退出社会劳动生活后才自动发生作用的。所谓"完全"，主要是以劳动者与生产资料的脱离为特征；所谓"基本"，主要指的是参加生产活动已不是主要的社会生活内容。其中，法定的年龄界限才是切实可行的衡量标准。

中国的企业职工法定退休年龄为：男职工 60 岁；从事管理和科研工作的女干部 55 岁，女工人 50 岁。

实操 25：如何计算基本养老金？

1. 领取基本养老金的条件

被保险人只有满足以下两个条件，经劳动保障行政部门核准后的次月起，方可按月领取基本养老金：①达到国家规定的退休条件已办理相关手续；②按规定缴纳基本养老保险费累计缴费年限满 15 年。

2. 基本养老金的计算

基本养老金由基础养老金和个人账户养老金组成。企业职工达到法定退休年龄并且个人缴费满 15 年的，基础养老金月标准为省（自治区、直辖市）或市（地）上年度职工月平均工资的 20%。个人账户养老金由个人账户基金支付，月发放标准为本人账户储存额除以计发月数。当个人账户基金用完后，由社会统筹基金支付。

通常来说，基础养老金 A=全省上年度在岗职工月平均工资（1+本人平均缴费指数）+2×缴费年限×1%，个人账户养老金 B=个人账户储存额÷个人账户养老金计发月数。

上面两项 A+B 之和为被保险人每月领取的基本养老金数额。

实操 26：如何确定医疗保险的缴费基数和比例？

基本医疗保险是社会保险中最为重要的组成部分。基本医疗保险费由用人单位和职工个人按月共同缴纳，其缴费基数是用人单位以国家规定的职工工资总额为缴费基数，职工个人以本人上年度月平均工资收入为月缴费基数。用人单位缴纳比例为 8%左右，职工个人缴纳比例为 2%左右，各地区的缴费比例有所不同。用人单位和职工个人月缴费基数低于上年度本市职工月平均工资的60%，以本地职工月平均工资的 60%为缴费基数；对于高于本地职工月平均工资 300%以上部分，则不计入缴费基数。

用人单位所缴纳的医疗保险费中的一部分用于建立基本医疗保险社会统筹基金，这部分统筹基金主要用于支付参保职工住院和特殊慢性病门诊及抢救、急救，发生的基本医疗保险起付标准以上、最高支付限额以下且符合规定的医疗费，其中个人也需要按照规定负担一定比例的费用。

个人账户资金主要用于支付参保人员在定点医疗机构和定点零售药店就医购药符合规定的费用，个人账户资金用完或者不足部分，由参保人员个人用现金支付，个人账户可以结转使用和依法继承。参保职工因病住院先自付住院起付额，再进入统筹基金和职工个人共付段。参加基本医疗保险的单位及个人，必须同时参加大额医疗保险，并且按照规定按时足额缴纳基本医疗保险费和大额医疗保险费，这样才能够享受医疗保险的相关待遇。

实操 27：生育津贴就是产假工资吗？

生育津贴与产假工资本质上是不一样的。生育津贴是用人单位为员工交满1年以上生育保险后，员工在怀孕离开工作岗位期间，国家按照相关比例给予的生活费用，这部分费用由生育保险基金支付。而产假工资则是员工因怀孕离开工作岗位期间，由公司发放税务工资，这部分费用由员工所在单位支付。

根据《女职工劳动保护特别规定》第8条：女职工产假期间的生育津贴，对已经参加生育保险的，按照用人单位上年度职工月平均工资的标准由生育保险基金支付；对未参加生育保险的，按照女职工产假前工资的标准由用人单位支付。根据《女职工劳动保护特别规定》，生育津贴按照职工所在用人单位上年度职工月平均工资计发。由于生育津贴是由所在单位全部职工的月平均工资标准决定的，因此就会出现女职工所领生育津贴和其本人生育前工资标准不一致的问题，可能高于其本人工资标准，也可能低于其本人工资标准。

在此种情况下，女职工产假期间的工资应如何发放，各地区出台了不同的规定。北京地区规定，生育津贴低于本人工资标准的，企业应当按本人生育前工资标准予以补；生育津贴高于本人工资标准的，企业不得扣回。对此，企业在支付女职工产假工资时，应当根据当地的相关规定正确核定支付标准，并及时调整相应的操作流程，从而避免因未依法支付而引发劳动争议和纠纷。

实操 28：在企业未替员工办理工伤保险的情况下，员工遭受工伤，企业需要承担哪些责任？

根据《中华人民共和国社会保险法》和《工伤保险条例》的相关规定，用人单位应当参加工伤保险而未参加的，由社会保险行政部门责令限期参加，补缴应当缴纳的工伤保险费，并自欠缴之日起，按日加收万分之五的滞纳金；逾期仍不缴纳的，处欠缴数额1倍以上3倍以下的罚款。用人单位未按照法律规定参加工伤保险并为其职工缴纳工伤保险费，如果其职工发生工伤，则由该用人单位按照法定的工伤保险待遇项目和标准支付费用。由此可见，在企业未替员工办理工伤保险的情况下，员工遭受工伤，企业不仅要承担补缴的责任和罚款，还需要按工伤保险待遇标准为工伤职工支付费用。对此，建议企业人力资源管理部门应按照法律规定为劳动者办理工伤保险并缴纳工伤保险费用，以避免员工在实际工作中发生事故受伤却无法享受相应的工伤保险待遇的情况发生。

实操 29：如何界定是否属于工伤认定的"上下班途中"？

关于如何界定是否属于工伤认定的"上下班途中"，最高人民法院出台的《关于审理工伤保险行政案件若干问题的规定》以列举形式明确了属于员工"上下班途中"的具体情形（见图 8-2）。

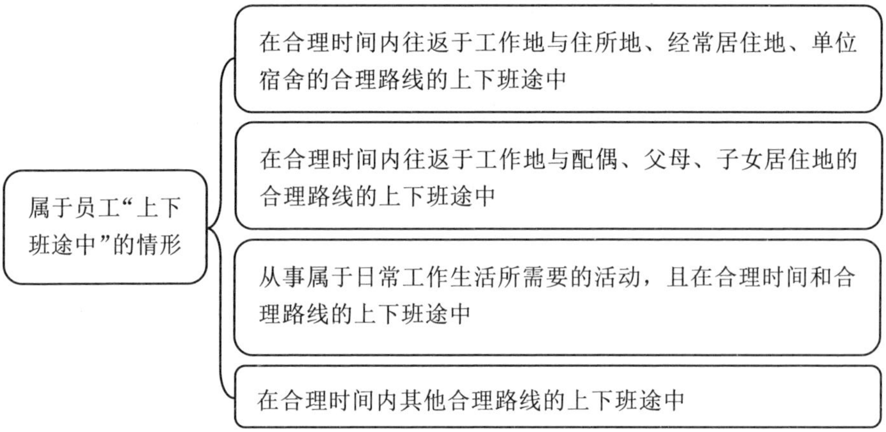

图 8-2　属于员工"上下班途中"的情形

由于"上下班途中"的情况复杂，对图 8-2 中所指的"居住地"应当作广义的理解。"居住地"除住所地和经常居住地外，还应当包括以下居住地：单位宿舍或者配偶、父母以及子女居住地等。凡是员工以上下班为目的，在合理时间内往返于工作地和上述住所地或者居住地的合理路线的途中，在原则上应当认定为"上下班途中"。

图 8-2 所列举的规定以"合理"标准为基础来界定"上下班途中"。在实务中，认定是否属于"上下班途中"时，主要考虑以下要素：①是否以上下班为目的；②上下班时间是否合理；③往返于工作地和居住地的路线是否合理。

此外，在实务中争议较大的是企业员工在上下班途中绕道是否属于《关于审理工伤保险行政案件若干问题的规定》所列举的"上下班途中"。对此，应当根据绕道的原因而定（见图8-3）。

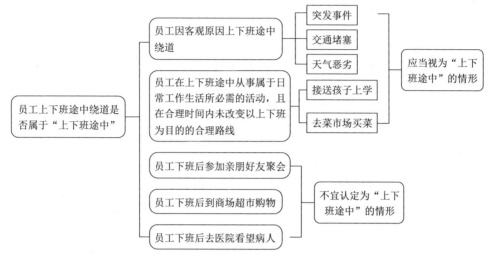

图 8-3　判断员工上下班途中绕道是否属于"上下班途中"

实操 30：如何界定是否属于工伤认定的"因工外出期间"？

"因工外出期间"主要是指用人单位为了工作指派职工或者职工因工作需要，在工作场所或工作岗位以外从事与工作有关的活动期间。根据《工伤保险条例》的规定，职工因工外出期间，由于工作原因受到伤害或者发生事故下落不明的，应当认定为工伤。

最高人民法院出台的《关于审理工伤保险行政案件若干问题的规定》以列举的形式对"因工外出期间"所涉及的情形进行了明确（见图8-4）。

从图 8-4 中可以看出，员工在图8-4所列的几种情形期间由于工作原因受到的伤害都应当认定为工伤。

需要注意的是，从最高人民法院出台《关于审理工伤保险行政案件若干问题的规定》的背景和官方的解读来看，这里的"工作原因"既包括与工作直接有关而形成的伤害，也包括开展工作过程中所发生的伤害，如外出途中产生的伤害，以及由于住宿、餐饮等场所存在的不安全因素所产生的伤害等。因此，只要不属于员工从事与工作或受雇单位指派外出学习、开会无关的个人活动所受到的伤害，在原则上就都将认定为工伤。

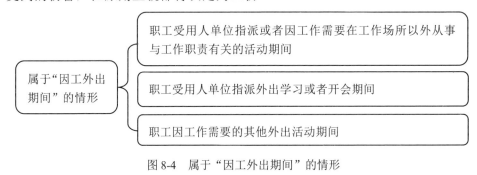

图8-4　属于"因工外出期间"的情形

实操31：企业需要为非全日制员工缴纳工伤保险吗？

根据人力资源和社会保障部出台的《实施〈中华人民共和国社会保险法〉若干规定》，明确规定职工（包括非全日制从业人员）在两个或者两个以上用人单位同时就业的，各用人单位应当分别为职工缴纳工伤保险。职工发生工伤，由职工受到伤害时工作的单位依法承担工伤保险责任。

因此，用人单位在日常用工过程中，必须为其非全日制员工缴纳工伤保险。

实操32：企业异地用工，员工发生工伤后，如何认定工伤？

对于企业异地用工的情况，通常有表8-7所列的几种形式，不同形式下的工伤认定及待遇标准的适用也是有区别的。

表8-7　企业异地用工的几种形式

项　目	内　容
用人单位注册地和实际经营地不在同一统筹地区，用人单位在实际经营地招聘员工并实际用工	用人单位原则上应当在注册地为员工参加工伤保险，如果未在注册地参加工伤保险，则用人单位应在实际经营地为其参加工伤保险
	员工发生工伤后，应当在参保地进行工伤认定，并且按照参保地的标准享受工伤保险待遇

续表

项　目	内　容
劳务派遣单位跨地区派遣劳动者的	根据《劳务派遣暂行规定》，应当在用工单位所在地为被派遣劳动者参加社会保险；如果劳务派遣单位在用工单位所在地设立分支机构，则由分支机构为被派遣劳动者办理参保手续，若没有设立分支机构的，则由用工单位代劳务派遣单位为被派遣劳动者办理参保手续，缴纳社会保险
	员工发生工伤后，在用工单位所在地进行工伤认定，并且按用工单位所在地的标准享受工伤保险待遇
员工因工作原因长期驻外，有固定的住所和明确的作息时间	根据人力资源社会保障部颁布的《关于执行〈工伤保险条例〉若干问题的意见（二）》，如果员工发生工伤，就应当按照在驻在地当地正常工作的情形处理，即按照驻在地的标准享受工伤保险待遇
	但在实务中，涉及工伤保险基金的支付部分，仍然是由参保地的社保机构根据当地标准来进行支付

第二节　案例精解

案例1：业务提成能算作劳动者的工资吗？

冯某在某贸易公司从事对外销售工作，与公司签订了为期两年的劳动合同。双方约定按照提成计算工资，每月冯某必须完成 30 000 元的销售额，扣除了 30 000 元的销售额才能以提成计工资，提成为 3%，如果完不成基本销售额，公司将不给发工资。2018 年上半年，冯某每月都大大超出了约定的基本销售额。但下半年由于经济不景气，市场需求量下降，且拖欠货款情形严重，因业务提成工资需要按照货款的进度支付，货款拖欠严重，导致该贸易公司未向冯某支付提成工资。冯某向主管领导提出公司应当按照当地最低工资标准支付其最低工资保障。该贸易公司认为，劳动合同白纸黑字写得很明确，客户没有支付货款就不能支付提成工资。于是，冯某向劳动争议仲裁委员会提起了劳动仲裁。请问：仲裁委员会会支持冯某的仲裁申请吗？

【精解】

会支持。

理由：只要劳动者在法定的工作时间内提供了正常劳动，用人单位就必须向劳动者支付最低工资报酬，最低工资按照当地政府的规定计算。该贸易公司的做法违背了国家的最低工资保障制度，双方关于工资完全按照业务额和货款回收情况来确定工资发放标准的做法肯定是违法的，冯某在法定工作时间内提供了正常劳动，应当获取劳动报酬。该贸易公司应当支付冯某未完成销售基数的几个月的最低工资，其标准依据当地最低工资标准，不得低于该标准。

案例 2：因经营困难导致工资没有发放，企业构成无故拖欠吗？

李某为某印刷厂的员工，双方于 2017 年 6 月 1 日订立无固定期限劳动合同。2017 年至 2020 年期间，该印刷厂被当地人力资源和社会保障局认定为困难企业。该印刷厂先后拖欠李某 2017 年 11 月、12 月，2018 年 1 月、2 月，2019 年 3 月、11 月、12 月的工资及部分社会保险费。2020 年 5 月，该印刷厂将上述拖欠的社会保险费全部补缴完毕。2020 年 12 月，补发了上述拖欠的工资。同月 25 日，李某向当地仲裁委员会提起仲裁，要求与该印刷厂解除劳动合同，并要求该印刷厂支付经济补偿金。请问：该印刷厂是否构成无故拖欠工资？是否应当支付李某经济补偿金？

【精解】

单位未及时足额支付劳动报酬的，劳动者可以解除合同并获得经济补偿金。但在实务中，适用这一规定，通常会考察用人单位是否有主观恶意。上海关于适用《劳动合同法》若干问题的意见指出："用人单位因主观恶意而未'及时、足额'支付劳动报酬或'未缴纳'社保金的，可以作为劳动者解除合同的理由。但确因客观原因导致计算标准不清楚、有争议，导致用人单位未能'及时、足额'支付劳动报酬或未缴纳社保金的，不能作为劳动者解除合同的依据。"该印刷厂虽然曾存在拖欠，但基于经营困难而产生，并非恶意拖欠，同时员工解除劳动合同时间是在公司补发拖欠工资之后，因此该印刷厂不构成无故拖欠工资，也无须支付李某经济补偿金。

案例3：劳动者在试用期加班，用人单位是否应当为其支付加班费？

陈某为高校毕业生，通过校园招聘入职某医疗器械公司。入职前，陈某与该公司签订了1年的劳动合同，约定试用期3个月。目前，陈某已经在该公司工作一年。在这一年期间，该公司因业务需要，时常安排陈某加班，但是从未向其支付过加班费。请问：陈某与该医疗器械工资劳动合同中关于试用期的约定是否合法？陈某是否可以要求公司给付加班费用？

【精解】

根据《劳动合同法》第19条的规定："劳动合同期限三个月以下不满一年的，试用期不得超过一个月；劳动合同期限一年以上不满三年的，试用期不得超过二个月；三年以上固定期限和无固定期限劳动合同的，试用期不得超过六个月。"根据《劳动合同法》第31条的规定："用人单位应当严格执行劳动定额标准，不得强迫或者变相强迫劳动者加班。用人单位安排加班的，应当按照国家有关规定向劳动者支付加班费。"

根据上述法律规定可知，该医疗器械公司与陈某签订的劳动合同中，有关试用期三个月的约定违反了我国《劳动合同法》中"劳动合同期限三个月以下不满一年的，试用期不得超过一个月"的规定；该公司因业务需要安排陈某加班，也应当按照国家有关规定向陈某支付加班费，无论陈某是在试用期还是处于非试用期。因此，陈某有权要求该医疗器械公司支付加班费，其可以依法主张自己的劳动权益。

案例4：员工与企业建立了事实劳动关系，企业却未按国家规定为其支付工资和缴纳社会保险，有什么法律后果？

曾某于2013年入职某民营企业，担任出纳工作岗位，每月工资为1000元，但该企业一直没有与曾某签订劳动合同，并且一直至 2015 年一直没有为曾某增加劳动报酬。2015 年年底，该民营企业进行改革，单方面通知与曾某解除劳动合同。曾某接到通知后，发现该民营企业近 2 年并没有给自己缴纳养老保险等社会保险费。2016 年 1 月，曾某向当地的劳动争议仲裁委员会提出仲裁申请，称自己与企业已经建立了事实上的劳动关系，但用人单位却没有按照国家规定支付工资和缴纳社会保险。请问：该民营企业应该承担怎样的法律后果？

【精解】

该民营企业作为用人单位，负有依法向劳动者支付工资并缴纳社会保险的义务。在该民营企业和曾某劳动关系存续期间，以 1000 元每月的标准向曾某支付工资，明显低于所在地区的最低工资标准。因此，该民营企业应该就差额部分进行补发，应该补缴曾某的社会保险费，并且依法向曾某支付相应的经济补偿金。

案例 5：员工离职时，企业是否可以规定其工资于离职后的下一个工资结算月支付？

王某为某公司销售人员，今年 1 月份劳动合同到期，王某提出辞职，由于涉及产品销售提成的结算，公司无法在解除劳动合同时一次性付清王某的工资。请问：公司是否可以规定王某工资于其离职后的下一个工资结算月支付？

【精解】

可以。

在实务中，劳动关系解除或终止时，由于种种原因无法在离职时一次性付清工资，如销售提成的结算或支付等，企业可以与员工特殊约定工资支付时间。

案例 6：如何计算双休日出差在外的员工的工资报酬？

张某在一家信托公司上班，由于公司的业务经常在外地，因此需要经常出差。5 月份，张某一直都在外地出差，双休日也不得休息，出差回来后，领导也没有安排张某休息。请问：双休日出差在外的工资报酬应当如何计算呢？

【精解】

根据《劳动法》第 44 条的规定："有下列情形之一的，用人单位应当按照下列标准支付高于劳动者正常工作时间工资的工资报酬：

（1）安排劳动者延长工作时间的，支付不低于工资的百分之一百五十的工资报酬；

（2）休息日安排劳动者工作又不能安排补休的，支付不低于工资的百分之二百的工资报酬；

（3）法定休假日安排劳动者工作的，支付不低于工资的百分之三百的工资报酬。"

因此，如果张某在出差中的双休日提供了劳动，公司又不能够安排补休的，由于该工作日不是正常工作日，公司应按照《劳动法》第 44 条规定的标准补发加班工资。如果张某在出差中的双休日并没有提供劳动，是在出差地休息，那么在这种情况下，张某并不属于加班，公司不需要另付加班工资。

案例 7：用人单位与劳动者协商一致的工资标准，可以低于当地最低工资标准吗？

于某在一家物业公司工作，与公司签订了为期 1 年的劳动合同，双方约定了工资标准。工作半年后，于某得知自己的工资标准低于当地最低工资标准。于某去公司咨询，该物业公司告诉于某，其工资是于某与公司协商一致的，也是劳动合同约定的，待双方签订的劳动合同到期后，续签合同时再给于某涨工资。请问：用人单位与劳动者协商一致的工资标准，可以低于当地最低工资标准吗？

【精解】

根据《劳动法》第 48 条的规定："国家实行最低工资保障制度。最低工资的具体标准由省、自治区、直辖市人民政府规定，报国务院备案。用人单位支付劳动者的工资不得低于当地最低工资标准。"根据第 89 条的规定："用人单位制定的劳动规章制度违反法律法规规定的，由劳动行政部门给予警告，责令改正；对劳动者造成损害的，应当承担赔偿责任。"该物业公司以双方协商同意、劳动合同约定为由，所发放的工资低于当地最低工资标准，而且未及时为于某调整工资，损害了于某的合法权益，该物业公司应当按照法律规定支付于某低于最低工资标准的差额，如果逾期不支付，于某可以要求其承担赔偿责任。

案例 8：用人单位如何支付劳动者延长工时的报酬？

郑某在一家饭店担任收银员兼财务，工作时间"做一休一"。前不久，郑某被公司通知在"休一"的时间里去另一家新店工作，每天工作时间都超出法定工作时间。郑某的工作量剧增，工资却未调整，公司没有支付相应的加班费。郑某要求公司支付加班工资，公司则称两家公司分属不同的劳动主体，故郑某在第二家店属于兼职。郑某不服，于是申请劳动仲裁。请问：用人单位应如何支付延长工时的报酬？

【精解】

按照《劳动法》第 44 条的规定，用人单位安排劳动者延长工作时间的，支付不低于工资的百分之一百五十的工资报酬；休息日安排劳动者工作又不能安排补休的，支付不低于工资的百分之二百的工资报酬。该公司应当按规定向郑某支付加班工资。

案例 9：企业能否与员工约定以发补助的形式代替缴纳社保费？

2012 年 9 月，赵某入职某销售公司工作，双方签订了为期 3 年的劳动合同。由于赵某考虑到自身原因，向公司提出自愿放弃缴纳社会保险，由公司将保险费以补助的形式直接支付给他，由其自行参加社会保险。公司负责人认可了赵某的要求，并要求赵某出具书面声明。2015 年 6 月，赵某在工作中出现重大失误，给公司造成了 6 万元的经济损失。公司以给单位造成重大损害为由解除了与赵某的劳动合同。赵某离职后，向当地劳动监察大队投诉该销售公司没有为其缴纳社会保险，要求公司为其补缴。请问：企业能否与员工约定发补助代替缴纳社保费？企业应当如何防范类似风险的发生呢？

【精解】

（1）不能。即便不缴纳社保费是劳动者提出的，是双方合意的结果，即便用人单位已经将社保费以补助的形式支付给了劳动者，但也不能免除公司缴纳社保费的法定义务和相应的法律责任。该销售公司应当为赵某办理社会保险登记和申报手续，双方按照社会保险部门核定的缴费标准和期限补缴社会保险费。

（2）对于新员工，企业应当及时为其办理社保登记，并且按时足额缴纳社会保险费。缴费基数可以按照新员工的劳动合同约定的工资标准（在当地社会平均工资的 3 倍以内）或者员工社会保险转移单记载的基数确定。对于因地域限制，确实已经在其户籍所在地或其他地方缴纳社保的，企业可以要求其提供相应的参保证明或者缴费凭据，同时将相应的社保费支付给其个人。对于故意或者由于员工自身过错导致无法办理社保缴纳的，企业应当以书面形式告知其提交办理社保登记所需的个人资料和个人信息，以及不予提供的相应法律后果，并且保留好相关的证据。

案例 10：企业逃避缴纳社会保险有什么后果？

李某为某公司的业务员，由于业务工作流动性比较大，该公司为了节省开支，就没有给李某缴纳社会保险。李某由于初入职场，便没有说什么。一年后，由于李某业务能力突出，又有一家公司想聘请李某担任销售主管，李某便以该公司未依法缴纳社会保险为由，向当地的劳动争议仲裁委员会申请仲裁，要求与该公司解除劳动合同，并且要求该公司依法向自己支付经济补偿金，补缴社会保险。请问：仲裁委员会会支持李某的仲裁请求吗？

【精解】

会支持。

理由：用人单位不为劳动者依法缴纳社会保险，根据《劳动合同法》第 38 条的规定，劳动者有权解除劳动合同，要求支付经济补偿金，同时劳动者还可以到劳动监察部门投诉，要求补缴。

案例 11：企业有权停缴旷工职工的基本养老保险费吗？

唐某为 M 企业员工，因私人原因连续旷工 6 个月，但 M 企业未对其做辞退处理。唐某回到 M 企业工作后，得知在自己旷工期间 M 企业停止为其缴纳基本养老保险费，于是要求企业补缴。M 企业人力资源管理部门主管认为，根据企业规章制度，唐某旷工长达 6 个月，企业有权为其停止缴纳基本养老保险费。如果需要补缴，所有的保险费都必须由唐某自己承担。唐某认为，虽然自己旷工 6 个月的确违反了企业规章制度，但是公司并未与其解除劳动合同关系，因此 M 企业就有义务为其缴纳基本养老保险费，而不是让其自己承担。于是，唐某向当地劳动监察大队投诉 M 企业欠缴基本养老保险费，要求 M 企业为其补缴。请问：企业有权停缴旷工职工的基本养老保险费吗？

【精解】

企业无权停缴旷工职工的基本养老保险费。

理由：根据我国法律规定，用人单位与劳动者之间存在的劳动关系是社会保险费缴纳的前提和基础，只要建立了劳动关系并且依法存续，企业和员工就应该承担法定的缴费义务，而不能以员工存在过错或其他理由约定免除上述义务。唐某虽然持续旷工 6 个月，但 M 企业并没有做出解除劳动合同的决定，因此双方劳动关系仍然存续，M 企业就应该履行相应的缴纳保险费的义务，而不能擅自停缴，更不能要求唐某承担全部补缴义务。

案例 12：员工参加了基本医疗保险，企业是否可以不支付员工的病假工资？

张某为某公司员工，公司按规定为其缴纳社会保险。工作两年后，张某因病入院治疗。在张某住院期间，公司以已为张某缴纳医疗保险为由，停发了张某的工资，并要求张某到医疗保险经办机构申请相关医疗待遇。张某出院后，向当地劳动仲裁委员会提出申诉，要求公司补发其住院期间的病假工资。请问：仲裁委员会会支持张某的仲裁请求吗？

【精解】

会支持。

理由：根据《国务院关于建立城镇职工基本医疗保险制度的决定》，参保职工患病或非因工负伤后，从基本医疗保险基金中享受的待遇只能是按规定报销医疗费用，包括药品费用、诊疗项目费用、医疗服务设施费用，但不能申请病假工资及治疗期间其他生活方面的补助。在张某住院期间，相关的医疗就诊费用可以按规定从医保基金账户中报销，但病假期间的工资应由该公司支付。

关于病假工资的支付标准，根据上海市劳动局《关于加强企业职工疾病休假管理保障职工疾病休假期间生活的通知》，职工疾病或非因工负伤连续休假在 6 个月以内的，连续工龄不满 2 年的，企业应当按本人工资的 60%计发疾病休假工资。

案例 13：退休员工的医疗保险应该由谁缴纳？

冯某于 2017 年 1 月从某外企公司退休。退休后，冯某发现自己已经不再享有基本医疗保险。经查询得知，外企公司在冯某退休后，就已经停止为其缴纳基本医疗保险。请问：冯某的医疗保险应该由谁缴纳？

【精解】

根据《国务院关于建立城镇职工基本医疗保险制度的决定》，退休人员参加基本医疗保险，个人不缴纳基本医疗保险，由原用人单位缴纳。因此，冯某退休后，该外企公司应继续为其缴纳基本医疗保险。

案例 14：企业未及时为员工缴纳工伤保险费，事后补缴了工伤保险费，员工工亡的补助金由谁支付？

2015 年 1 月，郑某被某私营企业聘用，由于郑某处于试用期内，其是否成为正式职工处于待定状态，因此入职时企业并没有为其缴纳工伤保险费。2015年4月8日，王某在工作时突发疾病死亡。2015年4月13日，该企业为郑某补缴了之前欠缴的工伤保险费用。郑某的死亡被当地人力资源和社会保障局认定为工伤。郑某的家属以待遇领取人的身份通过该单位向市社保中心递交《工伤保险待遇申请表》等材料，申请工伤费用。当地社保中心经审核认为，每年4月5日是企业缴纳社保费的截止日期，而郑某在发生工伤时，该私营企业未按规定为其及时缴纳工伤保险费，因此其一次性工亡补助金及丧葬补助金应当由该私营企业支付，故告知郑某的家属不符合办理条件，不能办理。请问：员工工亡的补助金由谁支付？

【精解】

虽然该私营企业事后为郑某补缴了工伤保险费，但并不能改变之前未按规定缴纳工伤保险费的事实。郑某工亡的发生是在用人单位未缴纳的期间，用人单位应该支付相关费用。

企业需要注意，无论员工是在试用期还是正式录用期，只要在劳动关系存续期间，用人单位为职工缴纳工伤保险就是应尽的义务。及时缴纳相关费用，既能够合理保障职工或其家属应该享有的工伤待遇，又能避免企业自身在员工"出事"后面临不菲的赔偿费用。

案例15：员工领取失业保险应具备哪些条件？

林某于2018年4月入职北京某公司，成为该公司的业务员，公司按月为林某缴纳社会保险。2019年1月，经双方协商一致解除劳动合同关系。林某在解除劳动合同后，向社会保险经办机构申领失业保险金。社会保险机构的工作人员却告知其无法享有领取失业保险金的权利。请问：解除劳动关系是双方协商一致的结果，但林某为何不能享有领取失业保险金的权利？

【精解】

根据《失业保险条例》的规定，领取失业保险金必须符合以下3个条件：①按照规定参加失业保险，所在单位和个人已经按照规定履行缴费义务满1年的；②非因本人意愿中断就业的；③已办理失业登记，并有求职要求的。

《北京市失业保险规定实施办法》对"非本人意愿中断就业"的情形做出了规定，其中包括"用人单位提出，协商一致解除劳动（聘用）合同"。因此，林某与用人单位解除劳动合同虽然是协商一致的结果，但是由于林某工作未满1年，失业保险费缴纳未满1年，因此不能享有此项权利。

案例16：企业可以要求员工个人缴纳生育保险费吗？

A服装加工企业以企业职工工资总额 0.8%的比例按月向社保机构缴纳生育保险费。同时，A服装加工企业规定每个女职工应当负担一部分保险费，即按照女职工月工资 0.3%的比例向其征收生育保险费，用于冲抵企业缴纳的部分生育保险费。请问：A服装加工企业在职工月工资中扣除生育保险费的做法是否违反法律规定？

【精解】

这是违反法律规定的。

理由：根据《企业职工生育保险试行办法》的规定，生育保险费由企业按照其工资总额的一定比例向社会保险经办机构缴纳，职工个人不缴纳生育保险费。因此，A服装加工企业擅自在职工月工资中扣除生育保险费的做法是违反法律规定的，应当向职工退还已经收取的生育保险费。

案例17：工伤职工擅自休假，可否按旷工论处？

钱某为某公司劳动合同制员工，工龄20年。2018年6月，钱某在工作中意外导致右手肘骨骨折，经1个月治疗后骨折愈合良好。7月，经鉴定确认其医疗结束时间至7月3日止，不属残废范畴。7月20日前，公司两次给钱某发出书面复工通知书，但钱某既不提供病假条，也不说明理由就擅自休假。由于连续旷工超过15天，公司认为钱某属于"无正当理由经常旷工"，近日将其辞退。请问：工伤职工擅自休假，可否按旷工论处？

【精解】

根据《关于〈企业职工奖惩条例〉有关条款解释问题的复函》，除有不可抗拒的因素影响，职工无法履行请假手续的情况外，职工不按规定履行请假手续，又不按时上下班，连续旷工超过 15 天，或一年内累计旷工超过 30 天，即属于无正当理由经常旷工。钱某工伤后，已确认其医疗终结时间至 7 月 3 日止，但截至 7 月 20 日公司两次给钱某发出书面复工通知书，钱某拒不上班，已经旷工达 17 天，因此可认定钱某为"无正当理由经常旷工"。对于不属残废的工伤者，单位给予相应的工伤待遇后可按普通职工管理，工伤职工不能不经单位批准擅自休病假，因此公司对钱某做出辞退处理是合法的。

案例 18：临时工在工作时间内发生事故，是否可以认定为工伤？

林某为某保洁公司的临时工，双方并没有签订劳动合同。林某于 2019 年 9 月 5 日，在工作时间内发生事故身亡。林某的亲属提出工伤认定申请，并且提供了工资卡、工作服以及同事的证言等材料。请问：临时工在工作时间内发生事故，是否可以认定为工伤？

【精解】

可以认定为工伤。

理由：工伤是指与用人单位存在劳动关系的劳动者在工作时间、工作地点因工作原因发生的人身伤害事故、急性中毒事故。从工伤的定义可以看出，是否属于工伤应该满足两个条件：①劳动者是否与用人单位存在劳动关系；②劳动者所受到的伤害是否是在工作时间、工作地点因工作原因所受到的伤害。

根据我国的工伤保险法律规定，用人单位应当承担为职工缴纳工伤保险的责任。虽然保洁公司与林某没有签订劳动合同，但是根据《关于确立劳动关系有关事项的通知》，双方之间存在事实劳动关系。因此，该保洁公司应当为林某缴纳工伤保险，并进行相应的赔偿。

案例 19：员工在上下班途中乘车摔伤，能认定为工伤吗？

张某为 M 公司员工，平日乘坐地铁上下班。2020 年 8 月，张某在上班途中步行进入地铁站出入口时，因雨天路滑，不慎从地铁楼梯的台阶滑倒，当场无法动弹，被送入医院急诊治疗。经医疗机构诊断，张某为尾骨骨折。事后，张某的单位提出工伤认定申请。当地社会保险行政部门经过调查核实后，认定张某所受该起伤害不符合《工伤保险条例》的规定，因此不予认定或者视同工伤。请问：当地社会保险行政部门作出不予认定工伤的决定符合法律法规规定吗？

【精解】

当地社会保险行政部门作出不予认定工伤的决定符合法律法规规定。

理由：根据《工伤保险条例》第 14 条的规定，职工有下列情形之一的，应当认定为工伤：

（1）在工作时间和工作场所内，因工作原因受到事故伤害的；

（2）工作时间前后在工作场所内，从事与工作有关的预备性或者收尾性工作受到事故伤害的；

（3）在工作时间和工作场所内，因履行工作职责受到暴力等意外伤害的；

（4）患职业病的；

（5）因工外出期间，由于工作原因受到伤害或者发生事故下落不明的；

（6）在上下班途中，受到非本人主要责任的交通事故或者城市轨道交通、客运轮渡、火车事故伤害的；

（7）法律、行政法规规定应当认定为工伤的其他情形。

根据《工伤保险条例》第 15 条的规定，职工有下列情形之一的，视同工伤：

（1）在工作时间和工作岗位，突发疾病死亡或者在 48 小时之内经抢救无效死亡的；

（2）在抢险救灾等维护国家利益、公共利益活动中受到伤害的；

（3）职工原在军队服役，因战、因公负伤致残，已取得革命伤残军人证，到用人单位后旧伤复发的。

职工有前款第（1）项、第（2）项情形的，按照本条例的有关规定享受工伤保险待遇；职工有前款第（3）项情形的，按照《工伤保险条例》的有关规定享受除一次性伤残补助金以外的工伤保险待遇。

城市轨道交通事故主要是指地铁、轻轨等城市轨道交通公共客运系统在运营过程中，由于违反作业操作规程，或由于技术设备原因或其他原因引起的运载人员伤亡的事件。张某于上班途中在地铁站出入口楼梯台阶上自行摔伤，不属于交通事故或者城市轨道交通事故。因此，当地社会保险行政部门作出不予认定工伤的决定符合法律法规规定。

案例20：劳动者在因工外出期间发生事故，是否可以认定为工伤？

段某为A公司员工，2016年5月10日被A公司派往北京某培训机构参加培训，培训时间为10天。2016年5月15日15时左右，段某在培训机构安排的酒店房间内死亡。经公安部门确认，段某为猝死。A公司认为段某死亡属于工伤，于是向人社局提出工伤认定申请。请问：能够认定为工伤吗？

【精解】

能认定为工伤。

理由：劳动者在因工外出期间从事与工作职责有关活动的时间和空间均应认定属于工作时间和工作场所。段某在A公司指派外出培训期间猝死，即段某死亡于因工外出期间。段某在培训机构安排的酒店休息，属于"工作时间"的延伸，是段某因工外出工作的一部分，因此属于在工作岗位上从事本职工作的活动。因此，段某在培训机构安排的酒店休息时猝死应当认定为在工作时间和工作岗位上猝死，属于《工伤保险条例》第15条规定的在工作时间和工作岗位上突发疾病死亡的情形。

案例21：返聘人员在上班途中遭遇车祸，能算工伤吗？

赵某为某国企退休职工，2018年9月1日，65周岁的赵某与某职业中专学校签订了为期两年的《聘用协议书》，担任该职业中专学校机械加工专业教师。2019 年 5 月，赵某在上班路上发生车祸受伤，被送至医院救治，共花医疗费用 5500 元。事后，赵某提出工伤认定申请。当地社会保险行政部门经过调查核实后，认定赵某所受的伤害性质不属于工伤，或不视同工伤。请问：当地社会保险行政部门作出不予认定工伤的决定符合法律法规规定吗？赵某可以要求学校承担相应的赔偿责任吗？

【精解】

（1）符合法律法规规定。

理由：已享受养老保险待遇的离退休人员，不再具有劳动法律调整的劳动者主体资格，其被再次聘用的，与用人单位签订的是聘用协议，不是劳动合同，双方之间是劳务关系，而不是劳动关系，而工伤认定一般以双方存在劳动关系为前提，因此赵某在上班途中发生交通事故受伤，不适用《工伤保险条例》，不能依据《工伤保险条例》的认定条件来认定工伤。

（2）可以要求学校承担相应的赔偿责任。

理由：劳务关系是指提供劳务一方为接受劳务一方提供劳务服务，由接受劳务一方按照约定支付报酬而建立的一种民事权利义务关系。根据《民法典》第 1192 条的规定，个人之间形成劳务关系，提供劳务一方因劳务造成他人损害的，由接受劳务一方承担侵权责任。接受劳务一方承担侵权责任后，可以向有故意或者重大过失的提供劳务一方追偿。提供劳务一方因劳务受到损害的，根据双方各自的过错承担相应的责任。提供劳务期间，因第三人的行为造成提供劳务一方损害的，提供劳务一方有权请求第三人承担侵权责任，也有权请求接受劳务一方给予补偿。接受劳务一方补偿后，可以向第三人追偿。赵某骑车上班是与聘用工作密不可分的组成部分，其在途中发生交通事故受伤，应当认定为从事劳务工作中受到第三者人身伤害，因此赵某依法有权要求学校承担相应的赔偿责任。

案例 22：员工在假期最后一天返回单位途中发生车祸，能否认定为工伤？

冯某为北京某公司的员工，该公司规定 2019 年 10 月 1 日至 8 日属于放假期间，9 日正式上班。2019 年 10 月 8 日为国庆假期的最后一天，冯某乘坐火车从老家沈阳返回北京住所途中，发生了交通事故受伤。经交通事故责任认定，冯某对该起交通事故无过错。于是，冯某向人社局申请工伤认定，但被拒绝，理由为不是在上班路上。冯某称回北京的目的是到公司上班，从老家返回北京的过程属于上班途中，在此期间发生的交通事故应当认定为工伤。请问：冯某的这种情况能否被认定为工伤？

【精解】

不应当认定为工伤。

理由：冯某在 2019 年 10 月 8 日从户籍地住处回北京的目的主要是到其北京住所休息，以便次日正式上班，而不是直接到工作岗位上班。冯某在途中发生交通事故的时间不符合上班的合理时间，因此该事故不符合《工伤保险条例》中规定的职工在上班途中发生交通事故的情形，不应当认定为工伤。

案例 23：员工在参加公司组织的活动中受伤，公司需要承担赔偿责任吗？

张某为 A 公司的安保人员，今年 50 周岁，患有严重的骨质疏松。前段时间，A 公司组织了一场跳绳比赛，张某代表安保部门参加比赛，结果在比赛中，张某摔倒受伤，动手术花了巨额费用。请问：参加公司组织的活动受伤，公司需要承担赔偿责任吗？

【精解】

根据《民法典》第 1192 条的规定，个人之间形成劳务关系，提供劳务一方因劳务造成他人损害的，由接受劳务一方承担侵权责任。接受劳务一方承担侵权责任后，可以向有故意或者重大过失的提供劳务一方追偿。提供劳务一方因劳务受到损害的，根据双方各自的过错承担相应的责任。因此，A 公司需要承担责任。但是，张某明知自己年纪较大，且患有严重的骨质疏松，还要参加比赛，张某也需要自负一部分责任。

案例24：员工违规操作发生伤害，属于工伤吗？单位需要赔偿吗？

周某在某建筑集团公司的建设项目中从事砼浇筑工作时不慎右手受伤，建筑公司负责人表示周某受伤是因为违反公司方面关于混凝土浇筑安全技术交底作业和公司安全规则造成的，不属于工伤，公司也不需承担赔偿责任。请问：违规操作发生伤害，属于工伤吗？单位需要赔偿吗？

【精解】

根据《工伤保险条例》第14条的规定，职工有下列情形之一的，应当认定为工伤：

（1）在工作时间和工作场所内，因工作原因受到事故伤害的；

（2）工作时间前后在工作场所内，从事与工作有关的预备性或者收尾性工作受到事故伤害的；

（3）在工作时间和工作场所内，因履行工作职责受到暴力等意外伤害的；

（4）患职业病的；

（5）因工外出期间，由于工作原因受到伤害或者发生事故下落不明的；

（6）在上下班途中，受到机动车事故伤害的；

（7）法律、行政法规规定应当认定为工伤的其他情形。

根据《工伤保险条例》第4条的规定，用人单位应当将参加工伤保险的有关情况在本单位内公示。用人单位和职工应当遵守有关安全生产和职业病防治的法律法规，执行安全卫生规程和标准，预防工伤事故发生，避免和减少职业病危害。职工发生工伤时，用人单位应当采取措施使工伤职工得到及时救治。

因此，周某属于工伤认定情形，建筑公司要负一定责任，但周某自身也存在过错。

案例25：单位能否在员工治疗工伤期间扣发员工的工资福利？

陈某为某商场售货员，在搬运柜台货物时不慎摔伤，住院治疗了1个月，并遵医嘱休息了 2 个月，后经劳动保障部门认定为工伤。在陈某养伤期间，商场只按照当地最低工资标准发给陈某工资，其他奖金福利均没有。请问：单位能否在员工治疗工伤期间扣发员工的工资福利？

【精解】

不能。

理由：根据《工伤保险条例》第 33 条的规定，职工因工作遭受事故伤害或者患职业病需要暂停工作接受工伤医疗的，在停工留薪期内，原工资福利待遇不变，由所在单位按月支付。停工留薪期一般不超过 12 个月。陈某因负工伤，住院治疗和停工休息了 3 个月，这段时间属于停工留薪期，该商场仅支付陈某最低工资的做法是违法的，应当按照陈某受伤前的全勤工资数额发放工资，并支付相应的福利待遇。

案例 26：员工在提前下班途中受到"非本人主要责任"交通事故伤害，能认定为工伤吗？

王某为 M 公司员工，某日完成工作任务后提前 10 分钟下班，在下班途中发生交通事故，经公安部门认定，王某负该事故的次要责任。王某向当地人社局提交工伤认定申请。M 公司认为提前下班属于违反劳动纪律的行为，不应认定为工伤。请问：提前下班途中受到"非本人主要责任"交通事故伤害，能认定为工伤吗？

【精解】

提前下班属于违反劳动纪律的行为，应当受到劳动纪律的约束、处罚，但这种行为并不影响当事人实质下班的性质，不应影响当事人申请认定工伤的资格。王某提前 10 分钟下班，且有道路交通事故认定书认定王某负事故的次要责任，应视为王某在下班途中受到"非本人主要责任"交通事故伤害。根据《工伤保险条例》第 14 条的规定，应当认定为工伤。

第九章

劳动合同的变更、
解除与终止

第一节 实 务 操 作

实操 1: 哪些情况下可以变更劳动合同?

根据《劳动合同法》第 35 条的规定,用人单位与劳动者协商一致,可以变更劳动合同约定的内容。

(1)因劳动合同是用人单位和劳动者双方协商达成的协议,因此可以协商变更;对于劳动合同约定的内容,只要是经过双方当事人协商一致而达成的,就可以经协商一致予以变更。

(2)对于劳动合同所要变更的部分内容,用人单位和劳动者之间应当采取自愿协商的方式,当事人双方通过协商后,必须达成一致的意见。在协商过程中,如果双方当事人中有一方不同意劳动合同所要变更的内容,那么合同的变更则不成立,变更后的劳动合同则无效,原有的合同就依然具有法律效力。

(3)劳动合同的变更只是对原劳动合同的部分内容做修改、补充或者删减,并不是对合同内容的全部变更。

(4)在劳动合同变更过程中,双方当事人必须遵循合法、公平、平等、自愿、协商一致、诚实信用的原则。

根据《劳动合同法》第 40 条第 3 项的规定,劳动合同订立时所依据的客观情况发生重大变化,致使劳动合同无法履行,经用人单位与劳动者协商,未能就变更劳动合同内容达成协议的,用人单位在提前 30 日以书面形式通知劳动者本人或者额外支付劳动者一个月工资后,可以解除劳动合同。由此可见,劳动合同签订时所依据的客观情况发生重大变化是劳动合同变更的一个重要事由。

所谓"劳动合同订立时所依据的客观情况发生重大变化",主要是指表 9-1 所列的内容。

表 9-1　劳动合同订立时所依据的客观情况发生重大变化

项　　目	内　　容
法律法规已修改或者废止	订立劳动合同所依据的法律法规已经修改或者废止
用人单位方面的原因	用人单位发展前景不佳，决定转产、调整生产任务或者调整生产经营项目等，劳动者可以与用人单位协商变更劳动合同
劳动者方面的原因	劳动者的身体健康状况发生变化、劳动能力部分丧失、所在岗位与其职业技能不相适应、职业技能有所提高等，造成原劳动合同无法履行或者如果继续履行原合同规定的义务对劳动者明显不公平
客观方面的原因	①由于不可抗力（指当事人所不能预见、不能避免并不能克服的客观情况，如自然灾害、意外事故、战争等）的原因，导致原来合同的履行成为不可能或者失去意义 ②由于物价大幅度上升等客观经济情况变化致使劳动合同的履行会花费太大代价而失去经济上的价值等

实操 2：变更劳动合同时，需要注意哪些事项？

变更劳动合同时，应注意以下事项。

（1）变更劳动合同必须在劳动合同依法订立之后，在合同未履行或者尚未履行完毕之前的有效时间内进行，即劳动合同双方当事人已经存在劳动合同关系，如果劳动合同尚未订立或者是已经履行完毕，则不存在劳动合同变更的问题。

（2）变更劳动合同应当遵循平等自愿、协商一致的原则，即劳动合同的变更必须经过用人单位和劳动者双方当事人的同意。

（3）用人单位和劳动者约定的变更内容必须符合国家法律法规的相关规定。

（4）劳动合同中约定内容的变更必须采用书面形式。劳动合同双方当事人经协商，对劳动合同中约定内容的变更达成一致意见后，必须达成变更劳动合同的书面协议，任何口头形式达成的变更协议都是无效的。劳动合同变更的书面协议应当指明对劳动合同的哪些条款做出变更，并且应当明确劳动合同变更协议的生效日期，书面协议经用人单位和劳动者双方当事人签字盖章后生效。

（5）劳动合同变更后的劳动合同文本应当交付劳动者一份。

实操3：哪些特定情形下，可以单方变更劳动合同？

在表9-2所列的特定情形下，可以单方变更劳动合同。

表9-2　可以单方变更劳动合同的特定情形

项　　目		内　　容
劳动者不能胜任工作	法律规定	根据《劳动合同法》第40条的规定，劳动者不能胜任工作，经过培训或者调整工作岗位，仍不能胜任工作的，用人单位可以提前30日以书面形式通知劳动者本人或者额外支付劳动者1个月工资后，解除劳动合同
	"不能胜任工作"的表现	"不能胜任工作"主要体现在该劳动者确实不能按照单位的岗位职责要求完成劳动合同约定的工作任务或者同工种岗位人员的工作量
	如何判断员工是否胜任工作岗位	用人单位应以《岗位说明书》《目标责任书》和考评制度等已经事先向员工公示过的标准为依据
	调岗注意事项	①应当保留相关的证据，如不胜任工作的考评记录和书面调岗通知 ②调岗通知应当要求员工本人签字确认
医疗期满后劳动者不能从事原工作	法律规定	根据《劳动合同法》的规定，劳动者患病或者非因工负伤，在规定的医疗期满后不能从事原工作的，企业可以单方合理调整其工作岗位
	调岗注意事项	①企业不能故意将医疗期满的劳动者调整到劳动强度或绩效标准更高的工作岗位上 ②当新岗位与原岗位级别和薪酬差别较大时，企业应当尽量与员工协商一致，以避免单方调岗无效的法律风险

实操 4："末位淘汰"能表明员工不胜任工作吗？

在实务中，末位淘汰制是很多用人单位经常采取的一种管理手段。但是在《劳动合同法》实施以后，无论是在企业规章制度里还是在劳动合同中，用人单位规定或者与员工约定以末位淘汰的形式对员工实施单方调岗或者解除劳动合同的做法都是违法的，对双方均不具有约束力。因为用人单位绩效考核中排名末位的员工并不一定是不胜任工作的，因此用人单位如果想要单方调岗，则需要拿出充分的证据证明员工确实不能胜任工作。

实操 5：企业人力资源管理部门应当如何做好岗位约定？

在用人单位和劳动者签订劳动合同时，对工作岗位进行适当的约定，可以避免因调岗而引发的劳动争议。企业人力资源管理部门在设计岗位条款时，不仅要注意岗位约定的相对宽泛，而且要保证岗位范围的明确和具体。在实务中，企业人力资源管理部门在对岗位作出比较宽泛的约定时，可以采用下列两种方式。

（1）在签订劳动合同时，企业应当向员工明示相应的《岗位说明书》，并且明确岗位的工作内容和职责范围，同时在劳动合同中约定"员工必须服从单位在约定的岗位范围内安排的工作"。

（2）在签订劳动合同，特别是在签订期限较长的劳动合同时，企业应该同时与员工签订短期岗位协议作为附件。通过短期岗位协议的约定，既可以将员工一定时间段内的工作岗位具体化，又使企业获得了在岗位协议到期前决定是否调整员工岗位的主动权。

实操 6：如何对调岗进行约定？

除了对工作岗位进行适当的约定，用人单位还可以在劳动合同或规章制度中就调岗的条件和情形直接作出约定，但是该约定不能违反法律规定和合理性原则（见表 9-3）。

表 9-3　对调岗进行约定

项　目	内　容
约定如果员工连续若干个考核周期不达标，则企业可以调整其工作岗位	企业应当根据自身实际情况确定相应的考核周期和考核标准，约定如果员工连续若干个考核周期均无法达到考核标准，则说明该员工的能力确实不能胜任目前的工作岗位，企业可以调岗。考核周期通常以两个以上为宜，因为员工偶尔一次不达标可能是客观原因造成的，如果屡次均不达标，则说明确实不能胜任工作
对员工在一定范围内实行轮岗	轮岗不仅有利于发现最适合员工的工作岗位，而且通过轮岗，员工能够对工作全局和工作流程拥有整体的把握，有利于各岗位之间的协调和配合。采用轮岗制度对员工的岗位进行调整时，应当注意： ①轮岗的岗位范围一定要合理，如不能让员工在行政类岗位和技术类岗位之间进行轮换 ②对于什么条件下进行轮岗、轮岗的周期等，企业都要有明确的规定
可以与承担保密义务的员工约定脱密期和该期间内的调岗事项	根据原劳动部《关于企业职工流动若干问题的通知》，用人单位与掌握商业秘密的职工在劳动合同中约定保守商业秘密有关事项时，可以约定在劳动合同终止前或该职工提出解除劳动合同后的一定时间内（不超过 6 个月），调整其工作岗位，变更劳动合同中的相关内容
企业生产经营情况发生变化的，可以依约定调整其工作岗位	根据北京市高级人民法院、北京市劳动人事争议仲裁委员会《关于审理劳动争议案件法律适用问题的解答》，如果劳动合同中明确约定了用人单位可根据生产经营情况调整劳动者工作岗位，且用人单位生产经营情况确已发生变化的，那么在这种情况下的调岗属于合理范畴。如果劳动合同中没有相关约定，那么用人单位需要证明其调岗的必要性和正当性，且调岗后不得使劳动者的工资待遇等劳动条件发生不利改变

实操 7：员工岗位发生变更时，调岗的同时能否同时调薪？

如果用人单位和劳动者所签订的劳动合同或企业规章制度中明确规定了"薪随岗变"的原则，而且企业具有相应的岗位体系和薪酬对应标准，则企业可以根据新岗位所对应的薪酬标准确定员工的薪资待遇；如果劳动合同和企业的规章制度中均无上述规定，则调岗后的薪酬标准应当与员工协商确定，而不能由企业单方面决定。

实操 8：部门取消能否成为企业单方调岗的合法理由？

部门取消必须确实是企业由于外部情况发生重大变化而作出的调整决定，而不是企业变相裁员的借口，企业不能单方面调岗或者解除劳动合同。即便是对符合"客观情况发生重大变化"而导致企业部门取消的，企业应当对员工进行调岗，调岗也必须经过和员工协商并且达成一致意见，否则，企业无权调岗。

实操 9：什么是协商一致解除劳动合同？

劳动合同的解除主要是指劳动合同订立后，尚未全部履行前，由于某种原因导致劳动关系提前消灭。根据《劳动合同法》的规定，劳动合同的解除主要有员工单方解除、用人单位单方解除和双方协商一致解除 3 种情形。

一般来说，不论是员工还是企业单方解除，均必须严格根据法律的规定，满足法律限定的条件，遵守法律规定的程序。对于员工和企业双方协商一致解除，法律没有规定任何条件和限制，只要双方解除合同在内容、形式及程序上是合法的即可。

实操 10：哪些情况下员工可以随时解除劳动合同？

根据《劳动合同法》第 38 条的规定，用人单位有下列情形之一的，劳动者可以解除劳动合同：

（1）未按照劳动合同约定提供劳动保护或者劳动条件的；

（2）未及时足额支付劳动报酬的；

（3）未依法为劳动者缴纳社会保险的；

（4）用人单位的规章制度违反法律法规的规定，损害劳动者权益的；

（5）因本法第26条第一款规定的情形致使劳动合同无效的；

（6）法律、行政法规规定劳动者可以解除劳动合同的其他情形。

用人单位以暴力、威胁或者非法限制人身自由的手段强迫劳动者劳动的，或者用人单位违章指挥、强令冒险作业危及劳动者人身安全的，劳动者可以立即解除劳动合同，无须事先告知用人单位。

实操11：哪些情况下企业可以单方面解除劳动合同？

用人单位解除劳动合同一般分为两种：过失性解除和非过失性解除。过失性解除劳动合同主要是指用人单位在劳动者存在一定过失的情况下，无须事先通知即可单方面解除劳动合同的行为。

按照《劳动合同法》的相关规定，过失性解除劳动合同的情形分为6种（见图9-1）。

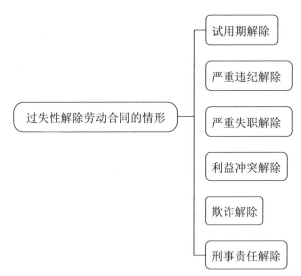

图9-1　过失性解除劳动合同的情形

但是，图9-1所示的这6种情形也不是可以随意使用的，必须有足够的证据，并且程序合法。

实操12：以经济性裁员解除劳动合同的情形有哪些？

经济性裁员主要是指用人单位在濒临破产进行法定整顿期间或生产经营状况发生严重困难等情况下，为改善生产经营状况而裁减成批人员的制度。

经济性裁员属于非过错性解除劳动合同，但是它与一般非过错性解除劳动合同的最大区别在于：经济性裁员属于劳动合同的成批量解除。因此，经济性裁员必须满足一定的人数限制，即需要裁减人员20人以上或者裁减不足20人但占企业职工总数10%以上的，才可以适用经济性裁员，否则只能按照一般解除劳动合同的方式进行。

以经济性裁员解除劳动合同的情形主要有：①依照企业破产法规定进行重整的；②生产经营发生严重困难的；③企业转产、重大技术革新或者经营方式调整，经变更劳动合同后，仍需要裁减人员的；④其他因劳动合同订立时所依据的客观经济情况发生重大变化，致使劳动合同无法履行的。

实操13：以经济性裁员解除劳动合同的后果有哪些？

1. 向劳动者支付经济补偿

根据《劳动合同法》的规定，用人单位因经济性裁员而单方解除劳动合同的，应向劳动者支付经济补偿。经济补偿按照劳动者在本单位工作的年限，每满1年支付1个月工资的标准向劳动者支付。6个月以上不满1年的，按1年计算；不满6个月的，向劳动者支付半个月工资的经济补偿。

2. 优先录用被裁减的人员

用人单位裁减人员后，在6个月内又需要重新招用人员的，应当通知被裁减的人员，并在同等条件下优先招用被裁减的人员。

实操 14：员工提出辞职后，企业能要求员工提前离职吗？

员工提出辞职后，在剩余 30 日的合同履行期内，企业和员工双方还应当按照劳动合同的约定继续正常履行合同，单位无权要求员工立即或提前离职，除非双方协商一致在 30 日届满之前解除劳动合同。

实操 15：员工在试用期内辞职，也需要提前 30 天通知用人单位吗？

根据《劳动合同法》第 37 条的规定，员工在试用期内提前 3 日通知用人单位，可以解除劳动合同。

法律赋予员工在试用期内有着较为自由的就业选择权，便于对用人单位进行考察是否合适。员工一旦认为用人单位的工作条件或工作内容等不适合本人，只需要提前 3 天通知用人单位就可以解除劳动合同。需要注意的是，这个"通知"并没有要求书面形式，口头通知也是完全可以的。员工主动辞职，用人单位无须向员工支付经济补偿金。

实操 16：劳动者违法解除劳动合同，应承担哪些法律后果？

根据《劳动合同法》第 90 条的规定："劳动者违反本法规定解除劳动合同，给用人单位造成损失的，应当承担赔偿责任。"

在实务中，用人单位需要对"损失"承担举证责任。根据《违反〈劳动法〉有关劳动合同规定的赔偿办法》第 4 条的规定，损失主要包括：①用人单位为录用劳动者直接支付的费用；②用人单位为劳动者支付的培训费用；③对生产、经营和工作造成的直接经济损失；④劳动合同约定的其他赔偿费用。

实操 17：员工辞职未提前通知，企业能否要求员工支付违约金？

根据《劳动合同法》的规定，企业在违反服务期约定和违反竞业限制义务两种法定情形之外，不能单方约定由员工支付违约金。虽然提前 30 日发出辞职通知是劳动者的法定义务，但是对于违反该条规定的情况，法律并没有给劳动者规定相应的法律责任或处罚措施。因此，在通常情形下，员工未提前通知，或者通知不满 30 日的，企业也不能要求员工支付违约金。

实操 18：在哪些情况下可以终止劳动合同？

《劳动法》规定了劳动合同终止的两种情况（见图 9-2）。

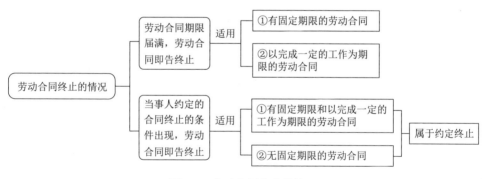

图 9-2　劳动合同终止的情况

劳动者在规定的医疗期内，女职工在孕期、产期和哺乳期内，劳动合同期限届满时，劳动合同的期限应自动延续至医疗期、孕期、产期和哺乳期满为止。

劳动合同终止通常意味着劳动合同当事人协商确定的劳动权利和义务关系已经结束，此时用人单位应当依法办理终止劳动合同的有关手续。

实操 19：劳动合同的终止与解除有何区别？

劳动合同的终止主要是指劳动合同的法律效力依法消灭，即劳动关系由于一定法律事实的出现而终结，劳动者与用人单位之间原有的权利义务关系不再存在。虽然劳动合同终止和劳动合同解除所导致的后果是一样的，即双方当事人之间的劳动关系依法终结，但两者之间也存在着明显的区别（见表9-4）。

表9-4 劳动合同的终止与解除的区别

项　目		内　容
劳动关系的终结时间不同	劳动合同终止	①劳动合同期限届满 ②劳动合同约定的工作任务完成 ③由于一方或双方当事人丧失劳动合同主体资格，导致劳动合同无法履行而不得不终结
	劳动合同解除	①劳动关系的提前终结 ②在劳动合同尚未全面履行之前基于双方或者一方的意思表示提前结束彼此间的劳动关系
劳动关系的终结事由不同	劳动合同终止	①劳动合同期限届满或约定的工作任务完成 ②基于客观事实或依照法律规定当事人丧失合同主体资格： a. 劳动者依法退休并开始享受基本养老保险待遇 b. 劳动者死亡 c. 用人单位被依法宣告破产
	劳动合同解除	双方或一方当事人依法作出终结劳动关系的意思表示
劳动关系的终结程序不同	劳动合同终止	程序比较简单，当事人只需按时通知对方，并办理合同终止手续即可
	劳动合同解除	程序相对复杂，并且不同的解除方式中程序要求差异较大

实操 20：根据我国法律的规定，劳动合同终止的必备条件有哪些？

根据我国法律的规定，劳动合同终止的必备条件如下（满足某一种即可）（见表9-5）。

表 9-5　劳动合同终止的必备条件

项　目	内　容
劳动合同期满	劳动合同终止的最主要形式，适用于固定期限的劳动合同和以完成一定工作任务为期限的劳动合同。一旦约定的期限届满或工作任务完成，劳动合同一般都自然终止
劳动者依法享受了基本养老保险待遇	劳动者依法享受了基本养老保险待遇，劳动合同即行终止
劳动者死亡、被人民法院宣告死亡或者宣告失踪	当劳动者死亡、因下落不明被人民法院宣告失踪或者宣告死亡后，作为民事主体和劳动关系当事人，无法再享受权利和承担义务，自然也不能继续履行劳动合同，劳动合同则终止
用人单位被依法宣告破产	当债务人的全部资产不足以清偿到期债务时，债权人通过一定程序将债务人的全部资产供其平均受偿从而使债务人免除不能清偿的其他债务，并由人民法院宣告破产解散。出现这种情况时，只能终止劳动合同
用人单位被吊销营业执照、责令关闭、撤销或用人单位决定提前解散	①根据《民法典》《中华人民共和国公司法》（以下简称《公司法》）《中华人民共和国企业破产法》的规定，在劳动合同履行过程中，企业被吊销营业执照、责令关闭或撤销，意味着企业的法人资格已被剥夺，表明此时企业已无法按照劳动合同履行其权利和义务，只能终止劳动合同 ②根据《公司法》的规定，因公司规定的解散事由出现、股东会或者股东大会决议等原因，用人单位提前解散的，其法人资格便不复存在，必须终止一切经营和与经营业务有关的活动，原有的债权债务关系包括与劳动者的劳动合同关系，也随着主体资格的消亡而消灭

此外，还有法律、行政法规规定的其他情形。当然，法律规定不可能包含现实生活中出现的所有现象，因此《劳动合同法》将这一规定作为兜底条款。

第二节　案例精解

案例 1：企业单方面变更劳动合同是否具有法律效力？

张某在一家公司从事财务工作，每月工资为 5000 元。由于公司经济效益不好，老板决定将公司的财务工作交由自家亲戚帮忙处理，将张某调到行政岗位上工作，每月工资变为 3000 元。张某表示不同意，认为自己不适合干行政，并且调动岗位要协商一致。但是公司说这是公司的调整，作为员工必须得服从，并发出一份通知书，宣布张某今后从事行政工作，于是双方发生争议。张某向当地劳动仲裁委员会申诉，要求公司继续履行劳动合同。请问：张某的要求能得到支持吗？

【精解】

能够得到仲裁委员会的支持。

理由：《劳动合同法》明确规定，用人单位变更劳动合同必须与劳动者协商一致。该公司对张某进行调岗调薪，该变更并没有取得张某的同意，也不符合其他劳动合同变更的情形，因此公司单方面变更劳动合同的决定是无效的。

案例 2：员工不胜任工作，企业就能随意调岗吗？

何某就职于某科技公司的研发部门，担任研发工程师职位，月薪为 6000 元。工作一年后，研发部门对本部分成员进行年度考核时，何某考核成绩为不合格。研发部门经理发现由于何某工作能力的欠缺，导致部分科研项目进度延迟。研发部门经理与公司人事部协商后，由公司人事部发出通知，将何某的工作岗位调整至产品售后服务部，担任客服专员，月薪为 3000 元。何某认为客户专员的职位和其原来研发工程师的岗位差别过大，工资也低，因此不愿意到售后服务部上班，仍然留在研发部门上班。公司人事部在多次敦促何某去售后服务部报到无果后，做出何某连续旷工的认定，向其发出了解除劳动合同的通知书。何某不服，向劳动争议仲裁委员会申请了劳动仲裁，要求公司支付违法解除劳动合同的经济赔偿金。请问：公司的调岗决定有效吗？

【精解】

无效。

理由：虽然公司有权对不能胜任工作的员工调整工作岗位，但其调岗必须有充分的合理性。该科技公司将何某调到售后服务部的客服专员岗位，与何某之前的研发工程师的岗位缺乏关联性，因此该公司的调岗决定无效，何某不到客服专员岗位上班的行为并不构成旷工，该公司以连续旷工为由解除劳动合同违反了法律规定。

案例3：用人单位设置的"末位淘汰"制度是否合理？可以据此解除合同吗？

周某于2019年5月入职北京某销售公司，双方签订了为期3年的劳动合同。进入公司后，周某才了解到该公司有"末位淘汰"制度，即每季度销售额排在末位的人就会被公司开除。2020年第一季度，周某的销售考核排在了最末位，其收到了该公司的解除劳动合同通知书，称周某不能胜任工作，要与周某解除合同。请问：该公司这样做合法吗？

【精解】

不合法。

理由：根据《劳动合同法》第40条的规定，"劳动者不能胜任工作，经过培训或者调整工作岗位，仍不能胜任工作的"，用人单位提前30日以书面形式通知劳动者本人或者额外支付劳动者一个月工资后，可以解除劳动合同。也就是说，用人单位除须举证证明劳动者不能胜任工作，还需要举证在劳动者能力不足时用人单位作出了培训或调整了工作岗位，不能仅仅因为劳动者的考核不合格而解除合同。考核末位也并不等同于不能胜任工作，企业不能仅以"末位淘汰"为由单方解除合同，还需要进行举证。

需要注意的是，如果符合《劳动合同法》第40条所规定的情形，用人单位还需要提前30日书面通知劳动者或者额外支付一个月工资。

案例4：员工离职一定要提前30天上报用人单位吗？

李某在一家保洁公司工作，该保洁公司承接了某大厦外部玻璃的清洁工作，要求李某负责擦拭1号楼的外墙玻璃。李某提出保险绳索搭扣处有松动迹象，需要更换新的保险绳索后才能进行工作，否则有危险。保洁公司经理则认为李某小题大做，要求李某系上绳索开始工作，否则将扣除李某当月的工资。李某不服，向保洁公司提出解除劳动合同的要求，并要求保洁公司支付相应的工资和经济补偿金。保洁公司则表示，员工离职一定要提前 30 天上报用人单位，否则就不予以支付当月工资和经济补偿金。请问：保洁公司的行为对吗？

【精解】

不对。

理由：根据《劳动合同法》第 38 条的规定，用人单位以暴力、威胁或者非法限制人身自由的手段强迫劳动者劳动的，或者用人单位违章指挥、强令冒险作业危及劳动者人身安全的，劳动者可以立即解除劳动合同，不需事先告知用人单位。也就是说，当用人单位对劳动者施以强制措施时，劳动者可以立即解除劳动合同而不需要事先告知用人单位。保洁公司强令冒险作业、危及劳动者人身安全的行为严重违反了法律规定，李某有权拒绝，可以解除劳动合同，不需要事先告知保洁公司，保洁公司还应该支付相应的经济补偿金。

案例 5：年休假可以冲抵辞职提前通知期限吗？

张某为 A 公司的行政人员，与 A 公司签订了为期 3 年的劳动合同，合同期限为 2016 年 1 月 1 日至 2018 年 12 月 30 日。两周前，张某向 A 公司提出了辞职申请。因辞职需要提前 30 天通知公司，张某提出自己还有两周的年休假没有休完，向 A 公司提出后面两周算其休年假，并且承诺会在此之前与 A 公司办理完工作交接手续。A 公司直接拒绝了张某的休假请求，并未告知不批准其休假的理由，要求张某严格按照辞职要提前 30 天通知的规定执行，否则会不与其解除劳动合同。请问：年休假可以冲抵辞职提前通知期限吗？

【精解】

劳动者既有解除合同前的通知义务，也有享受年休假的权利，但两者之间并不存在直接的联系。员工在履行提前通知的义务后，并不表示其在最后的 30 天内能够随意安排自身的工作计划，其将依然受到用人单位的行政管理和工作调度。一般来说，在聘用关系存在期间，用人单位可以依据具体的工作情况核准员工的休假申请，在辞职前的 30 天聘用期内，用人单位也依然存在核准员工的休假申请的权利。对于由于特殊的工作需求而未享受休假的员工，双方可以约定采取其他方式予以补偿。A 公司直接拒绝了张某的休假申请，属于滥用权利的表现，并且也未告知不批准其休假的理由，张某可以通过各种申诉和投诉机制保护自己的权益。

案例 6：项目风险与劳动合同能否解除存在关联性吗？

周某在北京某信托公司工作，双方签订了为期 3 年的劳动合同。不久前，周某通过电子邮件形式向公司人力资源部经理提出辞职，并将自己参与的 5 个信托项目与部门同事作了工作交接。该公司认为，按照公司内部制定的员工离职管理办法，在所负责的项目未完成、存在风险的情况下，应当在项目风险消失后方能离职。因此，该公司以周某经手的信托项目风险未排除为由，拒绝为其办理离职手续。双方协商多次，均未达到一致，周某申请了劳动仲裁。请问：项目风险与劳动合同能否解除存在关联性吗？

【精解】

《劳动合同法》及双方签订的劳动合同均规定，劳动者提前 30 日以书面形式通知用人单位，可以解除劳动合同。周某提前一个月书面提出辞职申请，离职前将自己参与的 5 个信托项目与部门同事作了工作交接。周某不享有对公司信托计划的最终审批权，而且任何信托计划均有可能存在风险，而项目风险与周某劳动合同是否可以解除并不存在关联性。因此，该公司应当为周某办理退工手续。

案例 7：员工违法解除劳动合同会有什么法律后果？

孙某为 A 科技公司的市场推广部经理，负责 A 公司的产品推广策划。孙某与 A 公司签订了为期 3 年的劳动合同，合同中约定，提前解除劳动合同时，需要依法提前 30 天通知公司。2019 年年底，孙某突然向 A 公司提出了辞职，并要求在一周内办理完工作交接事宜。由于 A 公司年底拟推出科技新产品，孙某为市场推广部经理，急需其带领团队策划新产品的推广，因此希望孙某能继续留在公司工作，但孙某没有回复。一周后，孙某便再没有来 A 公司上班。A 公司认为，孙某应当提前 30 天发出辞职通知，让公司做好工作交接准备，但孙某在提交辞职一周后便不再上班，也没有跟公司协商，违反了公司规章制度，要求孙某立即回公司上班，处理新产品的推广工作。孙某认为，自己已经提交了辞职书，也尽到了提前通知的义务，因此没必要再回公司上班。请问：孙某单方面解除劳动合同的行为合法吗？

【精解】

不合法。

理由：劳动者违法解除劳动合同是指劳动者违反法律规定或者双方约定的劳动合同的解除条件，单方面解除劳动合同的行为。劳动者解除劳动合同并不是随意解除的，必须符合法定或约定的条件和程序。对于劳动者单方面违法解除劳动合同的，用人单位有权要求该员工对公司的损失进行赔偿。

关于赔偿问题，用人单位可以要求劳动者实际履行工作义务，也可以要求劳动者承担损害赔偿责任。在本案例中，A 公司可以要求孙某回到公司继续工作，也可以直接追究因孙某的离开而造成的损失。

案例 8：企业和员工就经济补偿达成协议后，员工还能反悔吗？

张某为某公司的行政人员，月薪为 4000 元。自 2018 年下半年起，公司经济效益下降，资金紧张，提出与张某解除劳动合同，张某也同意解除劳动合同。2019 年 1 月，双方签订了解除劳动合同协议书，张某办理了离职手续，公司向张某支付经济补偿金 10 000 元。张某偶然听朋友说用人单位提出解除劳动合同的，应当按工作年限支付经济补偿金，因此公司应当支付张某 7 个月的工资，即 28 000 元作为经济补偿。张某向劳动争议仲裁委员会提起仲裁申请，要求公司按国家规定的标准补足经济补偿金的差额。请问：企业和员工就经济补偿达成协议后，员工还能反悔吗？

【精解】

法律规定经济补偿金的标准主要是考虑到它能为劳动者离开用人单位后的失业状态提供一定的生活保障，关于经济补偿金的数额，《劳动合同法》规定了明确的标准与计算方法，因此用人单位应按国家规定执行，如果双方协商的标准低于上述法律规定的标准，则是无效的。

《最高人民法院关于审理劳动争议案件适用法律问题的解释（一）》第35条规定，劳动者与用人单位就解除或者终止劳动合同办理相关手续、支付工资报酬、加班费、经济补偿或者赔偿金等达成的协议，不违反法律、行政法规的强制性规定，且不存在欺诈、胁迫或者乘人之危情形的，应当认定有效。该规定在一定程度上明确了用人单位与劳动者自行达成的解除或终止劳动合同协议的法律效力，在一定程度上限制了劳动者的随意反悔。

在实务中，为了避免员工恶意反悔引起争议，建议企业在解除或终止劳动合同协议中注明，已明确告知劳动者相关法律或政策规定的标准等事项。在这种情况下，劳动者事后反悔的，将很难得到法律支持。

案例9：员工医疗期满后无法从事原来的工作，企业可以解除劳动合同吗？

赵某为某机械厂的技术工人，与该机械厂签订了为期5年的劳动合同。在一次体检时，赵某被查出左腿骨有肿瘤。根据医生的建议，赵某做了肿瘤切除手术。为此，赵某连续休了3个月的病假，也正好是赵某能够享受的医疗期。病愈后，赵某回到该机械厂上班，该机械厂继续安排他做技术工作。赵某根据自己的身体状况，认为其身体已无法从事车间工作了，于是向该机械厂提出将他调岗的请求，请求将其调换到仓库工作。该机械厂领导认为，如果赵某不愿意从事车间工作，也只能在铣工、钳工等工种中进行选择，其他岗位都没有空缺。赵某认为，领导提出的车间工种都需要长时间站立，自己的身体状况不允许，因此不同意。于是，该机械厂作出辞退决定。请问：该机械厂作出的辞退决定合法吗?

【精解】

不合法。

理由:根据法律规定,劳动者患病或者非因公负伤,医疗期届满后,用人单位可以与其解除劳动合同,但必须满足以下 3 个前提条件:①按照法定标准应当享受的医疗期已经享受完毕;②医疗期届满后,员工不能够从事原工作;③医疗期届满后,也不能从事由用人单位另行安排的工作。

企业单方调岗应遵循合理原则。赵某不能胜任原工作,其主要原因是不能长时间站立工作,而企业调整后的新岗位仍然是需要长时间站立的工作,因此该机械厂并没有合理履行另行安排工作的义务,作出的辞退决定构成违法解除。

案例 10:劳动者不辞而别,用人单位应当如何解雇?

张某为某公司的员工,与公司签订了为期 3 年的劳动合同,但从 2018 年 9 月开始称其有病便不到公司上班,公司也无法与其取得联系。公司规章制度明确规定,员工因事请假需征得其所在部门主管同意,未办理请假手续缺勤者,将一律按旷工处理。员工连续旷工 3 日,或一年内累计旷工达到 5 日的,公司有权与其解除劳动合同。目前,张某已旷工 6 个月。请问:公司想解雇张某,应该怎么做?

【精解】

张某不辞而别的行为属于劳动者违法解除劳动合同的行为。

根据《劳动合同法》第 90 条的规定,劳动者违反本法规定解除劳动合同,或者违反劳动合同中约定的保密义务或者竞业限制,给用人单位造成损失的,应当承担赔偿责任。

在张某不辞而别的情况下,由于张某没有办理请假或辞职的合法手续,公司可以按照规定作出旷工处理,旷工天数达到可以解除劳动合同的严重程度时,可按严重违纪作出解除劳动合同的决定,并应将解除劳动合同的通知送达张某。此外,对于不辞而别的张某,公司也有权追究其法律责任。

案例11：企业因经济性裁员就可以随时通知员工走人吗？

王某在某服装工厂从事服装生产工作，随着经济的发展，科技逐渐取代了人力进行纺织，该工厂便不再需要大量的人力，宣布实行经济性裁员，拟裁员50人，工厂负责人内部确定裁员名单后，由人事部统一在当年12月10日向王某等被裁减人员发出书面裁员通知，要求王某等裁减人员在收到通知之日起最迟5日内办理完交接手续和劳动合同解除手续。请问：企业因经济性裁员就可以随时通知员工走人吗？

【精解】

不可以。

理由：企业经济性裁员必须提前30日通知全体员工和向劳动行政部门报告，并且听取员工和劳动行政部门对裁员方案的意见。该服装厂未按法定程序适用经济性裁员，解除劳动合同的行为是违法的。

案例12：员工辞职须经用人单位批准吗？

赵某于2016年7月1日正式入职A公司，担任财务主管工作，并与A公司签订了为期3年的劳动合同。2018年12月1日，赵某向A公司提交书面辞职申请，表示"因个人原因无法继续留在公司工作，特向公司提出辞职申请"。A公司认为，赵某为公司的财务主管，年底公司财务统计工作量较大，因此不同意赵某辞职，也不为其办理离职手续。2019年1月5日，赵某再次与A公司协商离职事宜，被拒绝后第2天即自行离职，未到A公司上班。2019年2月，赵某向当地劳动争议仲裁委员会提起劳动仲裁，要求A公司为其出具解除劳动合同证明，并办理离职手续。请问：员工辞职须经用人单位批准吗？

【精解】

根据《劳动合同法》的规定，员工辞职只要提前30天以书面形式通知单位即可，无须单位批准或同意。双方的劳动关系经员工单方面提出辞职而解除的，用人单位应当及时为员工办理离职手续，否则将承担不利的法律后果。如果员工辞职时未办理工作交接或与单位有其他未了纠纷，用人单位可以通过仲裁或诉讼等法律途径主张自己的权利，但不能以此为由限制员工辞职。赵某在单方解除劳动合同前 30 日向公司提交了书面辞职申请，其辞职行为符合法律规定。A公司应当为赵某办理离职手续。

案例 13：用人单位可以按照本单位规章制度，以员工重大违纪为由，与受伤员工解除劳动合同吗？

张某参加公司组织的员工团队建设旅游，不幸在旅游途中发生意外事故，受伤后一直休病假在家。公司要求张某提供当地三甲医院的核磁共振检查结果，张某遵从医嘱认为无此需要而未做该项检查，之后该公司以张某旷工为由，认为张某的行为已经构成重大违纪，根据公司的《员工手册》，对其开具过失单，与其解除劳动合同。张某不服，向当地劳动争议仲裁委员会提起劳动仲裁，要求公司与其恢复劳动关系，并支付其病假期间的工资。请问：该公司按照本单位规章制度以员工重大违纪为由，与受伤员工解除劳动合同合法吗？

【精解】

不合法。

理由：张某因受伤而休病假，并且提供了当地三甲医院的相关诊断报告、诊断书等材料，张某是否需要做进一步核磁共振检查以及是否可以继续休病假应当由医生诊断决定，该公司以张某未做进一步检查等原因开具过失单，认为张某病假单为无效已经构成旷工的行为并无法律依据，属于违法解除劳动合同。该公司应恢复与张某的劳动关系，并且补足其病假期间的工资。

从本案例可以看出，用人单位的规章制度作为劳资双方共同认可的经营管理契约，应当得到严格的遵守。法律规定，劳动者严重违反用人单位规章制度的，用人单位可以解除劳动合同，但用人单位不得滥用其经营自主权，恣意扩大解释其规章制度，在无事实依据的情况下解雇劳动者。

案例 14：劳动者不同意工作岗位从"朝九晚五"变成"三班倒"，用人单位以此为由与劳动者解除劳动合同合法吗？

杨某为某公司员工，负责行政工作，每周工作 5 天，每天工作 8 小时。因部门一位女职工休产假，杨某被调去做检测工作，工作时间变成了三班倒。杨某向公司提出书面异议，明确表示不同意调动。公司答复杨某，可以只安排早中班，一周一轮换，并出具了警告书给予杨某书面警告。杨某不同意公司安排，公司给予杨某书面严重警告。一周后，杨某收到了公司《解除劳动合同通知书》，公司以杨某不服从上司指令，拒绝合理的工作安排，违反劳动合同约定拒绝工作达一个月以上，导致公司经营管理遭受严重影响为由解除了双方的劳动合同。请问：劳动者不同意调岗安排，用人单位以此为由与劳动者解除劳动合同合法吗？

【精解】

不合法。

理由：根据《劳动合同法》第 35 条的规定，用人单位与劳动者协商一致，可以变更劳动合同约定的内容。变更劳动合同，应当采用书面形式。公司将杨某从行政岗位调到技术岗位，工作时间也从"朝九晚五"变成了"三班倒"，劳动合同的履行内容已发生重大变化，却并没有征得杨某的同意。依据上述规定，杨某有理由不接受公司的调动安排。因此，杨某提出异议的行为是合理的。公司发出警告书的理由明显不足，单方解除与杨某的劳动合同也没有明显的依据，单方解除劳动合同就属于违法。

第十章

经济补偿金、赔偿金及违约金

第一节 实 务 操 作

实操1：什么是经济补偿金？

经济补偿金是劳动合同解除或终止时，为了安定劳动者在离职后一段时间内的生活，用人单位按照法律规定的条件和标准，以货币方式一次性支付给劳动者的费用。经济补偿金的实质是用人单位依法履行对劳动者给予必要的社会保障的义务。

实操2：解除劳动合同时，哪些情形下用人单位需要向劳动者支付经济补偿金？

解除劳动合同时，在表10-1所列的情形下，用人单位需要向劳动者支付经济补偿金。

表10-1 用人单位需要向劳动者支付经济补偿金的情形

项 目	内 容
劳动者单方解除劳动合同	用人单位有以下过错情形之一，导致劳动者行使单方即时解除权而解除劳动合同的，用人单位应当依法向劳动者支付经济补偿金： ①用人单位未按照劳动合同约定提供劳动保护或者劳动条件的 ②用人单位未及时足额支付劳动报酬的 ③用人单位未依法为劳动者缴纳社会保险费的 ④用人单位的规章制度违反法律法规的规定，损害劳动者权益的 ⑤用人单位以欺诈、胁迫的手段或者乘人之危，使劳动者在违背真实意思的情况下订立或者变更劳动合同的 ⑥用人单位在劳动合同中免除自己的法定责任、排除劳动者权利的 ⑦用人单位违反法律、行政法规强制性规定的 ⑧用人单位以暴力、威胁或者非法限制人身自由的手段强迫劳动者劳动的 ⑨用人单位违章指挥、强令冒险作业危及劳动者人身安全的 ⑩法律、行政法规规定劳动者可以解除劳动合同的其他情形

续表

项　目	内　容
用人单位单方解除劳动合同	用人单位因以下非劳动者过错的原因，单方预告解除劳动合同的，用人单位应当依法向劳动者支付经济补偿金： ①劳动者患病或者非因工负伤，在规定的医疗期满后不能从事原工作，也不能从事由用人单位另行安排的工作的 ②劳动者不能胜任工作，经过培训或者调整工作岗位，仍不能胜任工作的 ③劳动合同订立时所依据的客观情况发生重大变化，致使劳动合同无法履行，经用人单位与劳动者协商，未能就变更劳动合同内容达成协议的 ④用人单位依法进行经济性裁员的

实操3：解除劳动合同时，哪些情形下用人单位无须向劳动者支付经济补偿金？

解除劳动合同时，在图 10-1 所示的情形下，用人单位无须向劳动者支付经济补偿金。

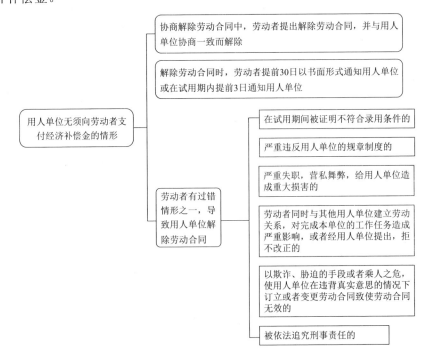

图 10-1　用人单位无须向劳动者支付经济补偿金的情形

实操 4：因劳动合同无效而解除劳动合同的，用人单位是否还需要支付劳动者经济补偿金？

用人单位是否有义务支付经济补偿金，应根据导致劳动合同无效的过错由哪一方承担来进行区分（见表 10-2）。

表 10-2 用人单位是否需要支付劳动者经济补偿金的情形

项　　目	内　　容
支付的情形	根据《劳动合同法》第 38 条和第 46 条的规定，当出现《劳动合同法》第 26 条第 1 款规定的情形时，即由于用人单位的原因致使劳动合同无效的，劳动者可以解除合同，用人单位应当向劳动者支付经济补偿金
不支付的情形	根据《劳动合同法》的规定，当出现劳动者以欺诈、胁迫的手段或者乘人之危，使用人单位在违背真实意思的情况下订立或者变更劳动合同时，用人单位可以解除合同，无须支付经济补偿金 如果因劳动者原因导致合同无效的，对于已经支付的劳动报酬，用人单位可以主张劳动者返还合同约定劳动报酬高于本单位相同或者相近岗位劳动报酬的差额

实操 5：终止劳动合同时，哪些情形下用人单位需要向劳动者支付经济补偿金？

终止劳动合同时，在表 10-3 所列情形下，用人单位需要向劳动者支付经济补偿金。

表 10-3 用人单位需要向劳动者支付经济补偿金的情形

项　　目	内　　容
期满终止固定期限劳动合同	固定期限劳动合同因期满而终止的，除用人单位维持或提高原劳动合同中约定的劳动条件，劳动者不同意续订的之外，用人单位应当依法向劳动者支付经济补偿金，即两种情形下，用人单位应当支付经济补偿金： ①用人单位不同意续订劳动合同的

续表

项　　目	内　　容
期满终止固定期限劳动合同	②用人单位虽同意续订劳动合同，但续订劳动合同中约定的各项劳动条件低于原劳动合同中的约定条件，劳动者不同意续订的 除此之外，如果是劳动者不同意续订的，用人单位无须支付经济补偿金
因任务完成而终止劳动合同	根据《劳动合同法实施条例》第 22 条的规定，以完成一定工作任务为期限的劳动合同因任务完成而终止的，用人单位应当依照《劳动合同法》第 47 条的规定向劳动者支付经济补偿
因法定事由而终止劳动合同	法定事由是指劳动合同履行过程中，出现法律规定的特殊情况而导致劳动合同无法或者不能继续履行，因此法律规定提前终止劳动合同关系 《劳动合同法》规定的法定事由主要是指用人单位作为劳动关系一方的主体资格消灭的情形，包括：①用人单位被依法宣告破产；②用人单位依法被吊销营业执照、责令关闭、撤销或者用人单位决定提前解散 劳动合同因上述两项法定事由出现而终止时，用人单位应当向劳动者支付经济补偿 《最高人民法院关于审理劳动争议案件适用法律问题的解释（一）》在上述规定的基础上补充了一项法定事由，即用人单位因经营期限届满不再继续经营导致劳动合同不能继续履行的，用人单位应当向劳动者支付经济补偿
事实劳动关系终止	根据《劳动合同法实施条例》第 6 条的规定，用人单位自用工之日起超过 1 个月不满 1 年未与劳动者订立书面劳动合同，经用人单位书面通知，劳动者仍不与用人单位订立书面劳动合同的，用人单位应当书面通知劳动者终止劳动关系，并向劳动者支付经济补偿

实操 6：终止劳动合同时，哪些情形下用人单位无须向劳动者支付经济补偿金？

在图 10-2 所示的情形下，终止劳动合同时，用人单位无须向劳动者支付经济补偿金。

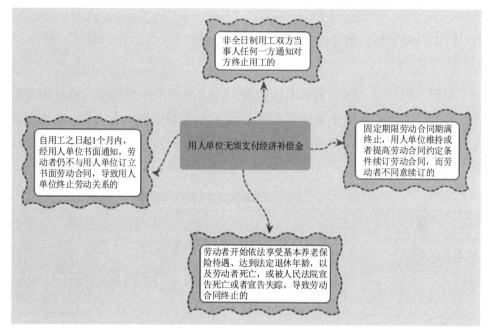

非全日制用工双方当事人任何一方通知对方终止用工的

自用工之日起1个月内，经用人单位书面通知，劳动者仍不与用人单位订立书面劳动合同，导致用人单位终止劳动关系的

用人单位无须支付经济补偿金

固定期限劳动合同期满终止，用人单位维持或者提高劳动合同约定条件续订劳动合同，而劳动者不同意续订的

劳动者开始依法享受基本养老保险待遇、达到法定退休年龄，以及劳动者死亡，或被人民法院宣告死亡或者宣告失踪，导致劳动合同终止的

图 10-2　终止劳动合同时用人单位无须向劳动者支付经济补偿金的情形

实操 7：经济补偿金的计算依据有哪些？

根据《劳动合同法》第 47 条的规定，经济补偿金的具体计算标准，即按劳动者在本单位工作的年限，每满 1 年支付 1 个月工资的标准向劳动者支付。6 个月以上不满 1 年的，按 1 年计算；不满 6 个月的，向劳动者支付半个月工资的经济补偿。

上述所称月工资主要是指劳动者在劳动合同解除或者终止前 12 个月的平均工资。如果劳动者工作不满 12 个月的，按照实际工作的月数计算平均工资。月工资按照劳动者应得工资计算，通常包括计时工资或者计件工资以及奖金、津贴和补贴等货币性收入。劳动者在劳动合同解除或者终止前 12 个月的平均工资低于当地最低工资标准的，按照当地最低工资标准计算。

实操 8：经济补偿金有哪些支付限制？

我国《劳动合同法》针对月工资高于用人单位所在直辖市、设区的市级人民政府公布的本地区上年度职工月平均工资 3 倍的高收入人群，在支付经济补偿金时规定了两项限制，分别是对支付数额和支付年限的封顶限制（见表 10-4）。

表 10-4 对支付数额和支付年限的封顶限制

项 目	内 容
数额封顶	经济补偿金的支付标准为当地上年度职工月平均工资的 3 倍，而非劳动者本人的实际月平均工资
年限封顶	支付经济补偿金的年限最高不超过 12 年，即如果劳动者在用人单位的工作年限超过 12 年的，按照 12 年计算

实操 9：经济补偿金如何分段计算？

关于解除和终止劳动合同的经济补偿金的计算，在实务中，一直是比较容易引起劳动争议的。对此，企业人力资源管理人员应当掌握有关解除和终止劳动合同的经济补偿金计算的法律规定，准确运用相关的计算标准和方法。

根据《劳动合同法》第 97 条的规定，跨越 2008 年 1 月 1 日存续的劳动合同，在 2008 年 1 月 1 日之后解除或终止，按照《劳动合同法》第 46 条的规定，应当支付经济补偿的，经济补偿年限自 2008 年 1 月 1 日起计算；2008 年 1 月 1 日以前的部分，则应当按照当时有关规定执行。

1. 2008 年 1 月 1 日以后的需要支付经济补偿金的情形

在《劳动合同法》新增加的需要支付经济补偿金的情形下，经济补偿金的支付年限自 2008 年 1 月 1 日起计算，2008 年 1 月 1 日以前的工作年限不予计算。

劳动者单方解除劳动合同用人单位应支付经济补偿金的情形有：①用人单位未依法为劳动者缴纳社会保险的；②用人单位的规章制度违反法律法规的规定，

损害劳动者权益的；③用人单位以欺诈、胁迫的手段或者乘人之危，使劳动者在违背真实意思的情况下订立或者变更劳动合同的；④用人单位在劳动合同中免除自己的法定责任、排除劳动者权利的；⑤用人单位违反法律、行政法规强制性规定的；⑥用人单位违章指挥、强令冒险作业危及劳动者人身安全的。

关于终止劳动合同应支付经济补偿金的情形，具体内容本节前面已经介绍，此处不再赘述。

2. 高收入员工经济补偿金支付标准的限制

根据《劳动合同法》的规定，对于高收入员工经济补偿的支付标准，按照当地上年度职工月平均工资 3 倍的数额封顶。在实务中，有的地区，如北京地区，对于经济补偿金的计算标准已经不再分段计算，即统一为劳动者在劳动合同解除或者终止前 12 个月的月平均工资，超过当地上年度职工月平均工资 3 倍的，按照 3 倍数额封顶支付。

3. 关于支付年限的计算

根据《劳动合同法》的规定，在支付年限的规定上，6 个月以上不满 1 年的，按照 1 年计算；不满 6 个月的，向劳动者支付半个月工资的经济补偿。

4. 关于支付年限的封顶

根据《劳动合同法》的规定，对高收入人群的经济补偿金的支付年限做了"最高不超过 12 年"的封顶限制，除此之外，任何情形下经济补偿金的计算均不限制支付年限。

实操 10：用人单位向劳动者一次性支付经济补偿金，应当如何纳税？

（1）根据《财政部税务总局关于个人所得税法修改后有关优惠政策衔接问题的通知》（财税〔2018〕164 号）第 5 条第（一）项的规定，个人与用人单位解除劳动关系取得一次性补偿收入（包括用人单位发放的经济补偿金、生活补助费和其他补助费），在当地上年职工平均工资3倍数额以内的部分，免征个人所得税；超过3倍数额的部分，不并入当年综合所得，单独适用综合所得税率表，计算纳税。

（2）个人领取一次性补偿收入时按照国家和地方政府规定的比例实际缴纳的住房公积金、医疗保险费、基本养老保险费、失业保险费，可以在计征其一次性补偿收入的个人所得税时予以扣除。

由于劳动者取得的一次性经济补偿收入数额较大，且被解聘的劳动者可能在一段时间内没有固定收入，因此对于劳动者取得的一次性经济补偿收入，可视为一次取得数月的工资、薪金收入，允许在一定期限内进行平均，具体平均办法如下。

①以个人取得的一次性经济补偿收入，除以个人在本企业的工作年限数，以其商数作为个人的月工资、薪金收入，按照税法规定计算缴纳个人所得税。

②个人在本企业的工作年限数按实际工作年限计算，超过12年的按12年计算。

企业对劳动者经济补偿金代为扣缴个人所得税的计算公式：

应代为扣缴的个人所得税=[（经济补偿金总收入－当地上年职工平均工资的3倍

－实际缴存的社会保险费和住房公积金）÷本单位的工作年限

－个人所得税扣除额]×适用税率－速算扣除数

×本单位的实际工作年限

对于劳动者应缴纳的个人所得税部分，由于用人单位有代扣代缴的义务，因此用人单位有权直接从劳动者应得的经济补偿金中扣除，且劳动者不得拒绝。

实操11：什么是赔偿金？

赔偿金主要是指用人单位或劳动者违反法律规定或劳动合同的约定给对方造成损失时，向对方承担的给付一定数额金钱的民事法律责任形式。赔偿金的支付主要分为两种情况：①直接根据法律规定的情形和标准支付，也称为法定赔偿金；②按照实际造成的损害承担赔偿责任。

鉴于劳动法律关系的特殊性，《劳动合同法》仅对用人单位规定了应当支付法定赔偿金的情形，而根据实际损害承担赔偿责任，对用人单位和劳动者都是适用的。

实操 12：企业应支付赔偿金的情形有哪些？

1. 支付法定赔偿金

法定赔偿金的支付标准是法律明确规定的，不以给员工造成的实际损害为前提带有一定的惩罚性质。根据《劳动合同法》的规定，企业法定赔偿金的支付主要有表 10-5 所列的几种情形。

表 10-5　企业支付法定赔偿金的情形

项　　目	内　　容
不及时与劳动者签订书面劳动合同	根据《劳动合同法》第 82 条的规定： ①用人单位自用工之日起超过 1 个月不满 1 年未与劳动者订立书面劳动合同的，应当向劳动者每月支付 2 倍的工资 ②用人单位违反本法规定不与劳动者订立无固定期限劳动合同的，自应当订立无固定期限劳动合同之日起向劳动者每月支付 2 倍的工资
违法约定试用期	根据《劳动合同法》第 83 条的规定，用人单位违反本法规定与劳动者约定试用期的，由劳动行政部门责令改正；违法约定的试用期已经履行的，由用人单位以劳动者试用期满月工资为标准，按已履行的超过法定试用期的期间向劳动者支付赔偿金
被责令限期支付但未支付劳动报酬、加班费或经济补偿	根据《劳动合同法》第 85 条的规定，用人单位被劳动行政部门责令限期支付劳动报酬、加班费及经济补偿，或补足低于最低工资标准的差额部分，但逾期未支付或未补足的，按应付金额 50% 以上 100% 以下的标准向劳动者加付赔偿金
违法解除或终止劳动合同	根据《劳动合同法》第 48 条的规定，用人单位违法解除或者终止劳动合同，劳动者不要求继续履行劳动合同或者劳动合同已经不能继续履行的，用人单位应当按经济补偿的 2 倍标准向劳动者支付赔偿金，支付年限为自用工之日起计算

2. 依据造成的损害承担赔偿责任

损害赔偿责任通常是以企业违反法律规定，给员工造成了实际损害为前提，并且以实际损害为赔偿范围的民事责任，具有一定的补偿性，以使受害人所遭受的实际损失得以完全补偿为目的。根据《劳动合同法》的规定，企业承担损害赔偿责任的情形主要有表 10-6 所列的几种情形。

表 10-6　企业承担损害赔偿责任的情形

项　　目	内　　容
用人单位的规章制度不合法	根据《劳动合同法》第 80 条的规定，用人单位直接涉及劳动者切身利益的规章制度违反法律法规规定的，由劳动行政部门责令改正，给予警告；给劳动者造成损害的，应当承担赔偿责任
劳动合同缺乏必备条款或者未将劳动合同文本交付劳动者	根据《劳动合同法》第 81 条的规定，用人单位提供的劳动合同文本未载明本法规定的劳动合同必备条款或者用人单位未将劳动合同文本交付劳动者的，由劳动行政部门责令改正；给劳动者造成损害的，应当承担赔偿责任
要求劳动者提供担保或者以其他名义向劳动者收取财物	根据《劳动合同法》第 84 条的规定，用人单位招用劳动者，不得要求劳动者提供担保或者以其他名义向劳动者收取财物，否则，给劳动者造成损害的，应当承担赔偿责任
扣押劳动者档案或者其他物品	根据《劳动合同法》第 84 条的规定，劳动者依法解除或者终止劳动合同，用人单位扣押劳动者档案或者其他物品，给劳动者造成损害的，应当承担赔偿责任
因用人单位的原因致使劳动合同无效	根据《劳动合同法》第 86 条的规定，劳动合同由于用人单位的过错被确认无效，给劳动者造成损害的，应当承担赔偿责任
用人单位严重违法用工	根据《劳动合同法》第 88 条的规定，用人单位有下列情形之一的，依法给予行政处罚；构成犯罪的，依法追究刑事责任；给劳动者造成损害的，应当承担赔偿责任： ①以暴力、威胁或者非法限制人身自由的手段强迫劳动的 ②违章指挥或者强令冒险作业危及劳动者人身安全的 ③侮辱、体罚、殴打、非法搜查或者拘禁劳动者的 ④劳动条件恶劣、环境污染严重，给劳动者身心健康造成严重损害的
未向劳动者出具解除或者终止劳动合同的书面证明	根据《劳动合同法》第 89 条的规定，用人单位未向劳动者出具解除或者终止劳动合同的书面证明，给劳动者造成损害的，应当承担赔偿责任

续表

项　　目	内　　容
用人单位不具备合法经营资格	根据《劳动合同法》第 93 条的规定，不具备合法经营资格的用人单位用工，且劳动者已经付出劳动的，该单位或者其出资人应当向劳动者支付劳动报酬、经济补偿、赔偿金；给劳动者造成损害的，应当承担赔偿责任

3. 承担连带赔偿责任

此处的连带赔偿责任主要是指法律明确规定在下列情形下，企业与其他单位或个人共同对造成的损害承担连带责任（见表 10-7）。

表 10-7　承担连带赔偿责任

项　　目	内　　容
招用与其他单位存在劳动关系的劳动者	根据《劳动合同法》第 91 条的规定，用人单位招用与其他用人单位尚未解除或者终止劳动合同的劳动者，给其他用人单位造成损失的，应当承担连带赔偿责任
	《违反〈劳动法〉有关劳动合同规定的赔偿办法》第 6 条对上述情形下赔偿责任的比例分摊和赔偿范围作出了明确的规定，用人单位招用尚未解除劳动合同的劳动者，对原用人单位造成经济损失的，除该劳动者承担直接赔偿责任外，该用人单位应当承担连带赔偿责任。其连带赔偿的份额应不低于对原用人单位造成经济损失总额的 70%。其应向原用人单位赔偿的损失包括：①对生产、经营和工作造成的直接经济损失；②因获取商业秘密给原用人单位造成的经济损失
劳务派遣违法	根据《劳动合同法》第 92 条的规定，劳务派遣单位、用工单位违法给被派遣劳动者造成损害的，劳务派遣单位与用工单位承担连带赔偿责任
个人承包经营违法用工	根据《劳动合同法》第 94 条的规定，个人承包经营违法招用劳动者，给劳动者造成损害的，发包的组织与个人承包经营者承担连带赔偿责任

实操 13：关于赔偿金，劳动者应承担赔偿责任的情形有哪些？

关于赔偿金，在我国法律法规规定的劳动法律关系中，企业应对给员工造成的损害承担赔偿责任；同样，员工给企业造成的损害也应当承担赔偿责任。

《劳动合同法》限定了企业可以与员工约定违约金的具体情形，即违反服务期约定和竞业限制义务。因此，企业只能追究员工在上述两种情形之外的损害赔偿责任。根据《劳动合同法》的规定和其他相关法律的规定，员工应当承担赔偿责任的情形主要有以下几种。

1. 因劳动者原因致使劳动合同无效

根据《劳动合同法》第 86 条的规定，劳动合同因劳动者的过错被确认无效给用人单位造成损害的，劳动者应当承担赔偿责任。

2. 劳动者违法解除劳动合同

根据《劳动合同法》第 90 条的规定，劳动者违法解除劳动合同，给用人单位造成损失的，应当承担赔偿责任。

根据《违反〈劳动法〉有关劳动合同规定的赔偿办法》第 4 条的规定，劳动者违反规定或劳动合同的约定解除劳动合同，对用人单位造成损失的，劳动者应赔偿用人单位下列损失：①用人单位为录用劳动者直接支付的费用；②用人单位为劳动者支付的培训费用；③对生产、经营和工作造成的直接经济损失；④劳动合同约定的其他赔偿费用。

3. 劳动者违反劳动合同中约定的保密义务或者竞业限制

根据《劳动合同法》第 90 条的规定，劳动者违反劳动合同中约定的保密义务或者竞业限制，给用人单位造成损失的，应当承担赔偿责任。

4. 因劳动者本人原因给用人单位造成经济损失

根据《工资支付暂行规定》第 16 条的规定，因劳动者本人原因给用人单位造成经济损失的，用人单位可按照劳动合同的约定要求其赔偿经济损失。

实操 14：用人单位为劳动者提供专项培训，与劳动者约定服务期，若劳动者违反服务期约定需要向用人单位支付违约金吗？

根据《劳动合同法》第 22 条和第 25 条的规定，用人单位为劳动者提供专项培训，可以与劳动者约定服务期，若劳动者违反服务期中的规定则需向用人单位支付违约金。同时，该条款还对服务期的违约金数额作了限制，规定劳动者所支付的违约金不得超过服务期未履行的部分所应分摊的培训费用。也就是说，该条款的义务承担人和权利人分别是劳动者和用人单位，劳动者在该规定下向用人单位支付违约金的情形仅限于其违反了服务期中的约定。

实操 15：因劳动者在服务期内严重违反企业规章制度，企业与其解除劳动合同的，能否要求劳动者支付违约金？

根据《劳动合同法实施条例》第 26 条的规定，用人单位与劳动者解除约定了服务期的劳动合同，劳动者按照约定应当向用人单位支付违约金的情形有：

①劳动者严重违反用人单位的规章制度的；

②劳动者严重失职，营私舞弊，给用人单位造成重大损害的；

③劳动者同时与其他用人单位建立劳动关系，对完成本单位的工作任务造成严重影响，或者经用人单位提出，拒不改正的；

④劳动者以欺诈、胁迫的手段或者乘人之危，使用人单位在违背真实意思的情况下订立或者变更劳动合同的；

⑤劳动者被依法追究刑事责任的。

实操 16：如何计算违反服务期的违约金？

根据《劳动合同法》的规定，违约金的数额不得超过用人单位提供的培训费用。用人单位要求劳动者支付的违约金不得超过服务期尚未履行部分所应分摊的培训费用。

常见的用人单位计算违约金的公式是：

违约金=培训总费用×[1－（实际服务日历天数÷协议服务日历天数）×100%]

最终的违约金不应超过培训费用。

需要注意的是，如果双方约定了劳动者违反服务期需要返还培训费并支付违约金的条款，用人单位除了可以向劳动者追讨所发生的培训费用外，也可以主张劳动者支付违约金。

实操 17：适用于竞业限制的违约金有哪些规定？

1. 承担支付竞业限制违约金义务的适用主体

根据《劳动合同法》第 23 条的规定，承担支付违约金义务的主体是负有保密义务并与用人单位有竞业限制约定的劳动者。需要注意的是，如果认定劳动者无特定的保密义务，那么即便劳动者与用人单位约定了竞业限制及违约金，该约定也因主体不适用而可能归于无效，也就不存在用人单位依据本条规定向劳动者主张违约金或者要求劳动者继续履行竞业限制义务的可能。

根据《劳动合同法》第 23 条第 2 款的规定，对于负有保密义务的劳动者，用人单位可以在劳动合同或者保密协议中与劳动者约定竞业限制条款。需要注意的是，"可以"一词表明并不是法律的强制性规定，而是允许当事人自由选择是否对竞业限制条款作出约定。也就是说，如果双方当事人并未就竞业限制条款作出约定，用人单位就不能依据本条规定向劳动者提出违约金或要求继续履行竞业限制义务。

2. 竞业限制违约金责任和损害赔偿责任的竞合处理

根据《劳动合同法》第 90 条的规定："劳动者违反本法规定解除劳动合同，或者违反劳动合同中约定的保密义务或者竞业限制，给用人单位造成损失的，应当承担赔偿责任。"对于竞业限制违约金责任和损害赔偿责任的竞合处理，应分情况进行。

（1）用人单位与劳动者约定了竞业限制但未约定违约金，那么用人单位可能无法向劳动者主张违约金，但可以主张适用《劳动合同法》第 90 条要求劳动者承担损害赔偿责任。

（2）用人单位与劳动者约定了竞业限制义务且约定了违约金，劳动者如果只是违反了竞业限制义务而没有证据证明给用人单位造成了其他损害，那么一般适用违约金。

（3）在劳动者违反竞业限制约定义务而导致用人单位损失远远大于违约金的情况下，用人单位可以适用本条规定主张违约金，并且同时以约定的违约金低于造成的损失为由，引用《中华人民共和国民法典》的规定，请求仲裁机构或法院对违约金予以增加。

实操 18：新用人单位应当对竞业限制违约金承担连带责任吗？

由于新用人单位并不是竞业限制约定的订约方，因此不受劳动者与原用人单位订立的竞业限制约定的约束，也不承担违约责任。

如果用人单位以新用人单位与劳动者构成共同侵权为由，即劳动者在新用人单位利诱或者教唆下违反竞业限制约定，将原用人单位的商业秘密泄露给新用人单位或者新用人单位出于取得竞争优势的需要，在明知劳动者还在竞业限制期限内的情况下，仍然将其招用至该单位，在实务中更多的是适用《中华人民共和国民法典》和《反不正当竞争法》来处理，而不是适用《劳动合同法》第 91 条的规定，原因是两者规范对象不同。

实操 19：劳动者违反竞业限制约定支付违约金后，是否仍然需要继续履行竞业限制义务？

根据《最高人民法院关于审理劳动争议案件适用法律问题的解释（一）》第 40 条的规定，劳动者违反竞业限制约定，向用人单位支付违约金后，用人单位要求劳动者按照约定继续履行竞业限制义务的，人民法院应予支持。也就是说，用人单位有权要求劳动者在支付了违约金之后继续履行竞业限制义务，前提是劳动者依然在竞业限制期间。对此，我们建议如果用人单位认为员工遵守竞业限制约定和保密义务对本公司的业务发展和核心经济利益十分重要，那么用人单位应当与劳动者事先约定支付违约金后仍然需要继续履行竞业限制义务，以免发生争议后双方当事人产生分歧。

实操 20：劳动合同中没有约定违约金，员工辞职时企业还要付违约金吗？

《劳动合同法》只允许在两种条件下约定违约金：①由用人单位为劳动者提供专项培训费用进行专业技术培训而进行服务期约定的；②双方当事人有竞业限制约定的。

除了上述两种情况外，法律不允许用人单位与劳动者在劳动合同中约定对劳动者的违约金。

第二节　案例精解

案例 1：劳动合同期满终止，员工不同意续订的，企业还须支付经济补偿金吗？

张某于 2018 年 7 月与 A 科技公司签订了为期两年的劳动合同。2020 年 6 月底，劳动合同期满，关于续签问题，A 科技公司征求张某的意见，张某提出不续签劳动合同，于是 A 科技公司与张某终止了劳动关系，并向张某发出了《终止劳动合同通知书》。《终止劳动合同通知书》写明：即日起 A 科技公司与张某之间的劳动关系终止。张某办理了离职手续后，向当地劳动争议仲裁委员会提起仲裁，要求 A 科技公司支付劳动合同期满终止的经济补偿金。请问：仲裁委员会会支持张某的请求吗？

【精解】

会支持。

理由：《终止劳动合同通知书》只写明了"即日起 A 科技公司与张某之间的劳动关系终止"，由于 A 科技公司无法提供其通知张某按原劳动合同约定条件续订劳动合同但张某不同意续订的证据，因此就无法表明是由于赵某不同意续订才终止的。因此，仲裁委员会会支持张某的请求。

在实务中，并不是所有的劳动合同到期终止都需要支付经济补偿。如果企业维持原劳动合同中约定的劳动条件，员工不同意续订的，企业是无须支付经济补偿的。此外，通过本案例，企业应当增强证据意识，在处理劳动合同终止问题时，应当将劳动合同终止的实际原因、过程以及对企业有利的方面，通过书面形式固定下来，以免承担无法举证的不利后果。

案例2：以上班网聊为由辞退员工，企业需要支付补偿金吗？

张某为某科技公司员工，担任公司会计职位，月薪8000元，双方签订了为期3年的劳动合同。近日，该科技公司人事部作出辞退张某的通知，理由是：上班时间将其他公司的税务发票带入公司，还存在网络聊天的行为，同时还拿出了一份聊天记录，发件人曾在聊天中提到"客人名单"一事，该科技公司以此证明张某经常进行网络聊天，并将公司的商业秘密发给他人。张某不服，表示同意解除劳动，但称"公司没有规章制度，更没有保密制度"，并且"这台电脑并不是原来我用的，聊天记录的发件人也不是我的网名"，因此要求公司支付解除劳动合同的经济补偿金。双方意见未达成一致，遂后张某申诉至劳动争议仲裁委员会，要求公司支付解除劳动合同的经济补偿金。请问：以上班网聊为由辞退员工，企业需要支付补偿金吗？

【精解】

该科技公司没有证据证明张某的行为存在营私舞弊情况，也没有证据证明对其公司造成了重大损害，因此该科技公司据此与张某解除劳动合同的行为不恰当。因为张某已经同意与该科技公司解除合同，该科技公司应当支付解除劳动合同的经济补偿金。张某入职后月薪8000元，按照有关法律规定，公司需支付张某一个月的工资作为解除劳动合同的经济补偿，此外因该科技公司延迟支付，还需要再支付50%的额外经济补偿金。

案例3：计算经济补偿金时，如何确定员工在本单位的工作年限？

何某于2015年5月入职某公司总部工作。2017年11月，何某被派到该公司所属的子公司工作，并重新与子公司签订了劳动合同。2019年5月，因何某在工作中出现失误，公司总部要求子公司解除与何某的劳动合同。何某同意解除合同，但双方就经济补偿发生了劳动争议。子公司认为何某的经济补偿应当从2017年11月起计算，何某认为经济补偿的支付年限应当从2015年5月1日起计算。请问：何某经济补偿金的工作年限应当从何时起计算？

【精解】

从2015年5月1日起计算。

根据《劳动合同法实施条例》第10条的规定，劳动者非因本人原因从原用人单位被安排到新单位工作的，劳动者在原单位的工作年限合并计算为新用人单位的工作年限，如果原用人单位已经向劳动者支付经济补偿的，新用人单位在依法解除、终止劳动合同计算支付经济补偿的工作年限时，不再计算劳动者在原用人单位的工作年限。也就是说，非劳动者本人原因而由单位安排到新用人单位工作，除非原用人单位已经向劳动者支付经济补偿的，否则工作年限是合并计算的。何某被公司总部派到该公司所属的子公司工作，且公司总部当时未向其支付经济补偿金，因此子公司计算其经济补偿金的工作年限应从2015年5月1日起计算。

需要指出的是，《最高人民法院关于审理劳动争议案件适用法律问题的解释（一）》第46条就属于"劳动者非因本人原因从原用人单位被安排到新用人单位工作"的情形作出了明确的规定，即：

①劳动者仍在原工作场所、工作岗位工作，劳动合同主体由原用人单位变更为新用人单位；

②用人单位以组织委派或任命形式对劳动者进行工作调动；

③因用人单位合并、分立等原因导致劳动者工作调动；

④用人单位及其关联企业与劳动者轮流订立劳动合同；

⑤其他合理情形。

因此，企业确定员工在本单位的工作年限时，应当严格依照法律的相关规定执行，试图通过其他方式来逃避经济补偿金的支付年限是违法的。

案例 4：企业支付赔偿金以后，还需要支付经济补偿金吗？

张某与某投资公司签订了为期两年的劳动合同，合同期间为 2018 年 5 月 1 日至 2020 年 4 月 30 日。2019 年 11 月 1 日，该投资公司向张某出具了内容为"因公司调岗后，张某不能胜任工作，故将其辞退"的解除劳动通知书，并向张某支付了违法解除劳动合同经济赔偿金。张某要求公司还需要向其支付经济补偿金。该投资公司拒绝了张某的要求。于是张某向当地劳动争议仲裁委员会提起仲裁，要求公司向其支付经济补偿金。请问：该投资公司需要向张某支付经济补偿金吗？

【精解】

不需要。

理由：根据相关法律规定，经济补偿是用人单位在合法解除劳动合同的情况下，根据法律规定支付给劳动者的补偿，而赔偿金是基于用人单位违法解除或终止劳动合同而对劳动者作出的赔偿，两者的性质和支付条件不同，因此不存在同时支付的问题。

在实务中，对于劳动者能否胜任工作岗位，用人单位应当以《岗位说明书》《目标责任书》和考评制度等已经事先向员工公示过的标准为依据。

案例 5：员工因失职给企业造成不可挽回的损失，企业如何追究员工的赔偿责任？

李某为 A 公司员工，由于其在工作中操作失误导致车间生产出了不合格产品，给 A 公司造成了近万元的损失。A 公司经研究决定，由李某按照全部损失的 50% 向公司承担赔偿责任。因此，A 公司在当月工资结算时，在李某的工资中进行了损失扣除。李某不服，向当地劳动争议仲裁委员会申请了劳动仲裁，要求公司返还其被扣除的工资。请问：员工在工作中给公司造成损失，是否应当承担赔偿责任？员工该如何承担赔偿责任？

【精解】

（1）员工向企业承担赔偿责任，应当满足以下 3 个条件：①员工违反了企业的规章制度或劳动合同的约定；②员工主观上对违法或违约行为存在故意或重大过失；③员工的违法或违约行为给企业造成了实际损失。

李某在工作中操作失误导致车间生产出了不合格产品，满足上述应当承担赔偿责任的条件，因此应向公司承担赔偿责任。

（2）根据《工资支付暂行规定》第 16 条的规定，因劳动者本人原因给用人单位造成经济损失的，用人单位可按照劳动合同的约定要求其赔偿经济损失。经济损失的赔偿，可从劳动者本人的工资中扣除，但每月扣除的部分不得超过劳动者当月工资的 20%。若扣除后的剩余工资部分低于当地月最低工资标准，则按最低工资标准支付。也就是说，企业可以采取按月扣除员工工资的形式来要求员工承担赔偿责任，但应当受到一定的限制，即：①每月扣除部分不得超过劳动者当月工资的 20%；②扣除后的剩余部分不得低于当地最低工资标准。

在实务中，企业在要求员工承担赔偿责任时往往会面临着"举证难"的问题，因为企业不仅要证明员工的行为确实给企业带来了损失，而且要证明损失的实际数额。对此，建议企业可以在规章制度和劳动合同中写明员工应承担赔偿责任的情形、损失计算的依据与标准等事项，当发生损害时，要及时收集好相关证据。

案例 6：返聘人员离职时是否有经济补偿金？

何某因年满 60 周岁与 A 公司终止了劳动合同，并且已领取养老保险金。半年后，A 公司返聘何某为公司的技术顾问。两年后，何某与 A 公司解除了返聘协议，何某真正离职。离职后，何某要求 A 公司给予离职经济补偿金。A 公司拒绝了何某的要求，理由是何某领取养老保险金后返聘，不属于《劳动合同法》规定的可享受离职经济补偿金的对象。请问：公司的理由成立吗？

【精解】

A公司的理由成立。

理由：根据《劳动合同法》第47条的规定："经济补偿按劳动者在本单位工作的年限，每满一年支付一个月工资的标准向劳动者支付。六个月以上不满一年的，按一年计算；不满六个月的，向劳动者支付半个月工资的经济补偿。"也就是说，有权获取经济补偿的对象是劳动者，与用人单位存在劳动关系的人。根据《最高人民法院关于审理劳动争议案件适用法律问题的解释（一）》第7条的规定："用人单位与其招用的已经依法享受养老保险待遇或领取退休金的人员发生用工争议而提起诉讼的，人民法院应当按劳务关系处理。"由于何某属于"已经依法享受养老保险待遇"之列，何某与A公司之间属于劳务关系，不构成劳动关系，因此不能享受经济补偿金。

案例7：员工兼职被开除，企业是否要给予经济赔偿？

赵某为A公司的财务主管，负责公司的财务会计工作。赵某除了在A公司负责财务工作外，还私下里在其他公司做兼职财务工作。A公司得知后，与赵某沟通，告知赵某年初期间公司需要做财务预算，希望赵某全身心投入本职工作。赵某没有放在心上，继续做兼职工作。由于兼职工作分散了赵某的精力，导致赵某在做财务预算时出现失误，给A公司带来了损失。A公司解除了与赵某之间的劳动合同。赵某不服，向劳动仲裁委员会提出申请，要求予以经济补偿。请问：兼职人员被开除，企业是否要给予经济赔偿？

【精解】

兼职主要是指劳动者与用人单位存在劳动关系的同时，与其他用人单位建立类似劳动关系的权利义务关系。在不脱离原组织的情况下，利用业余时间从事第二职业，并且取得一定的报酬；或者为了达到某种特定目的通过交换，为第三方提供体力或脑力劳动支出。《劳动法》并没有完全禁止兼职行为，但作为劳动者来说，完成本职工作是其应尽的义务。赵某的行为已经影响了主职工作。A公司要求赵某解除与兼职公司的劳动关系，赵某也没有理会。根据《劳动合同法》的规定，劳动者同时与其他用人单位建立劳动关系，对完成本单位的工作任务造成严重影响，或者经用人单位提出，拒不改正的，用人单位可以解除劳动合同。因此，A公司无须给予赵某经济赔偿。

案例8：因工资发放不及时，员工辞职，企业是否要给予员工经济补偿？

陈某于2015年6月与某电子公司签订了为期3年的劳动合同，合同约定劳动期限为2015年6月至2018年6月，且双方在劳动合同中约定每月10日发放上月工资。2017年下半年，因该公司资金周转不灵，对员工的工资发放推迟到每月的20日，但未对原劳动合同进行变更。2018年3月，陈某以该公司拖欠工资为由，提出辞职，解除未到期的劳动合同，并要求给予经济补偿。该公司认为陈某是主动辞职，不应支付经济补偿。于是，陈某向当地劳动争议仲裁委员会提出仲裁请求，要求公司支付其劳动报酬和经济补偿。请问：仲裁委员会会支持陈某的仲裁请求吗？

【精解】

会支持。

理由：用人单位未按照劳动合同约定支付劳动报酬的，劳动者可以随时通知用人单位解除劳动合同。用人单位克扣或者拖欠劳动者工资，迫使劳动者解除劳动合同的，用人单位应当支付劳动者劳动报酬和经济补偿。

案例9：企业未为员工缴纳社保，员工以此为由提出解除劳动合同，能否要求企业向其支付经济补偿金？

张某为M公司保洁人员，双方签订了为期一年的劳动合同。工作期间，M公司并未按照有关规定为张某缴纳社会保险。现在张某已经在M公司工作半年，由于其他原因想要辞职。请问：张某能否以该公司没有为其缴纳社会保险为由，要求解除劳动合同？在要求解除劳动合同时，能否要求相应的经济补偿金？

【精解】

《劳动合同法》第 38 条规定，用人单位有下列情形之一的，劳动者可以解除劳动合同：

（1）未按照劳动合同约定提供劳动保护或者劳动条件的；

（2）未及时足额支付劳动报酬的；

（3）未依法为劳动者缴纳社会保险的；

（4）用人单位的规章制度违反法律法规的规定，损害劳动者权益的；

（5）因本法第 26 条第 1 款规定的情形致使劳动合同无效的；

（6）法律、行政法规规定劳动者可以解除劳动合同的其他情形。

由于 M 公司在劳动合同期间没有依照规定为张某缴纳社会保险，因此张某可以与 M 公司解除劳动合同。

《劳动合同法》第 46 条规定，有下列情形之一的，用人单位应当向劳动者支付经济补偿：

（1）劳动者依照本法第 38 条规定解除劳动合同的；

（2）用人单位依照本法第 36 条规定向劳动者提出解除劳动合同并与劳动者协商一致解除劳动合同的；

（3）用人单位依照本法第 40 条规定解除劳动合同的；

（4）用人单位依照本法第 41 条第 1 款规定解除劳动合同的；

（5）除用人单位维持或提高劳动合同约定续订劳动合同，劳动者不同意续订的情形外，依照本法第 44 条第 1 项规定终止固定期限劳动合同的；

（6）依照本法第 44 条第 4 项、第 5 项规定终止劳动合同的；

（7）法律、行政法规规定的其他情形。

M 公司拒绝为张某缴纳社会保险，张某以此为理由提出解除劳动合同时，M 公司应当对其进行相应的经济补偿。因此，张某可以要求 M 公司向其支付经济补偿金。

案例 10：企业拒绝与员工续订无固定期限劳动合同，需要支付相应赔偿金吗？

林某为某外资企业员工，连续两次与该公司分别签订了 3 年和 5 年的固定期限劳动合同。合同到期后，林某要求与该外资企业续订无固定期限劳动合同，但该外资企业却只同意订立固定期限劳动合同。在此期间，双方多次协商，林某也一直在该外资企业工作。两个月后，该外资企业提出解除劳动关系。林某向所在地劳动仲裁委员会申请仲裁，要求该外资企业支付违法解除劳动关系的赔偿金。请问：仲裁委员会会支持吗？

【精解】

会支持。

理由：根据《劳动合同法》的相关规定，林某的情况符合与该外资企业续订无固定期限劳动合同的条件，该外资企业应当与其签订无固定期限劳动合同，而且林某一直工作至劳动合同到期后两个月，双方已经实际处于劳动用工关系。该外资企业以合同到期不续订为由终止劳动关系，违反了法律规定，应当支付林某相应赔偿金。

案例 11：劳动者学历造假被辞退，用人单位是否需要支付经济补偿？

张某为电视大学专科学历。2015 年 5 月，张某以上海财经大学本科学历成功入职某机械有限公司，并担任该公司营业部主管，月薪 8500 元。2017 年 6 月，该公司发现张某学历造假后，以张某申报的履历有假、所提供的上海财经大学本科学历是伪造的为由解除了与张某的劳动合同，并拒绝向其支付解除劳动合同的经济补偿。张某不服，向所在地的劳动争议仲裁委员会申请劳动仲裁，要求公司支付解除劳动合同的经济补偿。请问：劳动者因学历造假被辞退，用人单位是否需要支付经济补偿呢？

【精解】

用人单位与劳动者订立劳动合同，应当遵循合法、公平、平等自愿、协商一致、诚实信用的原则，用人单位有权了解劳动者与劳动合同直接相关的基本情况，劳动者应当如实说明。

根据《劳动合同法》第 26 条的规定，有下列三种情形之一的，劳动合同无效或者部分无效：

（1）以欺诈、胁迫的手段或者乘人之危，使对方在违背真实意思的情况下订立或者变更劳动合同的；

（2）用人单位免除自己的法定责任、排除劳动者权利的；

（3）违反法律、行政法规强制性规定的。

此外，如果是劳动合同部分无效的，不影响其他部分效力，其他部分仍然有效。

用人单位和劳动者在签订劳动合同过程中，均负有缔约告知义务。如果违反了缔约告知义务，则可能构成欺诈。"欺诈"是指一方当事人故意告知对方虚假情况，或故意隐瞒实情，诱使对方当事人做出错误意思表示的行为。张某应聘时向公司提供伪造的上海财经大学的本科学历，使公司与其签订待遇优厚的劳动合同，可以认定张某的行为构成了欺诈。因此，张某与公司签订的劳动合同无效。因劳动者的原因导致劳动合同无效的，用人单位可以随时解除劳动合同而不需支付任何经济补偿。因此，该公司可以与张某解除劳动合同，而不需支付经济补偿。

案例 12：在没有其他证据辅证的情况下，用人单位仅凭持有违约金内容的离职交接单，能否要求劳动者支付违约金？

陈某就职于某信息公司，双方签订了为期 2 年的劳动合同。陈某在劳动合同到期前提出辞职，该信息公司同意并完成离职交接手续后，双方就是否应支付辞职违约金发生争议。该信息公司向法院提供了有陈某签字的载有"应收违约金 6000 元"的离职交接单，陈某主张该内容系在其签字后添加形成，但就此未向法院提供证据。请问：用人单位仅凭持有违约金内容的离职交接单，能否要求劳动者支付违约金？

【精解】

在民事法律关系中，对一方进行附加重大义务的约定时，必须有合理的理由和充分的证据给予支持。在本案例中，不宜将离职交接单看作劳动者在辞职时与用人单位就违约金问题达成的书面协议。离职交接单在张某签字后由该信息公司负责保管，该公司完全有可能事后添加任何内容；离职交接单中违约金一项也并非张某书写，张某对此不予认可，在该信息公司不能提供其他证据印证张某签署离职交接单时已包含违约金内容的情况下，仅凭其可能事后添加内容的离职交接单作为主张违约金的依据，显然证据不充足。此外，该信息公司没有提供由于张某离职造成其经济损失的证据，且双方签订的劳动合同中也未约定张某提前解除劳动合同的违约责任，因此该信息公司要求张某支付违约金无事实依据和法律依据。在信息公司不能提供其他证据印证张某签署离职交接单时已包含违约金内容的情况下，仅以该离职交接单作为主张违约金的依据，显然证据不足。

对此，建议劳动者在与用人单位办理辞职交接手续时，应当谨慎对待自己签署的每一份材料，将有自己签名确认且可能影响自己切身利益的相关材料备份留存，以防日后通过司法途径保护自身权利时举证不利。

第十一章

劳务派遣与
非全日制用工

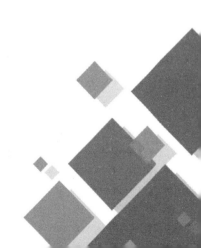

第一节 实务操作

实操 1: 什么是劳务派遣？

劳务派遣又称为人力派遣、人才租赁、劳动派遣、劳动力租赁、雇员租赁，主要是指劳务派遣单位与劳动者建立劳动关系，而后将劳动者派遣到实际用工单位，在实际用工单位的指挥和监督下给付劳务的一种用工形式。

劳动派遣最显著的特征就是劳动力的雇佣和使用相分离，因此与标准用工方式相比，劳动派遣涉及三方法律主体，法律关系比较复杂。

实操 2: 劳务派遣的适用范围有哪些？

《劳务派遣暂行规定》从用工单位主体、派遣行为等方面，对于所规制的劳务派遣的适用范围给予了明确规定。《劳务派遣暂行规定》第 2 条明确规定的适用范围是劳务派遣单位经营劳务派遣业务，企业使用被派遣劳动者，以及会计师事务所、律师事务所等合伙组织、基金会以及民办非企业单位等组织使用被派遣劳动者，重点强调企业、合伙组织、民办非企业组织使用劳务派遣的行为。也就是说，国家机关或事业单位使用劳务派遣或编外员工的情况均未被纳入《劳务派遣暂行规定》的适用范围，不受《劳务派遣暂行规定》的规制和约束。

此外，在实务中，还有一类特殊的劳务派遣用工——涉外劳务派遣。《劳务派遣暂行规定》第 25 条明确了外国企业常驻代表机构、外国金融机构驻华代表机构等使用被派遣劳动者的，以及船员用人单位以劳务派遣形式使用国际远洋海员这种必须使用劳务派遣、不能直接用工的特殊主体使用劳务派遣不受临时性、辅助性、替代性岗位和劳务派遣用工比例的限制，但其他方面的限制，如劳务派遣工的权利保障方面依然受约束。

《劳务派遣暂行规定》第 26 条规定了不属于劳务派遣的界定情形，即："用人单位将本单位劳动者派往境外工作或者派往家庭、自然人处提供劳动的，不属于本规定所称劳务派遣。"也就是说，派员工到境外工作，仅仅是工作地点的变化，俗称的"外派"不一定是法律意义上的"劳务派遣"。

实操 3：如何理解"同工同酬"？

同工同酬是劳动法的基本原则之一，是同工同权的必然要求。根据《劳动合同法》第 63 条的规定："被派遣劳动者享有与用工单位的劳动者同工同酬的权利。用工单位应当按照同工同酬原则，对被派遣劳动者与本单位同类岗位的劳动者实行相同的劳动报酬分配办法。用工单位无同类岗位劳动者的，参照用工单位所在地相同或者相近岗位劳动者的劳动报酬确定。"该规定明确了同工同酬的标准。"同工"是指同类岗位的劳动者，不得因为身份的不同（如正式工与派遣工之分）而有所区别；"同酬"是指实行相同的劳动报酬分配办法，而不是之前被曲解的相同基本工资或者相同固定工资。

《劳务派遣暂行规定》第 9 条则进一步指出："用工单位应当按照劳动合同法第 62 条规定，向被派遣劳动者提供与工作岗位相关的福利待遇，不得歧视被派遣劳动者。"

实操 4：关于劳务派遣用工比例有哪些规定？

《劳务派遣暂行规定》第 4 条明确规定，用工单位应当严格控制劳务派遣用工数量，使用的被派遣劳动者数量不得超过其用工总量的 10%。根据第 28 条规定，用工单位在《劳务派遣暂行规定》施行前使用被派遣劳动者数量超过其用工总量 10% 的，应当制定调整用工方案，于《劳务派遣暂行规定》施行之日起 2 年内降至规定比例。

需要注意的是，《全国人民代表大会常务委员会关于修改〈中华人民共和国劳动合同法〉的决定》公布前已依法订立的劳动合同和劳务派遣协议期限届满日期在《劳务派遣暂行规定》施行之日起 2 年后的，可以依法继续履行至期限届满。

实操 5：如何认定用工单位是否违反劳务派遣临时性岗位的定义？

临时性岗位通常是指在季节性生产经营、销售旺季或者在临时性订单大量增加等情形下，需要临时聘用的人员。根据《劳务派遣暂行规定》第 3 条第 2 款规定，临时性工作岗位是指存续时间不超过 6 个月的岗位，以防止劳务派遣用工的泛滥。在实务中，一般可以从以下几个方面认定用工单位是否违反"临时性工作岗位"的定义。

（1）临时性工作岗位指用工单位生产经营活动中的非常设性岗位、季节性岗位或者应急性岗位，与用工单位稳定、持续生产经营活动相关联的岗位不应认定为临时性岗位。

（2）《劳务派遣暂行规定》中的"不超过 6 个月"主要是指岗位的存续时间"不超过 6 个月"，而不是指岗位的用工时间"不超过 6 个月"，将常设性岗位分解为几个不超过 6 个月的时间段分别进行劳务派遣是违法劳务派遣。

（3）岗位存续时间"不超过 6 个月"主要是指岗位连续存续的时间"不超过 6 个月"，而不是指岗位累计存续的时间"不超过 6 个月"。

实操 6：如何认定用工单位是否违反劳务派遣辅助性岗位的定义？

辅助性岗位是企业非主营业务岗位，排除了用劳务派遣用工替代常规用工的可能。《劳务派遣暂行规定》第 3 条规定，用工单位决定使用被派遣劳动者的辅助性岗位，应当经职工代表大会或者全体职工讨论，提出方案和意见，与工会或者职工代表平等协商确定，并在用工单位内公示。也就是说，辅助性岗位的认定不仅要求实体认定上合法，同时也要求程序认定上合法，否则均将导致违法劳务派遣。在实务中，一般可以从以下几个方面认定用工单位是否违反"辅助性岗位"的定义。

（1）非主营业务岗位的概念应当根据用工单位的行业特点而定。

（2）在实体认定上，非主营业务岗位的认定应当结合用工单位的行业特点，符合正常人一般的常识性判断。

（3）在程序认定上，非主营业务岗位的范围应当经过用工单位职工代表大会或者全体职工的讨论，并且与工会或者职工代表平等协商确定。非主营业务岗位的范围确定后，应当告知本单位全体职工。此外，用工单位应当保留好民主协商及公示的相关证据，避免劳动争议发生时因证据不足被认定程序违法而导致违法劳务派遣。

实操 7：如何认定用工单位是否违反劳务派遣替代性岗位的定义？

替代性工作岗位是指用人单位的劳动者因脱产学习、休假等原因无法工作的一定期间内，可以由其他劳动者替代工作的岗位。替代性工作岗位的认定具有可操作性。在实务中，一般可以从以下几个方面认定用工单位是否违反"替代性岗位"的定义。

（1）替代性岗位属于用工单位的常设性岗位，而不是临时性岗位。

（2）该常设性岗位在使用劳务派遣员工前，已经有劳动合同制员工在该岗位正常工作。

（3）该常设性岗位的劳动合同制员工因脱产学习、休假等原因导致无法正常工作，因而需要使用劳务派遣员工代替其进行一定期间的工作。

（4）该常设性岗位的劳动合同制员工脱产学习、休假等原因消失之日，用工单位使用劳务派遣员工的期限届满，劳务派遣员工退回劳务派遣单位，而劳动合同制员工返回该岗位正常工作。

实操 8：用工单位违反"三性"（临时性、辅助性、替代性）用工应承担哪些法律后果？

根据《劳动合同法》第 92 条第 2 款的规定，劳务派遣单位、用工单位违反《劳动合同法》有关劳务派遣规定的，由劳动行政部门责令限期改正；逾期不改正的，以每人五千元到一万元的标准处以罚款，对劳务派遣单位，吊销其劳务派遣业务经营许可证。用工单位给被派遣劳动者造成损害的，劳务派遣单位与用工单位承担连带赔偿责任。因此，用工单位违反"三性"用工的，首先由劳动行政部门责令限期改正，逾期不改正的，会以每人五千元到一万元的标准被处以行政罚款。

实操 9：用工单位在与劳动派遣单位签订劳务派遣协议时应注意哪些方面？

1. 劳务派遣协议签订的主体

劳务派遣协议签订主体仅为劳务派遣单位和用工单位，并不包括劳务派遣单位的被派遣劳动者，也不包括用工单位的劳动者。但劳务派遣单位有义务向被派遣劳动者告知劳务派遣协议的内容。

2. 劳务派遣协议的必备条款内容

根据《劳动合同法》第 59 条第 1 款、第 63 条的规定，劳务派遣协议中的法定必备条款包括：

①派遣的工作岗位名称和岗位性质；

②派遣的工作地点；

③派遣人员数量和派遣期限；

④按照同工同酬原则确定的劳动报酬数额和支付方式；

⑤社会保险费的数额和支付方式；

⑥工作时间和休息休假事项；

⑦被派遣劳动者工伤、生育或者患病期间的相关待遇；

⑧劳动安全卫生以及培训事项；

⑨经济补偿等费用；

⑩劳务派遣协议期限；

⑪劳务派遣服务费的支付方式和标准；

⑫违反劳务派遣协议的责任；

⑬法律法规、规章规定应当纳入劳务派遣协议的其他事项。

3. 劳务派遣的约定条款内容

劳务派遣协议属于民事合同，因此除了需要约定必备条款外，双方还可以约定其他内容，包括被派遣劳动者的派遣报到手续、福利、管理、退回派遣服务费用的结算与支付，派遣协议的生效、变更、终止和解除，保密内容以及争议解决方式等。

实操 10：企业可以自设劳务派遣单位吗？

在实务中，部分企业为了降低企业用工成本，将本企业的正式职工分流到本企业设立的劳务派遣公司，然后以劳务派遣公司的名义派遣到原岗位，这种做法是不允许的。

根据《劳动合同法》第 67 条的规定，用人单位不得设立劳务派遣单位向本单位或者所属单位派遣劳动者。这里的"所属单位"主要包括以下几种形式：母公司之与子公司、总公司之与分公司，或者是集团公司之与下属公司，以及其他具有关联性质的公司等。

实操 11：劳务派遣单位的权利和义务有哪些？

劳务派遣单位的权利和义务如表 11-1 所示。

表 11-1 劳务派遣单位的权利和义务

项 目	内 容
权利	①根据用工单位的要求，自主决定录用劳动者的条件、方式、人数等
	②决定劳动者的内部调配、日常工作管理等
	③决定劳动者的薪酬待遇
	④依法决定对违纪员工的处理
	⑤法律规定劳务派遣单位享有的其他权利
义务	①依法与劳动者签订两年以上固定期限劳动合同
	②依法告知劳动者劳务派遣协议的内容、被派遣岗位的工作内容、工作条件、工作地点以及职业危害等事项
	③建立培训制度，对被派遣劳动者进行上岗知识、安全教育培训
	④按月向被派遣劳动者足额支付劳动报酬和缴纳各项社会保险费，并且办理社会保险相关手续，被派遣劳动者在无工作期间，劳务派遣单位应当按照当地政府规定的最低工资标准向其按月支付报酬
	⑤督促用工单位依法为被派遣劳动者提供劳动保护和劳动安全卫生条件
	⑥依法出具解除或者终止劳动合同的证明
	⑦协助处理被派遣劳动者与用工单位的纠纷
	⑧法律规定劳务派遣单位负有的其他义务

实操 12：用工单位的权利和义务有哪些？

用工单位的权利和义务如表 11-2 所示。

表 11-2 用工单位的权利和义务

项 目	内 容
权利	①根据劳务派遣协议的规定，要求劳务派遣单位提供合适的劳动者
	②根据劳务派遣协议的规定和本单位的规章制度，对被派遣劳动者进行用工管理
	③根据法律规定和劳务派遣协议的约定，将不胜任工作或者违纪的员工退回劳务派遣单位
	④法律规定用工单位享有的其他权利

续表

项　目	内　容
义务	①执行国家劳动标准，提供相应的劳动条件和劳动保护 ②告知被派遣劳动者工作要求和劳动报酬 ③支付加班费、绩效奖金，提供与工作岗位相关的福利待遇 ④对在岗被派遣劳动者进行工作岗位所必需的培训 ⑤连续用工的，实行正常的工资调整机制 ⑥根据劳务派遣协议的规定，向劳务派遣单位支付服务费用 ⑦法律规定用工单位负有的其他义务

实操 13：被派遣劳动者的权利和义务有哪些？

被派遣劳动者的权利和义务如表 11-3 所示。

表 11-3　被派遣劳动者的权利和义务

项　目	内　容
权利	①享有与劳务派遣单位签订劳动合同、领取劳动报酬、参加社会保险等《劳动合同法》所规定的劳动者的基本权利 ②享有对劳务派遣协议及工作待遇的知情权 ③享有与用工单位的劳动者同工同酬的权利 ④有权在劳务派遣单位或者用工单位参加或组织工会 ⑤获得劳动保护和接受岗位培训的权利 ⑥法律规定劳动者享有的其他权利
义务	①遵守劳务派遣单位和用工单位的各项规章制度，按照要求提供劳动 ②服从用工单位的日常管理 ③完成用工单位指定的各项工作任务 ④法律规定劳动者负有的其他义务

实操 14：用工单位合法退回被派遣劳动者的情形有哪些？

根据《劳动合同法》第 65 条第 2 款和《劳务派遣暂行规定》第 12 条的相

关规定，目前用工单位合法退回被派遣劳动者的情形主要有法定退回、单方退回和协商退回 3 种情形（见表 11-4）。

表 11-4　用工单位合法退回被派遣劳动者的情形

项　　目	内　　容
法定退回	根据《劳动合同法》第 65 条第 2 款的规定，在下列法定情形下，用工单位可以将被派遣劳动者退回劳务派遣单位，同时劳务派遣单位可以依法与劳动者解除劳动合同： ①被派遣劳动者在试用期内被证明不符合录用条件的 ②被派遣劳动者严重违反用工单位的规章制度的 ③被派遣劳动者严重失职，营私舞弊，给用工单位的利益造成重大损害的
法定退回	④被派遣劳动者同时与其他用人单位建立劳动关系，对完成本单位的工作任务造成严重影响，或者经用工单位提出，拒不改正的 ⑤被派遣劳动者以欺诈、胁迫的手段或者乘人之危，使对方在违背真实意思的情况下订立或者变更劳动合同，致使劳动合同无效的 ⑥被派遣劳动者被依法追究刑事责任的 ⑦被派遣劳动者患病或者非因工负伤，在规定的医疗期满后不能从事原工作，也不能从事由用工单位另行安排的工作的 ⑧被派遣劳动者不能胜任工作，经过培训或者调整工作岗位，仍不能胜任工作的
单方退回	根据《劳务派遣暂行规定》第 12 条的规定，在下列情形下，用工单位可以将被派遣劳动者退回劳务派遣单位，但劳务派遣单位不得因此与被派遣劳动者解除劳动合同，被派遣劳动者退回后在无工作期间，劳务派遣单位应当按照不低于所在地的最低工资标准向其按月支付报酬： ①劳动合同订立时所依据的客观情况发生重大变化，致使劳动合同无法履行，经用工单位与被派遣劳动者协商，未能就变更劳动合同内容达成协议的 ②用工单位依照《劳动合同法》第 41 条进行经济性裁员的 ③用工单位被依法宣告破产、吊销营业执照、责令关闭、撤销、决定提前解散或者经营期限届满不再继续经营的 ④劳务派遣协议期满终止的
协商退回	除了法定退回与单方退回两种情形外，如果用工单位与劳务派遣单位以及被派遣劳动者三方就退回经协商达成一致，则该种退回也是合法有效的 用工单位的人力资源管理人员应注意签署好用工单位与劳务派遣单位以及被派遣劳动者三方的退回协议，否则一旦派遣员工反悔，派遣退回很可能会被认定为违法

实操 15：什么是非全日制用工？

　　非全日制用工主要是指以小时计酬为主，劳动者在同一用人单位一般平均每日工作时间不超过四小时，每周工作时间累计不超过二十四小时的用工形式。非全日制用工的特点如表 11-5 所示。

表 11-5　非全日制用工的特点

项　目		特　点
工资	工资标准	①在非全日制用工的情况下，小时工资标准是用人单位按双方约定的工资标准支付给非全日制劳动者的工资，但不得低于当地政府颁布的小时最低工资标准 ②当地政府颁布的小时最低工资标准，包含用人单位为其缴纳的基本养老保险费和基本医疗保险费
	支付工资周期	支付工资周期最长不得超过 15 日
	工资计算公式	非全日制用工工资=小时工资标准×实际工作小时数
劳动合同	订立形式	①非全日制用工双方当事人可以订立口头协议 ②从事非全日制用工的劳动者可以与一个或者一个以上用人单位订立劳动合同，但是后订立的劳动合同不得影响先订立的劳动合同的履行
	试用期	非全日制用工双方当事人不得约定试用期
	终止用工	双方当事人任何一方都可以随时通知对方终止用工
	经济补偿	终止用工后，用人单位不向劳动者支付经济补偿
社会保险	基本养老保险	①从事非全日制工作的劳动者应当参加基本养老保险，原则上参照个体工商户的参保办法执行 ②对于已参加过基本养老保险和建立个人账户的人员，前后缴费年限合并计算，跨统筹地区转移的，应办理基本养老保险关系和个人账户的转移、接续手续 ③符合退休条件时，按国家规定计发基本养老金
	基本医疗保险	①从事非全日制工作的劳动者可以以个人身份参加基本医疗保险，并且按照待遇水平与缴费水平相挂钩的原则，享受相应的基本医疗保险待遇 ②参加基本医疗保险的具体办法由各地劳动保障部门研究制定

续表

项　　目		特　　点
社会保险	工伤保险	①用人单位应当按照国家有关规定为建立劳动关系的非全日制劳动者缴纳工伤保险费 ②从事非全日制工作的劳动者发生工伤，依法享受工伤保险待遇；被鉴定为伤残 5～10 级的，经劳动者与用人单位协商一致的，可以一次性结算伤残待遇及有关费用

实操 16：非全日制用工有哪些特殊规定？

与全日制用工相比，法律法规对于非全日制用工的要求有很大的不同，在订立劳动合同的形式、劳动者的计酬方式、社会保险的缴纳和劳动合同的解除等方面，由于非全日制用工的特殊性，法律对于用人单位的要求都相对宽松，具体区别如表 11-6 所示。

表 11-6　非全日制用工的特殊规定

项　　目		全日制用工	非全日制用工
工作时间	每日工作时间	不超过 8 小时	平均不超过 4 小时
	每周工作时间	累计不超过 40 小时	累计不超过 24 小时
合同形式要求		必须订立书面劳动合同，否则劳动者可以主张二倍工资	可以采用书面形式，也可以口头订立
计酬方式及工资支付周期		①按月支付工资 ②不得低于当地最低工资标准	①按时计酬为主，且不得低于当地最低小时工资标准 ②工资支付周期不得超过 15 日
能否约定试用期		可以约定试用期	不得约定试用期
社会保险缴纳		用人单位必须依法为劳动者办理养老保险、医疗保险、工伤保险、生育保险、失业保险	用人单位只须为劳动者缴纳工伤保险即可，其他险种由劳动者自行缴纳

续表

项　目	全日制用工	非全日制用工
解除劳动合同	用人单位必须依法解除，并且按照法律规定向劳动者支付经济补偿金	①任何一方可随时提出终止劳动合同 ②用人单位无须向劳动者支付经济补偿金
合同主体要求	劳动者一般只能与一个用人单位建立劳动关系	劳动者可以与一个以上用人单位建立劳动关系
是否适用劳动派遣	劳动派遣单位可以以全日制用工形式招用被派遣劳动者	劳动派遣单位不得以非全日制用工形式招用被派遣劳动者

实操17：非全日制用工的劳动者可以要求计算工龄吗？

由于非全日制用工的特殊性，不存在工龄计算的问题，凡是涉及工龄连续计算的相关规定均不适用于非全日制用工。

第二节　案例精解

案例1：劳务派遣员工要求用工单位同工同酬，能得到支持吗？

2018年5月，李某被某劳务派遣公司派遣到A公司担任技术顾问一职。工作一段时间之后，李某发现自己的工资总是A公司最少的。于是，李某向A公司提出要求与其他员工同工同酬，享有同等的劳动待遇和劳动报酬。A公司认为，李某不是本公司的正式职工，是被其他劳务公司派遣来的派遣工，而且A公司内部的每个工作岗位都有其自身特点，内部职工的劳动报酬也不是完全相同的。而李某的技术顾问岗位只有一个，A公司没有其他同类岗位，故不能享有与本单位其他正式员工一样的劳动待遇和劳动报酬，要求同工同酬的权利也是没有道理的。李某对A公司的解释并不认同，于是向当地的劳动争议仲裁委员会提起仲裁，要求维护自己的合法权益。请问：李某的诉求能得到法律支持吗？

【精解】

在我国，劳务派遣主要是指派遣机构与被派遣劳动者签订劳动合同，与要派遣单位（实际用工单位）签订派遣协议，然后由派遣机构将与其建立劳动合同关系的劳动者派遣到派遣单位，受派遣劳动者在要派遣单位的指挥和管理下提供劳务服务的用工方式。劳务派遣涉及三方关系：一方是派遣单位（用人单位），一方是被派遣单位（用工单位），还有一方是被派遣劳动者。由于这种特殊的三方关系，一些被派遣单位利用这一点将被派遣劳动者另立名册，同与本单位签订劳动合同、建立劳动关系的员工实行同工不同酬。一旦被派遣劳动者与用工单位因同工不同酬而引发争议，因其与用工单位之间不存在劳动合同关系，在仲裁阶段往往无法得到支持；在法院审理过程中，也很难对此问题作出认定和处理，这就使得被派遣劳动者的合法权益难以得到保障。

《劳动合同法》第63条明确规定，被派遣劳动者享有与用工单位的劳动者同工同酬的权利。用工单位应当按照同工同酬原则，对被派遣劳动者与本单位同类岗位的劳动者实行相同的劳动报酬分配办法。用工单位无同类岗位劳动者的，参照用工单位所在地相同或者相近岗位劳动者的劳动报酬确定。该条规定从法律上保障了被派遣劳动者的合法权利，肯定了被派遣劳动者与用工单位劳动者同工同酬的权利。因此，用工单位在使用被派遣劳动者时，应当保证被派遣劳动者与用工单位的劳动者同工同酬。同工同酬是法律赋予劳动者的权利，同时也是用工单位对劳动者应当履行的义务。

案例2：派遣员工发生工伤，工伤保险待遇责任由谁负担？

X公司为派遣公司，Y公司为用工单位。2018年10月15日，X公司与Y公司签订了《派遣劳务人员协议书》，协议中约定，X公司为被派遣人员办理工伤保险理赔等有关手续，Y公司支付管理费、被派遣人员的劳动报酬、工伤保险费用。

2020 年 4 月 10 日，赵某作为被派遣劳动者，被 X 公司派遣到 Y 公司承建的某施工工地安装玻璃。2020 年 4 月 20 日，赵某在安装玻璃时，因玻璃脱落导致坠地摔伤，当即被送往医院救治，期间赵某共计住院治疗 5 个多月，且赵某受伤后一直未领取过工资。

2020 年 11 月 10 日，赵某经人力资源和社会保障局认定为工伤。劳动能力鉴定委员会作出了劳动能力鉴定，认定赵某伤残等级为一级伤残，并且完全护理依赖。请问：赵某的工伤保险待遇责任应由谁负担？

【精解】

根据《劳动合同法》的规定，派遣单位作为用人单位应为被派遣劳动者缴纳工伤保险等社会保险。被派遣劳动者受工伤，派遣单位与用工单位承担连带赔偿责任，被派遣劳动者可向派遣单位与用工单位任何一方主张权利。赵某作为被派遣员工，被 X 公司派遣到 Y 公司工作，在被派遣期间，X 公司和 Y 公司均未按协议履行各自义务，既未支付工伤保险费用也未给其办理工伤保险手续，X 公司作为用人单位，负有给劳动者缴纳保险的义务，Y 公司作为用工单位，负有监督用人单位缴纳保险的义务，Y 公司和 X 公司均有过错。赵某在出现工伤事故后，Y 公司和 X 公司均应按法律规定对赵某的损失承担赔偿责任。

案例 3："企业有权随时将被派遣员工退回"的约定有效吗？

何某与 A 劳务派遣公司签订了劳动合同后，A 劳务公司将其派遣至 B 科技公司。B 科技公司与 A 劳务公司在劳务派遣协议中明确约定，用工单位有权随时将被派遣劳动者退工。2018 年 5 月 6 日，何某突感身体不适，向所在部门主管提交了请假申请，请求休息两天。两天后，何某由于身体状况未好转，故又打电话请了 5 天假。5 月 16 日，何某回到 B 科技公司上班时，收到了 B 科技公司已将其退回 A 劳务公司的通知，理由是何某连续旷工超过 3 天，严重违反了 B 科技公司的规章制度。当日，A 劳务公司以严重违纪为由向何某发出了解除劳动合同的通知。何某不服，向当地劳动争议仲裁委员会申请仲裁。请问：B 科技公司与 A 劳务公司在劳务派遣协议中约定"用工单位有权随时将被派遣劳动者退工"有效吗？

【精解】

无效。

理由：《劳动合同法》对用工单位退回派遣员工的情形作出了明确规定，否定了用工单位可以依双方约定随时退工的做法。《劳动合同法》第65条将用人单位单方解除劳动合同的情形，适用于用工单位可以退工的情形，因此用工单位单方退工也必须依法进行，不能私自与派遣单位随意约定退工情形和条件。A劳务派遣公司解除何某的劳动合同缺乏事实依据，应当向何某支付赔偿金。B科技公司与A劳务公司的退工约定违反法律的强制性规定，因此属于无效约定，B科技公司应对赔偿金的支付承担连带责任。

案例4：劳务派遣合同违法，该由谁承担责任？

李某与A劳务公司签订了劳务派遣合同，A劳务公司将李某派遣到某科技公司工作。2018年12月31日，李某与A劳务公司的合同到期，并解除了劳动合同，未支付任何经济补偿，A劳务公司让李某与另一家B劳务公司联系后，仍然继续派李某在该科技公司工作，但未签订任何书面劳动合同。李某的薪资由B劳务公司按月照发，B劳务公司委托A劳务公司代理李某的社会保险金的缴纳事宜。2020年1月份，该科技公司在没有发布通知的情况下突然停止了李某的工作。李某要求科技公司和B劳务公司作出解释，但科技公司和B劳务公司相互推脱。请问：李某现在该找哪家公司保障其权益呢？

【精解】

A劳务公司与李某解除合同未支付经济补偿金是违法的，但已超出仲裁时效。从法律上讲，科技公司无故停止派遣人员的工作的行为属于违约行为，依法应承担相应的违约责任。而B劳务公司的行为则属于违法行为，违法行为理应承担法律责任。

李某可以向劳动争议仲裁委员会提起劳动仲裁，将B劳务公司或科技公司任何一家列为被申诉人，也可以将两家单位一起列为被申诉人，要求他们连带赔偿经济补偿金和二倍工资差额。

用人单位需要注意的是，因用人单位违法而给被派遣劳动者造成损失的，劳务派遣单位和用人单位承担连带赔偿责任。因此，无论是派遣单位违法，还是用人单位违法，都应当对劳务派遣员工承担连带赔偿责任。

案例5：非全日制员工日工作时间超过4小时合法吗？

王某为A公司招录的非全日制员工，A公司安排其每天工作8小时，每周工作3天。请问：A公司的做法合法吗？

【精解】

合法。

理由：对于非全日制用工某一天的工作时间，我国法律并没有明确的限制，只要符合"平均每日工作时间不超过四小时，每周工作时间累计不超过24小时"的标准即可。王某每周工作时间为24小时，平均每日工作时间未超过4小时，因此A公司的做法不违反法律规定。

案例6：非全日制员工发生工伤事故，可以主张工伤保险待遇吗？

张某为A公司的保洁人员，A公司人力资源部通知她，保洁人员是非全日制的临时工，每天工作6小时，每周工作5天，无须交保险，工资按月支付。2020年12月底，张某在清扫公司楼梯时从楼梯上摔下来，造成小腿骨折。在住院期间，共花费医药费5000多元。请问：张某可以向A公司主张工伤保险待遇吗？企业在使用非全日制用工方式时应注意哪些事项？

【精解】

（1）可以。

理由：张某每天工作6小时，每周工作5天，已经超出了非全日制员工的工作时间限制，因此张某应当属于 A 公司的全日制员工，A 公司应当依法为张某缴纳养老、医疗、工伤、生育、失业等各项社会保险。张某从楼梯上摔下来，造成小腿骨折，属于工伤事故，A 公司应当承担张某的工伤保险待遇的支付。此外，即使张某属于 A 公司非全日制员工，A 公司也应当依法为张某缴纳工伤保险，如果未缴纳，当发生工伤事故时，则 A 公司应依法承担张某的医疗费用以及其他工伤保险待遇的给付。

（2）企业在使用非全日制用工方式时，应注意以下几点。

①企业在使用非全日制用工方式时，应当严格遵守法律的相关规定，特别是法律强制性规定。例如，平均每日工作时间不超过 4 小时，每周工作时间累计不超过 24 小时；工资支付周期不得超过 15 日；不得为非全日制员工约定试用期等。

②用人单位招用劳动者从事非全日制工作的，应当在录用后到当地劳动保障行政部门办理录用备案手续。

③为非全日制员工缴纳工伤保险。

案例 7：非全日制员工欲辞职，企业可以扣发其工资吗？

王某为大四学生，与某传媒公司订立了口头劳动合同，约定每周工作 4 天，每天工作 4 小时。半年后，王某找到了新工作，便向该传媒公司提出辞职。该公司负责人告诉王某，若要辞职必须提前 30 日提出，以便公司找到接替人，否则将根据《劳动合同法》的有关规定，扣发最近的全部工资。请问：公司这种做法合法吗？

【精解】

不合法。

理由：根据《劳动合同法》第 68 条的规定，非全日制用工，是指以小时计酬为主，劳动者在同一用人单位一般平均每日工作时间不超过 4 小时，每周工作时间累计不超过 24 小时的用工形式。因此，王某属于非全日制工。根据第 69 条的规定，非全日制用工双方当事人可以订立口头协议。从事非全日制用工的劳动者可以与一个或者一个以上用人单位订立劳动合同，但是，后订立的劳动合同不得影响先订立的劳动合同的履行。根据第 71 条的规定，非全日制用工双方当事人任何一方都可以随时通知对方终止用工。终止用工，用人单位不向劳动者支付经济补偿。

无论员工属于哪种用工形式，在解除劳动合同后，用人单位必须支付劳动报酬，若劳动者有违法行为，也只能依法要求劳动者承担损害赔偿责任。因此，该传媒公司因为王某的辞职而要扣发他的工资是一种违法行为，王某可以主张要回自己的劳动报酬。

第十二章

"三期"女职工劳动
关系管理

第一节 实务操作

实操 1：产前休息时间和产前假有哪些规定？

产前休息时间和产前假的规定如表 12-1 所示。

表 12-1 产前休息时间和产前假的规定

项　　目	内　　容
产前休息时间	根据《女职工劳动保护特别规定》，怀孕 7 个月以上的女职工，用人单位不得延长劳动时间或者安排夜班劳动，并应在劳动时间内安排一定的休息时间 《上海市女职工劳动保护办法》规定，女职工妊娠 7 个月以上（按28 周计算），应给予每天工间休息 1 小时，不得安排夜班劳动 《广东省实施〈女职工劳动保护特别规定〉办法》规定，女职工怀孕 7 个月以上的，每天安排 1 小时工间休息，工间休息时间视同其正常劳动并支付正常工作时间的工资，并不得安排其延长工作时间或者从事夜班劳动
产前假	产前假不包括正常产假中可以产前休息的 15 天假期 国家对于产前假的相关内容并没有明确统一的规定，但一些地方性的法规对此作出了比较具体的规定： ①《上海市女职工劳动保护办法》规定，女职工妊娠 7 个月以上的，如工作许可，经本人申请，单位批准，可请产前假两个半月 ②《江苏省女职工劳动保护特别规定》规定，怀孕 7 个月以上的女职工，上班确有困难者，应当根据医疗机构的证明安排其休息

实操 2：关于女职工产前检查假，有什么规定？

根据《女职工劳动保护特别规定》，怀孕的女职工在劳动时间内进行产前检查的，应当算作劳动时间，按正常出勤对待，不能按病假、事假或旷工处理。

实操 3：女职工孕期任何时间都可以申请产前假吗？

各地区关于产前假都有明确规定，只有怀孕 7 个月以上的，经本人申请，单位批准，方能请产前假。因此，如果女职工在孕期的前 7 个月内申请产前假的，单位可不予批准。

实操 4：关于女职工保胎假，有什么规定？

根据《国家劳动总局保险福利司关于女职工保胎休息和病假超过六个月后生育时的待遇问题给上海市劳动局的复函》，女职工按计划生育怀孕，经过医师开具证明，需要保胎休息的，其保胎休息的时间，按照本单位实行的疾病待遇的规定办理。在实务中，各地区和各性质的企业基本都参照上述规定，对于符合相应条件的孕期女职工，即按计划生育规定怀孕和有医生诊断证明的女职工，允许请保胎假。尽管名为保胎假，但实际是按照相关病假待遇来处理和执行的，同时没有期限的限制。

实操 5：流产假有哪些规定？

《女职工劳动保护特别规定》第 7 条规定："女职工怀孕未满 4 个月流产的，享受 15 天产假；怀孕满 4 个月流产的，享受 42 天产假。"

我国有一些地区在此标准基础上作了更有利于劳动者的规定，实务中应当根据当地的具体规定执行。

（1）上海地区规定，妊娠 3 个月内自然流产或子宫外孕者，给予产假 30天；妊娠 3 个月以上，7 个月以下自然流产者，给予产假 45 天。

（2）江苏地区规定，怀孕 2 个月以内流产的女职工，给予不少于 20 天的产假；3 个月以下，给予 30 天的产假；3 个月以上 7 个月以下的，产假 42 天；7 个月以上的，产假 98 天。

实操 6：产假有哪些规定？

根据《女职工劳动保护特别规定》，女职工生育享受不少于 98 天的产假，其中产前休息 15 天，产后休息 83 天。难产的，增加产假 15 天。多胞胎生育的，每多生育 1 个婴儿，增加产假 15 天。

此外，符合法律法规规定生育的，享受延长生育假。2016 年 1 月 1 日起正式实施的《中华人民共和国人口与计划生育法》修正案，除了晚婚晚育的规定，也取消了晚育奖励假的待遇，但同时规定合法生育的可享受延长生育假。关于延长生育假的天数，国家并没有作出统一的规定，实务中企业人力资源管理人员应当根据各省市地方的具体规定执行。

在上述产假基础上，个别地区还规定了再增加产假。对于该类产假国家并没有作出统一规定，如各地有相应规定的，按其规定执行即可。例如，《北京市人口与计划生育条例》规定，女职工经所在机关、企业事业单位、社会团体和其他组织同意，可以再增加假期 1 至 3 个月。需要注意的是，该类假期并非强制性的产假，而是需要经过用人单位同意的弹性调节假期，法律对此也给予用人单位和女职工灵活安排的空间，因此女职工申请休增加产假的，用人单位可以根据单位自身的工作安排需要，结合女职工的个体情况决定是否同意，并不要求必须准假。

实操 7：产假包含法定节假日和公休日吗？

根据《中华人民共和国劳动保险条例实施细则修正草案》的规定，产假（不论正产或小产）应包括星期日及法定假日在内，不再补假。对此，在实务中，法定节假日和公休日都是包含在正常产假中的，不再另行补假。

实操 8：护理假/陪产假有哪些规定？

护理假/陪产假是由产期女职工的配偶享受的假期。国家法律法规对于护理假/陪产假未作明确规定，自 2016 年 1 月 1 日起，各地的人口与计划生育条例则基本上规定符合法律法规生育的女职工配偶均可获得护理假/陪产假。北京、广东及浙江等地区规定，女职工按规定生育的，其配偶享受陪产假 15 天；上海地区规定，女职工按规定生育的，其配偶享受陪产假 10 天；云南、甘肃地区则规定，女职工按规定生育的，其配偶享受陪产假 30 天。

实操 9：哺乳时间和哺乳假有哪些规定？

哺乳时间和哺乳假的规定如表 12-2 所示。

表 12-2　哺乳时间和哺乳假的规定

项　　目	内　　容
哺乳时间	根据《女职工劳动保护特别规定》，女职工生育后，在其婴儿 1 周岁，即哺乳期内，单位应当在每天的劳动时间内为哺乳期女职工安排 1 小时哺乳时间；女职工生育多胞胎的，每多哺乳 1 个婴儿，每天增加 1 小时哺乳时间。哺乳时间算作劳动时间
哺乳假	部分地区在国家有关哺乳时间规定的基础上，还规定了哺乳假，即女职工在产假期满后，如果确有困难，经单位批准可以在哺乳期内休假 ①《上海市女职工劳动保护办法》规定，女职工生育后，若有困难且工作许可，由本人提出申请，经单位批准，可请哺乳假六个半月 ②《广东省实施〈女职工劳动保护特别规定〉办法》规定，女职工假期满后，若有实际困难，经本人申请，用人单位批准的，可请哺乳假至婴儿 1 周岁 ③《江苏省女职工劳动保护特别规定》规定的哺乳假期限为 6 个月。在规定有哺乳假的地区，经过本人申请和用人单位批准，哺乳期的女职工可以休哺乳假

实操 10：女职工怀孕后可以要求不上夜班吗？

夜班劳动是指在企业实行多班制的情况下，安排劳动者轮流从事夜间劳动的组织形式，夜班工作时间是当日的 22 时至翌日晨 6 时。

对于孕期女职工的夜班劳动，我国《劳动法》明确规定，对怀孕 7 个月以上的女职工，不得安排其加班加点和夜班劳动。也就是说，用人单位可以安排怀孕不满 7 个月的女职工从事夜班劳动。

需要注意的是，如果怀孕女职工确实不能胜任原劳动或夜班劳动的，根据《女职工劳动保护特别规定》，女职工可以根据医疗机构的证明，要求用人单位减轻劳动量或者安排其他能够适应的劳动，用人单位应当同意。

实操 11：女职工怀孕后不同意调岗，用人单位能解除劳动合同吗？

女职工由于怀孕无法胜任原劳动的，根据医疗机构的证明，可以要求用人单位减轻其劳动量或者安排其他能够适应的劳动。对于上述调岗申请，用人单位应当批准，并且应当给予合理安排。

一般来说，用人单位在安排怀孕女职工调岗时，调岗的理由应当正当合理，并且尽量采取协商一致的方式。此外，在针对"三期"女职工调岗时，如果女职工本人不同意调岗，用人单位应当尽可能协商解决。

由于法律对于"三期"女职工规定了特殊的解雇保护制度，因此即便调岗理由充分合理，用人单位也不能因为女职工拒绝到新岗位报到，而认定其违反了单位规章制度，单方解除劳动合同。

实操 12："三期"女职工发生哪些事由时，即使处于"三期"，用人单位仍然可以解除劳动合同？

根据《劳动合同法》的规定，用人单位不得根据本法第 40 条和第 41 条解除与孕期、产期、哺乳期女职工的劳动合同。根据《劳动合同法》的相关规定，发生以下事由的，即使处于"三期"，用人单位仍然可以解除劳动合同：

①在试用期间被证明不符合录用条件的；

②严重违反用人单位的规章制度的；

③严重失职，营私舞弊，给用人单位造成重大损害的；

④劳动者同时与其他用人单位建立劳动关系，对完成本单位的工作任务造成严重影响，或者经用人单位提出，拒不改正的；

⑤以欺诈、胁迫的手段或者乘人之危，使对方在违背真实意思的情况下订立或者变更劳动合同，致使劳动合同无效的；

⑥被依法追究刑事责任的；

⑦用人单位与女职工协商一致的。

实操 13：女职工违反计划生育规定怀孕的，用人单位可以排除孕期女职工劳动保护的适用吗？

《劳动合同法》关于"三期"女职工劳动关系保障的相关规定中，并未要求女职工的怀孕及生育符合计划生育规定的要求；关于不得降低孕期女职工工资的规定和关于其他孕期女职工劳动保护的立法文件中也并未要求以生育符合计划生育规定为条件。女职工违反计划生育规定的行为本身可以通过行政方式予以处罚，但不应当允许用人单位以此为由来回避其对孕期女职工的法定义务。因此，即使女职工违反计划生育规定怀孕的，对于确实处于孕期的女职工，仍然不得排除孕期女职工劳动保护相关规定的适用，用人单位不能根据《劳动合同法》第 40 条和第 41 条与其解除劳动合同，劳动合同终止时也应依法顺延，并且不得降低其工资，也不得安排其从事禁止孕期女职工从事的工作等。

实操 14：产假期间提前上班，工资怎么支付？

女职工产假是法律赋予女职工生育期间的休假权利。在产假期间，用人单位要求女职工提前上班的，应当征得女职工同意。用人单位安排女职工提前上班的，应当在女职工应得生育津贴的基础上，另行按照劳动合同约定的标准支付其上班期间的工资报酬。对于女职工主动要求上班的，用人单位可以只是在生育津贴的基础上补差额。

第二节 案例精解

案例 1：女职工怀孕，公司应如何为其调整工作岗位？

40 岁的张某在一家房地产销售企业工作，2020 年 12 月底发现怀孕。该房地产销售企业出于对怀孕女职工的关心，决定对其进行调岗。请问：作为企业人力资源管理部门，应当如何调整怀孕女职工的工作岗位？

【精解】

（1）对于孕期女职工调岗的问题，企业应当尽量通过协商方式，与女职工协商一致解决。协商不成的，企业单方面做出调岗安排时一定要谨慎，调岗理由必须正当合理，前后岗位具有关联性，才能够避免违法的不利后果。

（2）企业出于对孕期女职工的关心，单方做出对女职工有利的调岗安排是完全可以的，无须取得当事人的同意，但是绝对不能降薪。

（3）对于不适合"三期"女职工从事的工作岗位，如需长时间站立的商场专柜或电梯小姐、公共交通的司乘人员、需长期出差的销售人员等，企业可以在订立劳动合同时，对其怀孕后工作岗位的调整作出相关的约定。企业之后根据该约定做出的调岗决定，即是合法有效的。

案例 2：以"工作表现不好"为由降低"三期"女职工的工资合法吗？

王某为某服装加工企业的员工，在王某怀孕期间，该服装加工企业认为王某在怀孕期间工作表现不好，工作质量也有所下降，不值得企业再按照原来的工资支付，因此以王某工作表现不好、工作质量下降为由，做出降低王某工资的决定。王某不服，向当地劳动争议仲裁委员会提出仲裁申请。请问：企业以"工作表现不好、工作质量下降"为由降低"三期"女职工工资的做法合法吗？

【精解】

不合法。

理由：根据《女职工劳动保护特别规定》，"用人单位不得因女职工怀孕、生育、哺乳降低其工资予以辞退、与其解除劳动或者聘用合同"，该企业在王某怀孕期间任意降低其工资是违反我国法律规定的。

案例3：女职工在试用期怀孕，企业可以终止劳动关系吗？

M企业在2019年7月录用一名女职工，试用期为3个月，合同期为3年。在试用期内发现该女职工经常迟到早退、无故旷工，并且发现该女职工不符合M企业的录用条件，M企业欲与该女职工解除劳动合同，但发现其已怀孕。请问：M企业现在可否与该女职工解除劳动合同？

【精解】

根据《劳动法》第29条第3款的规定，女职工在孕期、产期、哺乳期内的，用人单位不得依据本法第26条、第27条的规定解除劳动合同，但该规定并不包含《劳动法》第25条规定的情形，即"劳动者在试用期间被证明不符合录用条件的，用人单位可以随时解除劳动合同"。

此外，对于《劳动法》第29条规定的理解，应当结合法律法规的其他规定准确理解。《劳动办公厅对〈关于外商投资企业女职工在孕期、产期、哺乳期间解除、终止劳动合同问题的请示〉的复函》明确规定："孕期、产期、哺乳期间的女职工在合同规定的试用期内发现不符合条件的，可以辞退。" 由此可见，女职工在怀孕后，用人单位并非绝对不能解除合同，如果在试用期内用人单位能证明怀孕的女职工不符合录用条件，可以与其解除劳动合同。但用人单位需要注意的是，企业绝对不得以女职工怀孕为由解除劳动合同。

案例4：女员工未婚先孕、违反计划生育规定，因此不受《劳动合同法》第42条的保护。这样理解对吗？

2015年7月，张某入职北京某工程技术公司，担任施工现场监理工作，双方签订了为期3年的劳动合同。2016年3月底,张某发现自己怀孕。4月初,张某将怀孕的情况通过邮件方式告知了该工程公司,并提出由于客观身体情况,不适合再继续从事现场监理工作,希望工程公司考虑该情况,为其适当调整工作岗位或工作内容。该工程公司收到邮件后,要求张某于5日内提交结婚证、医院诊断证明等材料。张某提交了医院诊断证明等材料,并表示自己会尽快办理结婚登记手续。直至6月5日,张某仍未办理结婚登记手续。该工程公司以张某不能胜任工作为由作出解除双方劳动合同的决定,理由是张某虽然怀孕但并未登记结婚,并不适用《劳动合同法》第42条的规定,并且"不能胜任工作"是张某自己提出来的,因此公司依法有权解除双方劳动合同关系。张某不同意,向当地劳动争议仲裁委员会提起仲裁请求,要求该工程公司支付违法解除劳动合同赔偿金。请问:该工程公司的理解对吗?

【精解】

不对。

理由:对于"孕期、产期、哺乳期"内的女职工,考虑到其特殊的身体情况,法律从工作时间、劳动强度上作出了保护性规定。《劳动合同法》第42条是基于女职工的特殊身体状况("孕期、产期、哺乳期")而对女职工实施的特殊保护,该保护规定并不因女职工是否已经办理婚姻登记、取得准生证为前提。

虽然张某在怀孕时没有取得结婚证,但基于其特殊的身体状况,张某仍然受到《劳动合同法》第42条的保护。此外,虽然张某是主动提出由于怀孕不适合继续从事现场监理工作,但张某同时提出了调岗申请,考虑到施工现场监理工作的特殊性以及张某的身体情况,双方应当妥善协商解决岗位问题。该工程公司以张某"不胜任工作"为由解除双方劳动关系,违反了《劳动合同法》第42条的规定,构成了违法解除。因此,工程公司应依法向张某支付违法解除劳动合同赔偿金。

案例5:女职工产检,未按规定办理请假手续的,企业能否以无故旷工为由对其进行辞退?

张某被检测出怀孕6周,于3月中旬通过微信方式向部门主管请假1天去医院产检，部门主管回复称需要按照公司规定流程办理请假手续。张某因身体不适，未能在1天后到岗。后公司以未履行请假手续无故旷工为由辞退张某。张某不服，向当地劳动争议仲裁委员会提出仲裁申请。请问：仲裁委员会会支持张某的请求吗？

【精解】

会支持。

理由：根据《女职工劳动保护特别规定》第6条的规定，怀孕女职工在劳动时间内进行产前检查，所需时间计入劳动时间。产检孕检是怀孕女职工的合法正当权利，用人单位不得因孕期女职工产前检查扣减工资，更不得以此作为认定旷工的依据。

为了避免产生纠纷，建议企业可以采用在线办公方式、在线考勤制度，对于无法到单位办理内部请假手续或者需要延长假期的员工，采用在线申请、审批的方式办理。

案例6：劳动合同终止后，女职工方知自己怀孕，她能否要求续签劳动合同？

张某于2017年6月1日入职某公司担任行政专员，双方签订了为期3年的劳动合同。2020年4月30日，公司人事主管通知张某双方的劳动合同将于2020年5月31日期满，公司决定不与张某续签劳动合同，并且愿意支付2个月的工资作为终止劳动合同的经济补偿金。

张某于2020年5月31日办理完离职手续，从公司正式离职。6月10日，张某发现自己怀孕了，经医院诊断，张某已经怀孕1个多月。于是张某联系公司人事部门，要求公司按照法律规定续签劳动合同，理由是员工在劳动合同期限内怀孕，公司不能终止劳动合同。但公司认为，已经与张某终止了劳动合同关系，怀孕是在终止合同后发现的，跟公司没有关系，因此拒绝了张某的请求。张某向当地劳动争议仲裁委员会提出申请，要求续签劳动合同，合同期限至哺乳期结束为止。请问：仲裁委员会会支持张某的请求吗？

【精解】

会支持。

理由：根据《劳动合同法》的规定，劳动合同期限届满时，女职工在孕期、产期、哺乳期的，企业不得终止劳动合同，而应将劳动合同期限续延至哺乳期结束为止。尽管张某在劳动合同终止时并没有发现自己怀孕，但因为事后有充分的证据证明其确实是在劳动合同期限届满前已经怀孕了，因此劳动合同不得在合同期限届满时终止，而应当续延至王某哺乳期结束终止。公司以已经办理完合同终止的手续，不同意与其续签劳动合同的做法是不符合法律规定的。

案例 7：女职工在怀孕期间劳动合同到期，单位可以不续签合同吗？

王某在北京一家私企工作，双方签订了为期 3 年的劳动合同。现在王某怀孕 3 个月，合同还有 2 个月到期。请问：合同到期后，单位可以不续签合同吗？

【精解】

用人单位不能以合同到期为由拒绝续签劳动合同。

理由：根据《劳动合同法》第 45 条的规定："劳动合同期满，有本法第 42 条规定情形之一的，劳动合同应当续延至相应的情形消失时终止。……"《劳动合同法》第 42 条规定："劳动者有下列情形之一的，用人单位不得依照本法第 40 条、第 41 条的规定解除劳动合同：……（四）女职工在孕期、产期、哺乳期的；……"因此，女职工在孕期、产期、哺乳期的，即便劳动合同到期，用人单位也不能拒绝续签劳动合同，双方的劳动合同应续延至情形消失时止。

案例 8：产假逾期，可以认定为旷工吗？

陈某与某公司签订了为期 3 年的劳动合同。陈某工作了一年后怀孕了，临近预产期时，遵医嘱在预产期前 15 天经所在公司批准开始休产假。不想好事多磨，陈某 25 天后才产下一男婴，比预产期晚了 10 天。产后第 73 天，陈某的产假已经休了 98 天，公司发通知要其上班，并称如到期不上班，将按旷工处理。陈某认为自己未满产后假，于是没去上班。公司见此情况就按照企业规章制度，以陈某连续旷工 3 天为由，对她做出违纪辞退的决定。请问：公司的做法对吗？

【精解】

公司的做法不对。

理由：根据《女职工劳动保护规定》第 7 条的规定，女职工生育享受 98 天产假，其中产前可以休假 15 天；难产的，增加产假 15 天；生育多胞胎的，每多生育 1 个婴儿，增加产假 15 天。由于预产期只是一种预测，事实上很难保证产前恰好休 15 天，产后恰好休 83 天。法律规定女职工产假 98 天，其中产前休假 15 天，产后休假 83 天，这样规定的目的是保证产妇恢复身体健康，因此产妇在产后休息 83 天应当得到保障。陈某由于超过预产期生产，虽然总的时间已经满 98 天，但目前产后只休息了 73 天，未满 83 天，因此她可以再休 10 天，超出部分按病假处理，公司无权以产假已满为由剥夺陈某继续休假的权利。

案例 9：女职工孕期被辞退，企业面对仲裁怎么处理？

2018 年 7 月，张某入职某公司担任行政专员职位，双方签订了为期 5 年的劳动合同。2020 年 10 月，张某告知部门主管自己怀孕了。公司以张某不能胜任工作为由调整其岗位后，又于 12 月 10 日以张某工作失误为由做出与其解除劳动合同的决定。张某认为公司解除劳动合同违法，实为不想留用怀孕女职工而借机将其辞退。但公司认为，已对张某进行调岗，但其仍出现工作失误确属不能胜任工作，公司解除合同符合规定。张某不服，向当地劳动争议仲裁委员会提起仲裁申请，请求公司撤回解除劳动合同的决定，恢复劳动关系。请问：仲裁委员会会支持张某的请求吗？

【精解】

会支持张某的仲裁请求。

理由：我国法律对单位解除与"三期"女职工的劳动合同的规定十分严格，即除了依据《劳动合同法》第 39 条的规定，以任何其他理由与"三期"女职工解除劳动合同的行为都会构成违法解除劳动合同。不能胜任工作不属于《劳动合同法》第 39 条规定的可以解除劳动合同的情形，即便单位经过给女职工调岗和做出不胜任工作的考核，也不能依据《劳动合同法》第 40 条的规定与"三期"女职工解除劳动合同。如果单位解除劳动合同的行为被认定为违法解除，单位就须承担相应的法律责任。因此，仲裁委员会会支持张某的请求。

案例 10：企业因业务量重，要求"三期"女职工加班，承诺支付加班费，企业这样做对吗？

王某于 2018 年 1 月 1 日入职某企业，担任行政专员。双方签订了为期 3 年的劳动合同。同年 4 月份，王某怀孕。同年 12 月，企业因年底业务量重，要求全体员工加班。王某向行政主管请假，表示因身体原因无法加班。行政主管表示，年底任务重，必须加班，企业会按制度支付员工加班费。请问：企业这样做对吗？

【精解】

不对。

根据《女职工劳动保护特别规定》第 6 条的规定，对怀孕 7 个月以上的女职工，用人单位不得延长劳动时间或者安排夜班劳动，并应当在劳动时间内安排一定的休息时间。到 12 月份，王某已经怀孕 7 个月以上，企业不得延长王某的劳动时间，也不得强制要求加班，还应当为王某安排一定的休息时间。

案例 11：女职工孕期不同意加夜班被辞退，怎么办？

张某在医院做护士，是合同工，已怀孕 8 个月，单位安排张某值夜班，张某不同意，医院因此要辞退张某。请问：张某该怎么办？

【精解】

根据《劳动法》第 61 条的规定，不得安排女职工在怀孕期间从事孕期禁忌从事的劳动和重体力劳动强度的劳动。对怀孕 7 个月以上的女职工，不得安排其延长工作时间和夜班劳动。根据第 29 条的规定，女职工在孕期、产假期、哺乳期内的用人单位不得与劳动者解除劳动合同。单位在张某怀孕 8 个月的时候安排值夜班违反了《劳动法》的规定，而且根据法条规定在张某怀孕期间单位不能与其解除劳动合同，张某可以到当地的劳动争议仲裁部门申请劳动仲裁或者到法院申请诉讼，从而维护自己的合法权益。

案例 12："三期"女职工遭遇经济裁员该如何处理？

李某为某公司出纳，与公司签订了为期 3 年的劳动合同。李某在家休产假期间突然接到公司通知要进行经济性裁员，恰好李某现在劳动合同到期，公司负责人说只和她签合同到哺乳期结束，也就是 8 个月。请问：公司这样的做法合法吗？

【精解】

公司的做法是合法的。

理由：《劳动合同法》规定，女职工在孕期、产期、哺乳期的用人单位在经济性裁员的时候不得解除劳动合同，用工期限的约定只要未违反法律规定，就是合法有效的。

案例 13："三期"女职工存在严重违反企业规章制度的行为，企业可以与其解除劳动合同吗？

张某被某外企公司聘为公司会计，与公司签订了为期 3 年的劳动合同。在办理入职手续时，该外企公司将《公司管理制度》及公司介绍等文件一并送达给张某。

2020 年 1 月，张某休完产假后便按期回到公司上班。在恢复正常上班的第 2 个月，因孩子生病，她连续 4 次在未办理请假手续的情况下，便离开公司回到家中照顾孩子。在张某第 4 次未经请假离开公司后，她接到了公司人力资源管理部门负责人的电话，称张某连续 3 次在未办理请假手续的情况下擅自离开公司，属于旷工行为。根据早已送达给张某的《公司管理制度》中的相关规定，员工在 1 个月内连续 4 次旷工，属于严重过失，公司可以予以辞退。人力资源管理部门负责人告诉张某，公司决定与其解除劳动合同，对其予以辞退，请张某尽快回公司办理离职交接手续。张某认为自己在哺乳期内，公司无权辞退她，如果公司坚持辞退她，她便去劳动争议仲裁委员会申请仲裁。请问：该外企公司可以与张某解除劳动合同吗？

【精解】

可以。

理由：张某的行为属于《劳动合同法》第 39 条中规定的严重违反用人单位规章制度的行为。尽管张某在哺乳期内，但这并不能成为张某任意违反公司规章制度的借口，该外企公司可以根据《劳动合同法》第 39 条的规定，与张某解除劳动合同。

案例 14：女职工处在"孕期、产期、哺乳期"，就受法律特殊保护。用人单位只要与"三期"女职工解除劳动关系，就是违反了法律规定。这样理解对吗？

赵某为某公司网络客服专员，与公司签订了为期 3 年的劳动合同。2018 年 9 月，赵某发现自己怀孕，考虑到平日工作中需要大量使用电脑，赵某以身体不适为由向公司请假在家休养。该公司的人事部按照考勤制度规定，要求赵某提交诊断证明、病假条。赵某托朋友虚开了一张"腰肌劳损，病休一个月"的病假条，并快递给公司人事部。由于赵某未能提供诊断证明，且病假时间相对较长，该公司人事部去医院核实情况，得知赵某从未就诊，医院也从未为其出具过病假条。该公司于 2018 年 9 月 26 日发出解除通知，以赵某提交假病假条骗取病假，违反公司考勤制度为由解除双方劳动合同关系。赵某不服，以自己处于孕期为由提起劳动仲裁、诉讼，要求撤销公司的解除决定，双方继续履行劳动合同关系。请问：赵某的理解对吗？

【精解】

不对。

理由：虽然《劳动合同法》第42条是基于女职工的特殊身体状况（"孕期、产期、哺乳期"）而对女职工施以的特殊保护，但是第42条所规定的是"劳动者有下列情况之一的，用人单位不得依照本法第40条、第41条的规定解除劳动合同"。因此，《劳动合同法》第42条的实质是用人单位不得以非过错性理由或经济性裁员为由与"孕期、产期、哺乳期"女职工解除劳动关系。也就是说，即使女职工处于"孕期、产期、哺乳期内"，用人单位仍可以依据《劳动合同法》第39条的规定，在劳动者存有过错的情况下，合法解除双方劳动关系。赵某未如实告知公司自己怀孕，并且提供虚假的病假条有意隐瞒真实情况，赵某的行为已经明显构成了对于公司考勤管理制度的严重违反。该公司以赵某严重违反规章制度为由解除双方劳动合同关系，具有事实及法律依据，合法有效。

案例 15：双方协商一致解除劳动关系后，女职工发现怀孕，可以要求继续履行劳动合同吗？

陈某于2017年5月1日入职A公司，双方签订了为期3年的劳动合同。2019年5月5日，陈某与A公司签订了《协商解除劳动关系协议书》，约定双方通过协商一致于当日解除劳动关系，A公司向陈某支付一次性解除补偿金5万元。2019年5月20日，陈某经医院诊断怀孕7周，于是她联系A公司，表示其签订《协商解除劳动关系协议书》时并不知晓自己已经怀孕，此种情形属于重大误解，应予以撤销，希望继续履行劳动合同，但A公司予以拒绝。陈某向当地劳动争议仲裁委员会提起仲裁申请，要求继续履行劳动合同。请问：仲裁委员会会支持陈某的请求吗？

【精解】

不会。

理由：陈某与A公司是自愿签署的《协商解除劳动关系协议书》，《协商解除劳动关系协议书》也载明双方系协商一致解除劳动合同。在双方已协商一致解除劳动关系，并签署了《协商解除劳动关系协议书》，且实际履行了该协议后，陈某基于怀孕的事实主张重大误解，显然并不属于法律意义上的"重大误解"。因此，仲裁委员会不会支持陈某的请求。

案例 16：哺乳期未享受法律规定的哺乳时间的女职工，企业是否应当予以补偿？

赵某为某公司员工，双方签订了为期 3 年的劳动合同。在合同期内，赵某生育了一个男婴。在孩子一周岁后，赵某因哺乳假与公司发生争议，向当地劳动争议仲裁委员会提出申请，主张其未享受哺乳期间每天一小时的哺乳时间，要求公司就此予以补偿。请问：仲裁委员会会支持赵某的请求吗？

【精解】

不会。

理由：虽然我国法律法规中规定婴儿一周岁以下的，应当给予每天一小时的哺乳时间，但是并未规定未享受哺乳时间的，用人单位是否应当予以补偿。由于法律法规并没有规定，且哺乳期间用人单位需全额支付工资，一般不支持女职工在这种情况下要求的哺乳时间补偿。

但需要注意的是，用人单位未能合理安排女职工享受哺乳期待遇的，可能会受到有关部门的行政处罚。

案例 17：女职工因哺乳晚到或早退的，企业可以扣除其全勤工资吗？

段某为某企业行政人员，与单位签订了 3 年期的劳动合同。2020 年，段某成为一名新手妈妈，产假结束便返岗上班。由于单位离家较远，在哺乳期间段某选择每日晚到 1 小时或者早退 1 小时，且将每日 1 小时哺乳时间的安排向行政主管说明报备。但到结算该月工资时，企业扣除了段某的全勤工资。段某与企业双方发生了争议，于是向当地劳动争议仲裁委员会提出了仲裁申请，要求企业支付全勤奖和工资差额。请问：仲裁委员会会支持段某的请求吗？

【精解】

会支持。

理由：根据《女职工劳动保护特别规定》，用人单位应当在每天的劳动时间内为哺乳期女职工安排 1 小时哺乳时间，企业不得因此降低其工资报酬。因此，该企业应当支付段某全勤奖和工资差额。

需要注意的是，用人单位不能将产前检查、产假、哺乳假等计为病假、事假、缺勤或旷工，应当将前述期间算作劳动时间，按照劳动合同正常支付劳动报酬，应分清"三期"（孕、产、哺）可协商范围和法律法规强制规定的内容，依法安排"三期"女职工工作、保障"三期"女职工获得劳动报酬、平等就业等权利。

案例 18：女职工休了产假就不能加工资吗？

张某为 A 公司的设计人员。A 公司每年 1 月份都会根据对员工上一年工作情况的考核按照 5%～10%不等的比例给员工涨工资，除非员工上一年度考核不合格。近日，张某所在部门的负责人通知张某，由于其去年生孩子休过 98 天产假，考勤不是全勤，因此加薪人员的名单中没有张某。请问：企业的做法对吗？产假算缺勤吗？

【精解】

不对。

理由：我国法律法规对于"三期"女职工的权益给予了特别的保护。对于女职工休产假，还有休产前假和哺乳假期间，在加薪考核中是否应当算作出勤，大部分地区没有明确规定。有些地区作出了明确的规定，《上海市女职工劳动保护办法》第 18 条明确规定："女职工按规定享受的产前假、产假和哺乳假在增加工资时应作出勤对待。"《广东省实施〈女职工劳动保护特别规定〉办法》规定，女职工产假期间照发工资，不影响原有福利待遇和全勤评奖。因此，A 公司因为张某去年休过产假而认为张某不是全勤，从而将张某排除在公司员工加薪之列，这种做法是错误的，应该予以纠正。

案例19：女职工提前结束产假的，企业需要为其支付相应期间的报酬吗？

事业心较强的冯某在生育后身体恢复较好，应用人单位要求，便提前结束了产假，回公司上班。但到结算该月工资时，公司却没有给冯某发工资。冯某对此提出异议，认为自己主动放弃生育奖励假，并且付出了劳动，公司应当额外支付该月工资，且公司给冯某缴纳的生育保险很低，导致冯某享受的生育津贴不足自己的工资数额，因此冯某要求公司补发差额。但公司认为，冯某已经享受了生育保险待遇，公司不应再承担工资。双方争执不下，最终，冯某将公司诉至劳动争议仲裁委员会，请求劳动仲裁。请问：仲裁委员会会支持冯某的请求吗？

【精解】

会支持。

理由：一般情况下，女职工对于生育津贴和产假工资不可兼得，但是这一前提应是建立在女职工休满应享有的产假基础上的。严格地说，生育津贴和产假工资并不是同一个概念，生育津贴是指对职业妇女因生育或者流产而离开工作岗位、中断收入时，按照生育保险的法律法规定期支付现金的一项待遇，生育津贴的支付主体是生育保险经办机构。而产假工资则是对于无法享受生育保险待遇的职工，法律规定产假期间由用人单位支付工资及福利待遇，产假工资的支付主体是用人单位。女职工应用人单位要求提前结束产假，向用人单位提供了正常的劳动，应当获得相应的劳动报酬，而生育津贴是基于职工缴纳了生育保险费和合法生育这两个事实而应该享受的产假待遇，在产假期内，即使女职工没有提供劳动，也能获得相应的生育津贴。因此，公司应当向冯某支付额外的工资。生育津贴是冯某在产假期间应该享受的待遇，生育津贴=当月本单位人均缴费工资÷30（天）×假期天数。生育津贴高于职工原工资标准的，用人单位应当将生育津贴余额支付给职工；生育津贴低于职工原工资标准的，差额部分由用人单位补足。因此，公司应当依法补足差额。

第十三章

劳动争议的解决

第一节 实 务 操 作

实操1：什么是劳动争议？如何界定劳动争议？

劳动争议，也称为劳动纠纷，主要是指劳动关系的当事人之间因执行劳动法律法规和履行劳动合同而发生的纠纷，即劳动者与所在用人单位之间因劳动关系中的权利义务而发生的纠纷。根据《中华人民共和国劳动争议调解仲裁法》（以下简称《劳动争议调解仲裁法》）第2条的规定，劳动争议的范围主要有：

①因确认劳动关系发生的争议；

②因订立、履行、变更、解除和终止劳动合同发生的争议；

③因除名、辞退和辞职、离职发生的争议；

④因工作时间、休息休假、社会保险、福利、培训以及劳动保护发生的争议；

⑤因劳动报酬、工伤医疗费、经济补偿或者赔偿金等发生的争议；

⑥劳动者与用人单位在履行劳动合同过程中发生的纠纷；

⑦劳动者与用人单位之间没有订立书面劳动合同，但已经形成劳动关系后发生的纠纷；

⑧劳动者退休后，与尚未参加社会保险统筹的原用人单位因追索养老金、医疗费、工伤保险待遇和其他社会保险而发生的纠纷；

⑨法律法规规定的其他劳动争议。例如，机关、事业单位、社会团体与其建立劳动关系的劳动者之间，因确认劳动关系，订立、履行、变更、解除和终止劳动合同，工作时间、休息休假、社会保险、福利、培训以及劳动保护，劳动报酬、工伤医疗费、经济补偿或者赔偿金等发生的争议；劳动者退休后，与尚未参加社会保险统筹的原用人单位因追索养老金、医疗费、工伤保险待遇和其他社会保险费而发生的纠纷。

根据《最高人民法院关于审理劳动争议案件适用法律问题的解释（一）》第2条的规定，下列纠纷不属于劳动争议的范围：

①劳动者请求社会保险经办机构发放社会保险金的纠纷；

②劳动者与用人单位因住房制度改革产生的公有住房转让纠纷；

③劳动者对劳动能力鉴定委员会的伤残等级鉴定结论或者对职业病诊断鉴定委员会的职业病诊断鉴定结论的异议纠纷；

④家庭或者个人与家政服务人员之间的纠纷；

⑤个体工匠与帮工、学徒之间的纠纷；

⑥农村承包经营户与受雇人之间的纠纷。

实操 2：发生劳动争议的情况主要有哪些？

在实务中，发生劳动争议的情况有很多种，如表 13-1 所示。

表 13-1　发生劳动争议的情况

项　　目		内　　容
调岗降薪	调岗降薪的理由	以劳动者请病假、身体不足以胜任原岗位工作为由
	法律风险	如果调岗降薪不符合法律规定，劳动者就有权要求继续按照劳动合同的约定在原岗位履行劳动合同，或者主动要求解除劳动合同，并要求用人单位支付经济补偿金
不按时按额支付加班加点工资	加班加点工资的法律规定	根据《最高人民法院关于审理劳动争议案件适用法律问题的解释（一）》第 42 条的规定，劳动者主张加班费的，应当就加班事实的存在承担举证责任。但劳动者有证据证明用人单位掌握加班事实存在的证据，用人单位不提供的，由用人单位承担不利后果 根据《工资支付暂行规定》第 13 条，用人单位在劳动者完成劳动定额或规定的工作任务后，根据实际需要安排劳动者在法定标准工作时间以外工作的，应按以下标准支付工资：用人单位依法安排劳动者在日法定标准工作时间以外延长工作时间的，按照不低于劳动合同规定的本人小时工资标准的 150% 支付劳动者工资
	法律风险	部分企业为了降低企业人力成本，经常迟发、少发甚至不发加班费，因此易引发劳动者诉用人单位不按时按额支付加班加点工资的争议

续表

项　　目		内　　容
劳动者离职，不支付经济补偿金和经济赔偿金	法律规定	根据《劳动合同法》的规定，终止固定期限劳动合同的，用人单位需要向劳动者支付经济补偿金；同时对于违法解除劳动合同的，用人单位需要支付二倍的经济赔偿金
	法律风险	用人单位在与劳动者解除劳动合同时不支付经济补偿金和经济赔偿金
女职工"三期"待遇无法保证		由于女职工怀孕后需要在工作时间进行产前定期检查，因此无法保证其工作效率。此外，由于怀孕，部分女职工可能不再适合从事当前岗位的工作。因此，部分用人单位以女职工怀孕为由调整其工作岗位，降低其工资，甚至采取种种措施，逼迫孕妇离职，用人单位的这些做法都是违法的。一旦"三期"女职工提起诉讼，败诉的往往都是用人单位
不按时缴纳社会保险费		部分用人单位为了节省开支，以各种理由不为劳动者缴纳社会保险的做法是完全不符合我国法律规定的 如果用人单位不按时为员工缴纳社会保险，那么根据《劳动合同法》第38条的规定，劳动者有权解除劳动合同，有权要求支付经济补偿金。同时，劳动者还可以到劳动监察部门投诉，要求补缴

实操 3：协商解决是解决劳动争议的必经程序吗？

所谓协商，主要是指劳动争议发生后，当事人就争议事项进行商量，协调双方的关系，消除矛盾，解决争议。

劳动争议为人民内部矛盾，当然可以也应当协商解决，但协商并不是解决劳动争议的必经程序，只是国家对当事人自行协商解决劳动争议这种方式予以法律的认可。如果双方当事人不愿协商或者协商不成，当事人有权申请调解或者仲裁。

实操 4：用人单位能否以劳动者未履行和解协议为由，拒绝履行自身的合同义务？

如果和解协议约定劳动者和用人单位相互履行合同义务，对于劳动者在约定期限内不履行和解协议的，用人单位有权停止履行相对应的合同义务。因此，和解协议的程序和内容只要合法有效，就可以作为证据使用。

如果劳动者就用人单位不履行和解协议提起劳动仲裁，用人单位不提出反请求，就可能错过要求劳动者同时履行合同义务的好时机。因此，用人单位应当注意通过适当的程序提出相应抗辩，否则用人单位可能面临必须履行合同义务的风险。

实操 5：用人单位与劳动者的和解协议中约定"劳动者放弃提起仲裁和诉讼的权利"，这种约定有效吗？

根据《企业劳动争议协商调解规定》，达成和解协议后，一方当事人在约定的期限内不履行和解协议的，可以依法向仲裁委员会申请仲裁。因此，通过约定排除当事人提起仲裁的权利是无效的。发生劳动争议时，当事人有权申请劳动仲裁，这是法定的权利。

对于企业人力资源管理人员来说，企业与员工通过自行协商达成和解后，应当及时签订书面和解协议，理由有两方面：一方面可以避免员工反悔；另一方面则是一旦员工反悔，可以将和解协议作为证据提交给仲裁委员会和法院，供其审理案件时参考。

当然，从客观上来说，即使签订了和解协议，也无法排除对方当事人提起劳动仲裁的风险。但是，为了避免在可能发生的仲裁或诉讼程序中败诉的风险，建议企业与劳动者签订和解协议，可以明确约定"劳动者与企业就协议约定范围内的所有权利义务再无争议，双方之间无债权债务纠纷"。

实操 6：发生劳动争议后，用人单位和劳动者如何调解解决？

发生劳动争议后，通过调解方式处理和解决劳动争议是我国劳动法明确规定的处理途径之一，根据《劳动争议调解仲裁法》的规定，劳动争议处理原则为"根据事实，遵循合法、公正、及时、着重调解"。因此，从广义上来说，调解是第三方参与，对争议双方的矛盾纠纷进行调和，从而达到促使当事人双方消除矛盾、协商达成一致的过程。

根据《劳动争议调解仲裁法》的规定，发生劳动争议，当事人可以到下列调解组织申请调解：

①企业劳动争议调解委员会；

②依法设立的基层人民调解组织；

③在乡镇、街道设立的具有劳动争议调解职能的组织。

其中，企业劳动争议调解委员会由职工代表和企业代表组成。职工代表由工会成员担任或者由全体职工推举产生，企业代表则由企业负责人指定。企业劳动争议调解委员会主任由工会成员或者双方推举的人员担任。

调解委员会调解的程序如表 13-2 所示。

表 13-2　调解委员会调解的程序

项　　目	内　　容
提出调解申请	根据《劳动争议调解仲裁法》的规定，当事人申请劳动争议调解的，既可以书面申请，也可以以口头方式向调解组织提出申请。口头申请的，调解组织应当当场记录申请人基本情况、申请调解的争议事项、理由和时间
调解期限	根据《劳动争议调解仲裁法》的规定，自劳动争议调解组织收到调解申请之日起 15 日内未达成调解协议的，当事人可以依法申请仲裁 也就是说，法律规定的调解期限是 15 日，在 15 日内未达成协议的，则视为调解不成，任何一方当事人均可向劳动争议仲裁委员会申请仲裁
调解结果	①双方当事人经调解达成协议的，应当制作调解协议书 ②如果调解不成，调解组织应告知当事人向劳动争议仲裁委员会申请仲裁 ③关于调解协议书的内容，法律并未作出明确规定。一般来说，调解协议书应当载明双方达成的权利义务内容和履行期限等事项，并且经双方当事人签名或者盖章，经调解员签名并加盖调解组织印章后生效

需要注意的是，企业采用协商或调解方式解决争议，特别是在追究员工的相关责任时，应当尽量确保双方在较短的时间内达成一致，以防止久拖不决而耽误了申请仲裁的时效，使企业丧失胜诉权。

实操 7：如何认定调解协议的法律效力？

调解协议由双方当事人签名或者盖章，经调解员签名并加盖调解委员会印章后生效。调解协议应当写明双方当事人的基本情况、调解请求事项、调解的结果和协议履行期限及履行方式等。调解协议一式三份，双方当事人和调解委员会各执一份。

调解协议书并不具有向法院要求强制执行的效力，只有通过劳动仲裁委员会或人民法院的确认，才能具有强制执行效力。但是，如果调解协议具有劳动权利义务内容，具有劳动合同的约束力，就可以作为法院裁判的证据。

调解协议法律效力的认定如表 13-3 所示。

表 13-3　调解协议法律效力的认定

项　目	内　容
通过仲裁委员会的确认途径	①当事人双方可以自调解协议生效之日起 15 日内共同向仲裁委员会提出仲裁审查申请，经过仲裁委员会的审查，认定调解协议书合法有效的，由仲裁委员会出具调解书。当事人不履行调解书内容的，另一方当事人可向法院申请强制执行 ②如果一方当事人不履行调解协议书，另一方当事人就可以依法提起劳动仲裁申请。仲裁委员会应当对调解协议进行审查，调解协议合法有效且不损害公共利益或者第三人合法利益的，在没有新证据出现的情况下，仲裁委员会可以依据调解协议作出仲裁裁决
通过人民法院的确认途径	①当事人在人民调解委员会主持下就给付义务达成的调解协议，双方认为有必要的，可以共同向人民调解委员会所在地的基层人民法院申请司法确认。经人民法院裁定确认调解协议合法有效，当事人不履行的，另一方当事人可以申请强制执行 ②当事人在人民调解委员会主持下就支付拖欠劳动报酬、工伤医疗费、经济补偿或者赔偿金事项达成的调解协议，用人单位在协议约定期内不履行的，劳动者可以持调解协议书依法向人民法院申请支付令

实操 8：协商与调解都是劳动争议的解决途径之一，两者有哪些区别？

尽管协商与调解都是劳动争议的解决途径之一，并且都不是法定的必经途径，但两者还是有较大的区别（见图 13-1）。

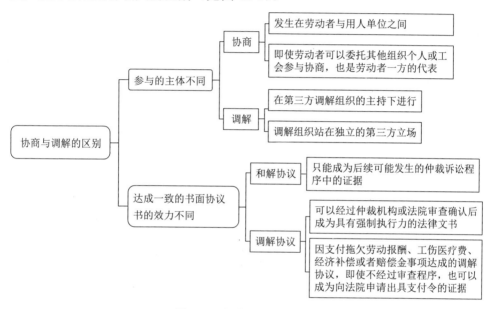

图 13-1 协商与调解的区别

实操 9：所有的用人单位都必须设立调解委员会吗？

根据《企业劳动争议协商调解规定》第 13 条的规定，大中型企业应当依法设立调解委员会，并配备专职或者兼职工作人员。其他类型企业可以设立调解委员会。但是，从《劳动法》和《劳动合同法》的规定可知，通过调解途径解决劳动争议并非法定必经程序，而是由当事人自主选择的。劳动者有权选择向劳动保障行政机构或者劳动仲裁等多种途径主张权利，对劳动者的权利救济途径已经建立。此外，相关的法律法规均未明确规定未设立调解委员会的后果和责任，因此并非所有的用人单位都必须设立调解委员会。

实操 10：什么是劳动争议仲裁？

如果劳动争议经协商或调解不成，当事人可以向劳动争议仲裁委员会申请仲裁；当事人也可以不经调解直接向劳动争议仲裁委员会申请仲裁。劳动争议仲裁是解决劳动争议的法定和必经程序，因此劳动争议仲裁在解决劳动争议案件中发挥着举足轻重的作用。

实操 11：仲裁申请的受理范围有哪些？

根据《劳动争议调解仲裁法》的规定，劳动争议仲裁委员会仅受理属于劳动争议的仲裁申请，对于非劳动争议，当事人只能通过其他司法途径解决。一般来说，判断某项纠纷是否构成劳动争议，主要考察两个方面：①争议双方主体是否是具有劳动关系的用人单位和劳动者；②争议事项是否是由劳动关系引起的或与之直接相关的事项。

关于劳动仲裁案件的受理范围，各地区相继出台了审判指导意见，对此进行规范指导。概括起来，普遍认为图 13-2 所列的几类纠纷不构成劳动争议，不属于劳动仲裁的受案范围。

不属于劳动仲裁受案范围的纠纷：

- 用人单位没有为劳动者建立社会保险关系、欠缴社会保险费或未按规定的工资基数足额缴纳社会保险费，劳动者主张予以补缴而发生的纠纷
- 劳动者与用人单位因住房公积金产生的纠纷
- 劳动者与用人单位因参加工作时间认定、出生年龄确认、工龄折算、特种工认定、退休审批、退休基本养老保险或者退休金待遇等而发生的纠纷
- 在校学生在勤工俭学或实习期间，与所在用人单位发生的争议
- 外国企业常驻代表机构或台港澳企业未依规定通过相关就业服务单位，而直接招用劳动者发生的纠纷

图 13-2　不属于劳动仲裁受案范围的纠纷

实操 12：劳动争议仲裁的基本制度有哪些？

劳动争议仲裁的基本制度如表 13-4 所示。

表 13-4 劳动争议仲裁的基本制度

项 目		内 容
仲裁庭制度	概念	仲裁庭是对某一劳动争议案件进行仲裁审理活动的组织形式。根据《劳动争议调解仲裁法》的规定，劳动争议仲裁委员会裁决劳动争议案件应当组成仲裁庭，实行一案一庭制
	形式	根据仲裁庭仲裁员人数，仲裁庭可以分为两种形式： ①独任仲裁庭：即仲裁庭由一人组成，独任审理。简单案件可以由一名仲裁员独任仲裁 ②合议仲裁庭：由两名仲裁员和一名首席仲裁员组成。首席仲裁员是合议仲裁庭的主持者，与仲裁员享有同等的权利 处理下列争议案件应当由合议仲裁庭审理： a. 10 人以上集体劳动争议 b. 有重大影响的劳动争议 c. 仲裁委员会认为应当由合议仲裁庭处理的其他案件
一次裁决制度		劳动争议仲裁实行一个裁级一次裁决制度，一次裁决即为仲裁程序的最终裁决，除法律规定的终局裁决外，当事人不服仲裁裁决的，只能向法院提起诉讼，不能向上一级仲裁委员会申请复议或要求重新处理
合议制度		①仲裁庭裁决劳动争议，实行少数服从多数的原则，裁决应当按照多数仲裁员的意见作出，少数仲裁员的不同意见应当记入笔录 ②当仲裁庭不能形成多数意见时，裁决应当按照首席仲裁员的意见作出
回避制度		仲裁委员会委员、仲裁人员及其相关工作人员与劳动争议有利害关系的、可能影响公正裁决的下列人员应当回避；当事人也有权以口头或者书面方式提出回避申请： ①为本案当事人或者当事人、代理人的近亲属的 ②与本案有利害关系的 ③与本案当事人、代理人有其他关系，可能影响公正裁决的 ④私自会见当事人、代理人，或者接受当事人、代理人的请客送礼的

续表

项　目		内　容
管辖制度	概念	劳动争议仲裁的管辖即劳动争议仲裁案件的管辖，主要是指不同的劳动争议仲裁委员会受理劳动争议仲裁案件的分工与权限
	程序	①劳动争议由劳动合同履行地或者用人单位所在地的劳动争议仲裁委员会管辖，双方当事人分别向劳动合同履行地和用人单位所在地的劳动争议仲裁委员会申请仲裁的，由劳动合同履行地的劳动争议仲裁委员会管辖 ②对于多个仲裁委员会都拥有管辖权的，由先受理的仲裁委员会管辖；仲裁委员会发现已受理案件不属于其管辖范围的，应当移送至有管辖权的仲裁委员会，并且书面通知当事人 ③若当事人提出管辖异议，则应当在答辩期满前书面提出。当事人逾期提出的，不影响仲裁程序的进行，当事人因此对仲裁裁决不服的，可以依法向人民法院起诉或者申请撤销
区分举证责任制度		①当事人对于自己提出的主张负有举证责任，主要由劳动关系的特点所决定： a. 反映平等主体关系间的争议事项，遵循"谁主张，谁举证"的原则 b. 反映隶属性关系的争议事项，实行"谁决定，谁举证"的原则，即与争议事项有关的证据属于用人单位掌握管理的，用人单位应当提供；用人单位不提供的，应当承担不利后果 ②当法律没有明确规定，同时无法确定举证责任承担时，仲裁庭可以根据公平原则和诚实信用原则，综合当事人举证能力等因素确定举证责任的承担

实操 13：如何理解劳动争议仲裁的时效制度？

时效是指一定的事实状态持续存在一定时间后即发生一定法律后果的法律制度。劳动争议仲裁时效主要是指当事人因劳动争议要求保护其合法权利，必须在法定的期限内向劳动争议仲裁委员会提出仲裁申请，在法定期限内不行使权利就会丧失胜诉权的制度。

1. 仲裁时效的特征

仲裁时效具有以下 4 个方面的突出特征。

（1）从仲裁时效的条件可知，仲裁时效是以权利人不行使请求劳动争议仲裁机构保护其权利的事实状态为前提的。

（2）在仲裁时效完成后，权利人所丧失的并不是向劳动争议仲裁机构申请仲裁的权利。在时效完成后，权利人仍然有权利向劳动争议仲裁机构申请仲裁，只不过劳动争议仲裁机构不再保护其权利。

（3）仲裁时效具有强制性。法律对于仲裁时效的规定属于强制性规范，当事人不得协议排除对仲裁时效的适用，也不得协议变更仲裁时效的期间。

（4）仲裁时效具有特殊性。特殊性主要指的是这里规定的仲裁时效仅适用于劳动争议仲裁案件。

2. 仲裁的时效制度的内容

仲裁的时效制度的内容如表 13-5 所示。

表 13-5　仲裁的时效制度的内容

项　　目		内　　容
仲裁时效期间		根据《劳动争议调解仲裁法》参照了《民法典》关于特殊民事权利的诉讼时效的规定，延长了申请仲裁的时效期间，将劳动争议仲裁的时效期间规定为 1 年
仲裁时效的起算时间		根据《劳动争议调解仲裁法》的规定，仲裁时效期间从当事人知道或者应当知道其权利被侵害之日起计算
仲裁时效的中断	概念	即在仲裁时效进行中，因法定事由的发生而阻碍时效的进行，致使以前经过的时效期间全部归于无效，从中断时起，劳动仲裁时效期间重新计算
	法定事由	①当事人通过协商、申请调解等方式向对方当事人主张权利 ②当事人通过向有关部门投诉，向劳动仲裁机构申请仲裁，向法院起诉或申请支付令等方式请求权利救济 ③对方当事人同意履行义务的
	注意事项	认定仲裁时效是否中断，需要由请求确认仲裁时效中断的一方当事人提供有上述三种情形之一的证据，因此当事人应当有证据意识，注意保留和收集证据
	法律后果	发生仲裁时效中断时，已经进行的仲裁时效期间统归无效，重新开始计算时效期间 因劳动争议进入企业调解委员会主持下的调解程序而导致时效中断,时效重新起算的时间根据协商或调解情形的不同稍有不同(见表 13-6)

续表

项 目		内 容
仲裁时效的中止	概念	即在仲裁时效进行中，当不可抗力或其他法定情形发生时，仲裁时效期间停止计算，自阻碍时效继续的情形消失之日起，仲裁时效继续计算
	法定事由	①不可抗力，指不能预见、不能避免并且不能克服的客观情况 ②有其他正当理由，指除不可抗力外，阻碍权利人行使请求权的客观事实
	法律后果	在发生仲裁时效中止时，已经进行的诉讼时效仍然有效，时效中止的时间不计入仲裁时效期间。也就是说，将时效中止前后时效进行的时间合并计算仲裁时效期间。从中止时效的原因消除之日起，仲裁时效期间继续计算
劳动报酬争议仲裁的特别时效		劳动争议的一般时效期间为一年，但是劳动关系存续期间因拖欠劳动报酬发生争议的，劳动者申请仲裁不受一年仲裁时效期间的限制

表 13-6 协商与调解情形下时效重新起算的时间

协 商		调 解	
情 形	时效重新起算时间	情 形	时效重新起算时间
一方当事人提出协商要求，对方当事人明确表示不同意或者在 5 日内未做出回应的	从对方明确表示之日或者 5 日后开始重新计算	一方当事人提出调解申请，另一方当事人不同意的	从对方明确表示之日起重新计算
进入协商过程，且双方约定了协商期限，超过约定期限未能达成一致的	约定期限到期后，时效重新计算	进入调解程序后，在 15 日内或者双方同意延长的期间内，未能达成调解协议的	自受理调解申请之日起 15 日后，或者双方同意延长的期限到期后，时效重新计算
进入协商过程，在约定期限内，一方或者双方明确不同意继续协商的	从明确表示之日，重新计算	进入调解程序后，在 15 日内或者双方同意延长的期间内，一方或者双方不同意调解的	从明确表示之日，时效重新计算
达到协商一致的结果后，在约定期限内不履行的	从约定的期限到期日起时效重新计算	达成调解协议，在约定期限内不履行的	从约定的期限到期日起，时效重新计算

　　企业应当重视关于仲裁时效的规定，其中对员工提起劳动仲裁的，应当在仲裁时效期满前提出；企业被员工提起仲裁的，应当注意审查员工的申诉请求是否已经超过仲裁时效。此外，企业作出各种决定或发出任何通知，特别是对与劳动关系变更和解除有关的决定或通知，均应当以书面形式作出并及时送达劳动者，以免双方在仲裁时效的起算、中断或中止等问题上发生争议。

实操 14：被申请人在接收仲裁申请书后，应该如何应对？

　　劳动仲裁程序启动之后，有严格的流程和时限要求，被申请人接收仲裁申请书后应当认真对待（见图13-3）。

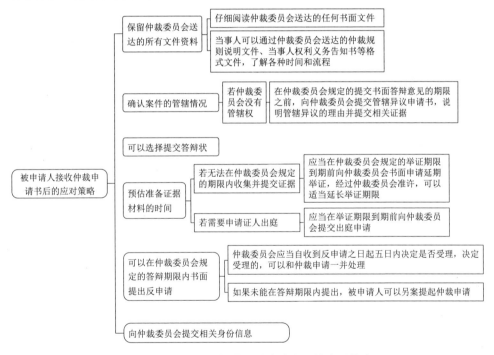

图 13-3　被申请人接收仲裁申请书后的应对策略

　　在实务中，用人单位作为被申请人的情况比较多，作为劳动争议仲裁程序的当事人，对于涉及仲裁程序的相关内容如果不了解的，应当查询相关法律法规，并且询问律师等专业人士。

实操 15：劳动争议仲裁案件中，如何界定举证责任归属？

根据《劳动争议调解仲裁法》的规定，发生劳动争议的，当事人对自己提出的主张，有责任提供证据，这是劳动争议举证责任应遵循的一般原则。

此外，考虑到用人单位作为用工主体方掌握和管理着劳动者的工作档案、工资发放、社会保险费缴纳、劳动保护提供等情况和资料，劳动者通常无法取得和提供，因此《劳动争议调解仲裁法》又对用人单位作出了特别的规定：与争议事项有关的证据属于用人单位掌握管理的，用人单位应当提供；用人单位不提供的，应当承担不利后果。

实操 16：如何认定劳动争议仲裁管辖地？

仲裁的管辖主要是指确定各个仲裁委员会受理案件的权限，它是对各个仲裁委员会审理案件的内部分工，对于劳动争议当事人来说，向哪个地区的仲裁委员会提出仲裁申请，直接关系到其请求是否能够被受理的问题，也直接关系到其合法权益能否及时得到保护。因此，关于仲裁委员会的地域管辖问题，对劳动争议当事人来说是非常重要的。根据《劳动争议调解仲裁法》第 21 条的规定，劳动争议由劳动合同履行地或者用人单位所在地的劳动争议仲裁委员会管辖。

此外，《劳动人事争议仲裁办案规则》第 8 条规定，劳动合同履行地为劳动者实际工作场所地，用人单位所在地为用人单位注册、登记地或者主要办事机构所在地。用人单位未经注册、登记的，其出资人、开办单位或者主管部门所在地为用人单位所在地。由此可见，对于劳动争议案件，企业所在地、劳动合同履行地的劳动争议仲裁委员会有管辖权。

实操 17：劳动争议案件的法定仲裁程序是什么？

从当事人一方向劳动争议仲裁委员会提出仲裁申请开始，劳动争议案件就

依法进入仲裁程序，尽管每个案件的具体情况不同，但都需要遵循法定的相关
程序（见表 13-7）。

表 13-7　劳动争议案件的法定仲裁程序

仲 裁 程 序		具 体 内 容
提出仲裁申请	仲裁申请	①申请人应当在仲裁时效期限内，向有管辖权的劳动争议仲裁委员会提交仲裁申请
		②仲裁申请应当以书面形式提出，并且按照被申请人的人数提交副本
		③书写仲裁申请确有困难的，可以口头申请，由劳动争议仲裁委员会笔录，并经申请人签名或者盖章确认
	仲裁申请书的内容	仲裁申请书应当载明下列事项：
		①劳动者的姓名、性别、年龄、职业、工作单位、住所、通讯地址及联系电话，用人单位的名称、住所、通讯地址、联系电话和法定代表人或者主要负责人的姓名、职务
		②仲裁请求和所根据的事实、理由
		③证据和证据来源，证人姓名和住所
受理		对于当事人提出的劳动仲裁申请，符合下列条件的，劳动争议仲裁委员会在收到仲裁申请之日起 5 日内，将出具《受理通知书》，并且通知申请人：
		①申请仲裁的争议属于劳动人事争议
		②有明确的仲裁请求和事实理由
		③申请人是与本案有直接利害关系的自然人、法人或者其他组织，有明确的被申请人
		④属于仲裁委员会的管辖范围
		对于不符合上述第①、②、③项规定之一的仲裁申请，仲裁委员会在收到仲裁申请之日起 5 日内会向申请人出具《不予受理通知书》。对不符合上述第④项规定的仲裁申请，仲裁委员会在收到仲裁申请之日起 5 日内，应向申请人进行书面说明，并且告知申请人向有管辖权的仲裁委员会申请仲裁
		在实务中，劳动争议仲裁委员会通常在当事人提起仲裁申请的当时即决定是否受理，如果仲裁委员会作出不予受理的决定，或者自收到仲裁申请之日起 5 日内仍未作出决定，申请人可以就该劳动争议事项向人民法院提起诉讼

续表

仲 裁 程 序		具 体 内 容
送达仲裁申请书副本		劳动争议仲裁委员会受理仲裁申请后,将在 5 日内将仲裁申请书副本送达被申请人
提交答辩书		①被申请人收到仲裁申请书副本后,应当在 10 日内向劳动争议仲裁委员会提交答辩书
		②劳动争议仲裁委员会收到答辩书后,应当在 5 日内将答辩书副本送达申请人
		③被申请人未提交答辩书的,不影响仲裁程序的进行
提出管辖异议		①当事人对案件管辖有异议的,应当在答辩期满前以书面形式提出,否则就丧失了提出管辖异议的权利
		②当事人逾期未提出的,不影响仲裁程序的进行
		③当事人因此对仲裁裁决不服的,可以依法向人民法院起诉或者申请撤销仲裁裁决
提出反申请	"反申请"制度	被申请人可以在答辩期内,向劳动争议仲裁委员会提出反申请,这就是《劳动人事争议仲裁办案规则》中首次确立的劳动仲裁程序中的"反申请"制度
	主要内容	①被申请人应当在答辩期内提出反申请
		②仲裁委员会应当自收到被申请人反申请之日起 5 日内决定是否受理并通知被申请人。仲裁委员会决定受理的,可以将反申请和申请合并处理。反申请应当另行申请仲裁的,仲裁委员会应当书面告知被申请人另行申请仲裁;反申请不属于《劳动人事争议仲裁办案规则》应当受理的,仲裁委员会应当向被申请人出具《不予受理通知书》
		③被申请人答辩期满后对申请人提出反申请的,应当另行申请仲裁
举证		当事人双方应当在劳动争议仲裁委员会指定的期限内,按照法律规定和仲裁委员会的要求提交证据
开庭前准备		①仲裁委员会将在受理仲裁申请之日起 5 日内组成仲裁庭,并应当将仲裁庭的组成情况书面通知当事人。对于权利义务明确、事实清楚的简单争议案件或经双方当事人同意的其他争议案件,仲裁委员会也可以指定一名仲裁员独任处理
		②仲裁庭在开庭 5 日前,应当将开庭日期、地点书面通知双方当事人
		③当事人有正当理由的,可以在开庭 3 日前请求延期开庭,是否延期,由仲裁委员会根据实际情况决定

续表

仲 裁 程 序	具 体 内 容
开庭审理	①当事人应按时到庭和参加庭审 ②核实当事人身份 ③仲裁员宣读庭审纪律，并宣布开庭 ④仲裁员告知仲裁庭组成情况，及当事人有关权利和义务，并询问当事人是否申请回避 ⑤申请人陈述仲裁请求、事实和理由；被申请人对申请人的仲裁请求和事实理由进行答辩 ⑥调查举证与质证 ⑦当事人应根据仲裁庭调查和双方质证的情况，围绕争议的焦点进行辩论 ⑧庭审辩论结束后，双方当事人愿意调解的，可由双方各自提出调解意见，也可由仲裁员根据庭审调查的事实和法律规定提出调解方案，让双方当事人进行协商。调解达成一致意见的，仲裁员应当庭宣布调解达成的协议，并制作调解书。双方当事人不愿调解或调解达不成一致意见的，仲裁员宣布双方当事人调解未达成协议 ⑨闭庭
裁决	根据《劳动争议调解仲裁法》的规定，仲裁庭裁决劳动争议案件，应当自劳动争议仲裁委员会受理仲裁申请之日起 45 日内结束。案情复杂需要延期的，经劳动争议仲裁委员会主任批准，可以延期并书面通知当事人，但是延长期限不得超过 15 日。也就是说，劳动仲裁案件审理期限最长不应超过 60 日，逾期未作出仲裁裁决的，当事人可以就该劳动争议事项向人民法院提起诉讼

实操 18：可以不申请仲裁直接起诉吗？

根据《劳动法》第 79 条的规定，劳动争议仲裁是进入劳动争议诉讼的必经程序。也就是说，当事人如果想要向人民法院提起劳动争议诉讼，必须首先向劳动争议仲裁委员会提出仲裁申请。

实操 19：劳动争议诉讼与劳动争议仲裁有哪些区别？

劳动争议诉讼与劳动争议仲裁的区别如表 13-8 所示。

表 13-8　劳动争议诉讼与劳动争议仲裁的区别

项　目		内　容
概念不同	劳动争议仲裁	劳动争议仲裁机构根据劳动争议当事人的请求，对劳动争议的事实和责任依法作出判断和裁决，并且对当事人具有法律约束力的一种劳动争议处理方式
	劳动争议诉讼	人民法院对当事人不服劳动争议仲裁机构的裁决或决定而起诉的劳动争议案件，依照法定程序进行审理和判决，并对当事人具有强制执行力的一种劳动争议处理方式
程序不同		劳动争议仲裁是劳动争议诉讼的法定前置程序，即"先裁后审"制，劳动争议当事人需首先将争议提交劳动争议仲裁机构进行仲裁。仲裁裁决后，如对仲裁裁决不服的，应在收到裁决书之日起 15 日内向人民法院起诉，未经仲裁而直接向人民法院起诉的，人民法院不予受理
		收到仲裁裁决后，当事人未在 15 日内起诉的，裁决发生法律效力，当事人应当履行该裁决，否则对方可申请人民法院强制执行；在 15 日内起诉的，仲裁裁决不发生法律效力，人民法院应当对该劳动争议进行全面审理，不受已完成的仲裁的影响
性质不同	劳动争议仲裁	既有行政性质，又有法律保证履行的权威
	劳动争议诉讼	司法性质，具有最终的司法裁判权
法律依据不同	劳动争议仲裁	主要是《劳动争议调解仲裁法》
	劳动争议诉讼	主要是《中华人民共和国民事诉讼法》
遵循的原则不同	劳动争议仲裁	①先行调解原则 ②少数服从多数原则 ③及时原则
	劳动争议诉讼	①以事实为依据 ②以法律为准绳

续表

项　目		内　容
审理程序不同	劳动争议仲裁	只有一审，仲裁裁决作出并送达后，仲裁程序即终结，如当事人对裁决不服，不能向上一级仲裁机构再行申请仲裁，而只能向人民法院起诉进入诉讼程序
	劳动争议诉讼	有二审，诉讼一审结束后，如对一审的判决不服，当事人可向上一级法院上诉，二审法院应对一审法院判决所认定的事实和适用的法律进行全面审查

实操 20：仲裁申请时效和诉讼时效有何区别？

2017 年 7 月 1 日生效的《劳动人事争议仲裁办案规则》（人力资源和社会保障部令第 33 号）第 30 条已经将"在申请仲裁的法定时效期间内"排除在仲裁申请受理条件范围之外。因此，劳动争议仲裁机构在决定是否受理仲裁申请时，不会审查仲裁申请是否符合申请时效。仲裁申请时效与诉讼时效一样，均对应为实体性权利，如对方当事人不主动提出时效抗辩，劳动争议仲裁委员会和法院均不应对时效问题进行释明或基于时效规则进行裁判，但两种时效是有区别的（见表 13-9）。

表 13-9　仲裁申请时效和诉讼时效的区别

项　目		内　容
适用的争议类型不同	仲裁申请时效	发生劳动争议纠纷的，适用仲裁申请时效 例如，劳动者提出的请求用人单位支付拖欠劳动报酬的主张，应当适用仲裁申请时效
	诉讼时效	在劳动者与用人单位之间发生的未纳入劳动争议纠纷范围的民事纠纷，权利人有权通过民事诉讼程序主张权利，适用普通诉讼时效 例如，如果发生未依法办理就业证的外国人与用人单位之间的劳动报酬纠纷，应视为普通民事纠纷案件，适用诉讼时效规则

项　　目	内　　容
救济途径不同	申请人的仲裁申请因超过仲裁申请时效而被劳动仲裁机构裁决、决定或通知不予受理的，当事人有权依法向人民法院起诉，以寻求救济，人民法院应当受理，对于确已超过仲裁申请期限，又无中止、中断情形的，依法驳回其诉讼请求 在诉讼过程中，对方当事人提出诉讼时效抗辩，经人民法院审查抗辩理由成立的，判决驳回相应的诉讼请求，当事人不服判决的，有权提起上诉

实操 21：如果劳动者和用人单位在诉讼阶段就裁决书的裁决事项达成了和解，那么如何认定原劳动仲裁的裁决书效力？

当事人双方达成和解后，既可以由原告撤回起诉，也可以由人民法院出具调解书。撤回起诉等同于原告未提起诉讼，原裁决书自送达之日起算 15 日期满后生效，而调解是诉讼程序中的结案方式，调解书生效，原裁决书不生效。

在实务中，如果劳动者与用人单位在诉讼阶段就裁决书的裁决事项达成了和解，通常建议由人民法院出具调解书，以便确定对双方调解的结果。如果贸然撤诉，待裁决书生效后，劳动者有权要求人民法院强制执行生效的裁决书内容。

实操 22：用人单位如何应对劳动争议中的"支付令"？

"支付令"主要是指债权人请求债务人给付金钱或者有价证券，并且在符合"债权人与债务人没有其他债务纠纷的"和"支付令能够送达债务人的"两个条件时，由债权人向用人单位所在地基层人民法院申请，经过法院审查债权人提供的事实、证据，对债权债务关系明确、合法的，应当在受理之日起 15 日内向债务发出支付令。债务人应当自收到支付令之日起 15 日内清偿债务，或者向人民法院提出书面异议。人民法院收到债务人提出的书面异议后，经过审查，异议成立的，应当裁定终结督促程序，支付令自行失效。债务人在前款规定的期间不提出异议又不履行支付令的，债权人可以向人民法院申请执行。

劳动争议中，适用支付令的情形主要有：①用人单位拖欠或者未足额支付劳动报酬的；②因支付拖欠劳动报酬、工伤医疗费、经济补偿或者赔偿金事项达成调解协议，用人单位在协议约定期限内不履行的，劳动者可以持调解协议书依法向人民法院申请支付令。

对于用人单位来说，如果对于支付令所述内容不服，则应当在收到支付令后的 15 日内及时向法院提出书面异议。由于法院审查"支付令"的过程仅仅审查申请人提交的证据，并不听取被申请人的答辩，为了公平，如果被申请人及时提出异议，人民法院通常不会过于严格地审查被申请人的异议理由，只要适当说明理由，人民法院就应当终止"支付令"的效力。

实操 23：如何解决集体合同争议？

集体合同争议是集体合同当事人对合同的内容、履行情况和不履行后果产生的争议。对于集体合同争议，主要有表 13-10 所列的 4 种解决方法。

表 13-10　集体合同争议的解决方法

项　目		内　容
协商解决集体合同争议	基本概念	企业与工会在自愿的基础上互谅互让，按照法律法规规定，解决双方争议
	处理原则	①在国家法律法规允许的范围内协商解决 ②当事人双方在平等的前提下协商解决
协调解决集体合同争议	基本概念	在当地人民政府劳动行政部门会同有关部门通过调解，使集体合同当事人双方解决争议。通常由当地人民政府出面协调，有利于企业内部集体合同争议的解决

续表

项　目		内　容
协调解决集体合同争议	处理原则	《劳动法》第84条规定，因签订集体合同发生争议，当事人协商解决不成的，当地人民政府劳动行政部门可以组织有关各方协调处理
		当地人民政府劳动行政部门协调解决集体合同争议，应查清事实，分清责任，耐心听取双方意见，宣传国家有关法律法规和政策，并明确指出当事人的过错责任。只有这样，才能促使双方在自愿的基础上达成协议
		当地人民政府劳动行政部门协调解决争议，要秉公办事，不徇私情，不要以势压人，否则将不利于解决争议。集体合同争议，经协调达成协议，应制定协议书，作为解决集体合同争议的根据。当事人双方和主持协调部门应在协议书上签名盖章
仲裁解决集体合同争议		集体合同争议的仲裁是指劳动争议仲裁机关对集体合同争议的仲裁，它是具有法律效力的行政措施。通过仲裁，对不遵守集体合同的有过错的一方采取强制措施，追究违约责任，以保证集体合同的全面履行
审判解决集体合同争议		集体合同争议的审判是指人民法院审理集体合同争议案件的活动。目前，集体合同争议案件主要通过行政手段加以解决。通过司法手段解决行政手段不能解决的那部分集体合同争议案件，便于集体合同制度的推行和生产以及工作秩序的稳定

第二节　案例精解

案例1：调解达成意见后可以反悔吗？

张某在某民营企业担任会计的职位，其与该企业签订了为期3年的劳动合同。2020年12月，张某因为奖金的事情与该企业的负责人发生了争执，该企业单方面做出解除劳动合同的决定。

张某接到通知后，向当地劳动争议仲裁委员会提起了申诉。仲裁委员会受理此案后，依法组成仲裁庭。在仲裁庭调解过程中，张某提出只要该企业支付经济赔偿金，自己同意与该企业协商解除劳动合同。该企业表示可以接受张某的提议，双方经过进一步的协商后，最终达成了调解协议，并且双方各自在调解协议上签了字。

在仲裁庭送达调解书前，张某与家人商量，觉得自己吃亏了，不能同意调解协议的内容，想要反悔，要求恢复其与用人单位的劳动关系。该企业拒绝了张某的要求。于是，张某拒绝在调解书的送达回执单上签字。请问：张某的调解协议生效了吗？

【精解】

张某的调解协议没有生效。

调解书是否生效直接关系到调解行为的成败。根据我国法律的相关规定，调解书应当直接送达当事人，当事人在调解书送达回执上签收的行为是调解书发生法律效力的必备条件。当事人不在送达回执单上签收的，视为拒绝，此时调解书不能发生法律效力。

案例 2：公司被申请仲裁，应该准备哪些相关资料？

公司被申请仲裁，申请人的请求事项有：

①在公司工作 2 年 8 个月，要求支付 3 个月的经济补偿金（实际情况是：申请人自己主动申请辞职的）；

②支付 2020 年年度年终奖；

③支付 2021 年 1 月份半月的工资（实际情况是：1 月份的工资已经发放到其工资卡上，有银行的转账凭证）。

请问：针对以上情况公司需要准备哪些资料？

【精解】

（1）员工的辞职信和企业办理离职手续的清单。仔细看看，员工的辞职理由是否因为企业的过错，工作过程中企业是否有法律规定要补偿的行为。

（2）年终奖的发放细则。方案是否经工会、是否公示、全体员工是否都清楚。

（3）1月工资的银行回条。工资计算是否有误，考勤是否符合事实，银行账号是否由员工本人提供。

（4）其他凡涉及此员工的资料都要准备。

案例3：遭遇辞退不补偿，员工拒绝返岗，申请仲裁会成功吗？

M公司于2020年5月初已通知员工张某办理离职手续，后因补偿的问题，M公司不愿意支付，所以现在又通知张某回原岗位按原工资标准回公司上班。请问：张某如果不回公司上班，仲裁是否能支持给予补偿？

【精解】

支持。前提是张某要有M公司通知办理离职手续的证据，如果没有，申请仲裁也是没依据的。

支持原因：M公司通知员工张某办理离职手续，张某同意，达到《劳动合同法》中规定的劳动合同解除的条件，M公司再通知张某回公司上班，是新关系的发生，因劳动合同签订是协商一致的，如果张某不同意，即双方达不成一致。

案例4：企业欠缴员工社会保险费，员工能申请仲裁或提起诉讼吗？

2019年，王某通过了某金融投资公司的笔试和面试考核，并于当年6月1日正式入职该金融投资公司，但当时该公司并未给王某缴纳社会保险。该公司于2020年1月1日才开始为王某缴纳社会保险。2020年6月，该投资公司因发展战略调整，撤并了王某所在的部门，并决定与王某解除劳动合同。王某不服，于是向劳动争议仲裁委员会提出申请，要求该投资公司支付违法解除劳动合同的双倍赔偿金，并且补缴2019年6月—12月的社会保险费。

请问：王某要求支付违法解除劳动合同的赔偿金的请求，仲裁委员会会支持吗？对于补缴社会保险费的请求，是否属于劳动争议范畴？对于不属于劳动争议的，企业应当如何应对？

【精解】

（1）劳动争议仲裁委员会会支持王某要求支付违法解除劳动合同的赔偿金的请求。

理由：该投资公司与王某解除劳动合同的行为是违法的，违法解除劳动合同需要支付赔偿金。

（2）不属于。

理由：征缴社会保险费是社会保险部门的职责，对于社会保险部门征缴不到的，可以依法申请人民法院强制执行。因此，劳动者要求补缴社会保险费的请求不属于劳动争议。据此，很多地区的仲裁机构和人民法院一律不受理有关请求补缴社会保险费的案件。目前在实务中，一般来说，无论是劳动仲裁机构还是人民法院，均不再受理有关缴纳社会保险费的申请或诉讼请求，劳动者可以通过当地劳动监察等行政部门解决上述问题。

（3）员工提起劳动仲裁的，企业应当在收到立案通知书或者应诉通知书后审查该纠纷是否属于劳动争议，对于不属于劳动争议的，应当在答辩期内向仲裁委员会提出异议。

案例5：已经离职的员工，有获得年终奖的资格吗？

张某于2016年6月正式入职某外企公司，担任会计师职位。2020年1月，张某与陈某一同从该外企公司离职。同年6月份，张某得知陈某曾经在原外企公司领取2019年年终奖一事，而张某本人根本不知道年终奖这事。于是在第二天，张某便向外企公司询问年终奖相关事宜，并要求公司发年终奖。该外企公司认为张某已经从本公司离职，因此没有获得年终奖的资格。张某不服，向劳动争议仲裁委员会申请仲裁。请问：劳动争议仲裁委员会会支持张某的请求吗？

【精解】

劳动争议仲裁委员会会支持张某的请求。

理由：根据我国法律规定，仲裁时效为1年，张某在陈某告知前，不知道该外企公司发放年终奖的事宜。张某向企业询问之日应当被视为"应当知道其权利被侵害之日",没有超过 1 年的仲裁时效,因此该外企公司应当给张某补发年终奖。

案例 6:企业能否在劳动合同中约定劳动争议仲裁管辖地?

张某于 2020 年 1 月正式入职 A 公司沈阳分公司,其工作地点在沈阳,A 公司总部在深圳。张某与 A 公司总部签订了劳动合同,合同中约定,合同的签订、履行过程中发生劳动争议,双方应当协商解决,协商不成的,应向深圳市的劳动部门依法申请劳动争议仲裁,向深圳市人民法院提起诉讼。

2021 年 1 月,张某因离职问题与 A 公司发生劳动争议,遂向沈阳当地劳动仲裁机构申请劳动仲裁。A 公司对管辖地提出异议,认为双方对管辖地有书面约定,因此该案件应当由深圳市的劳动仲裁机构管辖。张某认为合同的履行地点在沈阳,因此有权向沈阳当地的仲裁机构申请仲裁。

请问:A 公司对管辖地的异议成立吗?沈阳的劳动仲裁机构是否具有管辖权?

【精解】

A 公司对管辖地的异议不成立,沈阳的劳动仲裁机构具有管辖权。

理由:《劳动争议调解仲裁法》第 21 条规定:"劳动争议仲裁委员会负责管辖本区域内发生的劳动争议。劳动争议由劳动合同履行地或者用人单位所在地的劳动争议仲裁委员会管辖。双方当事人分别向劳动合同履行地和用人单位所在地的劳动争议仲裁委员会申请仲裁的,由劳动合同履行地的劳动争议仲裁委员会管辖。"据此,劳动者可以选择劳动合同履行地和用人单位所在地的仲裁机构申请仲裁,法律并没有协议管辖的规定,因此 A 公司约定管辖的条款限制了劳动者权利,违反了法律规定,不具备法律效力,该案件可由沈阳市当地劳动争议仲裁机构管辖。

案例 7:电子邮件能作为劳动争议仲裁的证据吗?

张某为某广告公司的设计师,并与公司签订了为期 3 年的劳动合同。张某因提成问题与公司领导发生分歧，她一气之下于 2020 年 9 月 10 日向公司人力资源管理部门发送了一封辞职邮件，邮件中写明："我决定今天就辞职，希望公司可以安排相关人员在 9 月 30 日前与我进行工作交接。"该广告公司的人力资源管理部门于 9 月 15 日回复张某，同意张某辞职的要求，并安排相关人员与其进行工作交接。张某在接到广告公司同意其离职的回复后，便不再上班。

离开公司后，张某十分后悔，于是她于 10 月 8 日向当地劳动争议仲裁委员会提出仲裁申请，要求该广告公司恢复其设计师职务，并对自己的辞职申请予以否认，要求继续履行原劳动合同。请问：张某发送的电子邮件可以作为劳动争议仲裁的证据吗？通过本案例可以得出，企业在通过电子邮件与员工沟通确认内容时，应如何避免争议和法律风险？

【精解】

可以。

理由：尽管在技术方面存在冒名顶替的可能性，但是张某在接到广告公司同意其离职的回复后，便不再上班，因此可以确认张某确实向公司人力资源管理部门发送了一封辞职请求（电子邮件）。

从避免争议和法律风险的方面来看，企业在通过电子邮件与员工沟通确认内容时，特别是事关劳动合同变更或解除事宜时，应当再以书面形式固定下来，并要求员工签字确认，同时人力资源管理部门要做好各类文件的归档和存放保管，以免在发生争议时举证困难。

案例 8：员工被单位无故开除，其申请劳动仲裁的时效有多长？

张某就职于某销售公司，近日被该公司无故开除了。由于私事需由张某亲自处理，因此张某暂时没有时间去跟公司"理论"。请问：如果张某申请劳动仲裁，那么最晚要在多长时间内提出呢？

【精解】

根据《劳动争议调解仲裁法》的相关规定，劳动争议申请仲裁的时效为一年。仲裁时效期间从当事人知道或者应当知道其权利被侵害之日起计算。如果张某申请劳动仲裁，要从他知道自己被"开除"起算，时间不能超过一年。

附　录

附录 A　录用通知书范本

录用通知书

_____（先生/女士）：

非常高兴地通知您，经过层层筛选，我公司决定正式录取您，真诚欢迎您的加入！

一、所任职位和工资待遇

1. 您的所任职位是_____；

2. 试用期月薪为_____（税前）；大写：_____（税前）

3. 转正后月薪为_____（税前）；大写：_____（税前）

4. 相关福利项目

（1）午餐补贴_____元/月；

（2）交通补贴_____元/月；

（3）通讯补贴_____元/月；

（4）带薪年假_____天/年（正式员工福利）；

（5）社会保险和公积金：_____；

（6）工资和相关福利从您的实际工作日起开始支付。

二、入职资料

1. 身份证原件及复印件 2 份；

2. 学历、学位证书原件及复印件 1 份；

3. 2 寸白底彩色证件照片 4 张；

4. 职称证书原件及复印件 1 份；

5. 本人身份证办理的工资卡复印件 1 份；

6. 原单位离职证明原件（应届毕业生不需要）；

7．近期体检报告。

三、入职时间、地点和联系人

请您于_____年_____月_____日到_____公司人力资源部报到，联系人_____。

如果您接受我公司的录用，请在收到录用通知书以后 5 日内将签署后的本通知书原件传真回本公司。若您未寄回签署后的本通知书原件或未在通知时间前到公司报到，那么公司将视作您自动放弃该职位。

_____公司

人力资源部（需加盖章）

_____年_____月_____日

附录 B　劳动合同（通用）范本

劳 动 合 同

（通 用）

甲方（用人单位）：＿＿＿＿＿＿＿＿＿＿＿＿＿＿＿

乙方（劳 动 者）：＿＿＿＿＿＿＿＿＿＿＿＿＿＿＿

签 订 日 期：＿＿＿＿年＿＿＿＿月＿＿＿＿日

注 意 事 项

一、本合同文本供用人单位与建立劳动关系的劳动者签订劳动合同时使用。

二、用人单位应当与招用的劳动者自用工之日起一个月内依法订立书面劳动合同，并就劳动合同的内容协商一致。

三、用人单位应当如实告知劳动者工作内容、工作条件、工作地点、职业危害、安全生产状况、劳动报酬以及劳动者要求了解的其他情况；用人单位有权了解劳动者与劳动合同直接相关的基本情况，劳动者应当如实说明。

四、依法签订的劳动合同具有法律效力，双方应按照劳动合同的约定全面履行各自的义务。

五、劳动合同应使用蓝、黑钢笔或签字笔填写，字迹清楚，文字简练、准确，不得涂改。确需涂改的，双方应在涂改处签字或盖章确认。

六、签订劳动合同，用人单位应加盖公章，法定代表人（主要负责人）或委托代理人签字或盖章；劳动者应本人签字，不得由他人代签。劳动合同由双方各执一份，交劳动者的不得由用人单位代为保管。

甲方（用人单位）：

统一社会信用代码：

法定代表人（主要负责人）或委托代理人：

注 册 地：

经 营 地：

联系电话：

乙方（劳动者）：

居民身份证号码：

（或其他有效证件名称　　　　　证件号：　　　　　　　　　　　）

户籍地址：

经常居住地（通讯地址）：

联系电话：

根据《中华人民共和国劳动法》《中华人民共和国劳动合同法》等法律法规政策规定，甲乙双方遵循合法、公平、平等自愿、协商一致、诚实信用的原则订立本合同。

一、劳动合同期限

第一条　甲乙双方自用工之日起建立劳动关系，双方约定按下列第____种方式确定劳动合同期限。

1．固定期限：自_____年_____月____日起至_____年_____月___日止，其中，试用期从用工之日起至_____年_____月_____日止。

2．无固定期限：自_____年_____月_____日起至依法解除、终止劳动合同时止，其中，试用期从用工之日起至_____年_____月_____日止。

3．以完成一定工作任务为期限：自_____年_____月_____日起至工作任务完成时止。甲方应当以书面形式通知乙方工作任务完成。

二、工作内容和工作地点

第二条　乙方工作岗位是_____，岗位职责为_____。乙方的工作地点为_____。

乙方应爱岗敬业、诚实守信，保守甲方商业秘密，遵守甲方依法制定的劳动规章制度，认真履行岗位职责，按时保质完成工作任务。乙方违反劳动纪律，甲方可依据依法制定的劳动规章制度给予相应处理。

三、工作时间和休息休假

第三条　根据乙方工作岗位的特点，甲方安排乙方执行以下第_____种工时制度。

1. 标准工时工作制。每日工作时间不超过 8 小时，每周工作时间不超过 40 小时。由于生产经营需要，经依法协商后可以延长工作时间，一般每日不得超过 1 小时，特殊原因每日不得超过 3 小时，每月不得超过 36 小时。甲方不得强迫或者变相强迫乙方加班加点。

2. 依法实行以_____为周期的综合计算工时工作制。综合计算周期内的总实际工作时间不应超过总法定标准工作时间。甲方应采取适当方式保障乙方的休息休假权利。

3. 依法实行不定时工作制。甲方应采取适当方式保障乙方的休息休假权利。

第四条　甲方安排乙方加班的，应依法安排补休或支付加班工资。

第五条　乙方依法享有法定节假日、带薪年休假、婚丧假、产假等假期。

四、劳动报酬

第六条　甲方采用以下第_____种方式向乙方以货币形式支付工资，于每月_____日前足额支付。

1. 月工资_____元。

2. 计件工资。计件单价为_____，甲方应合理制定劳动定额，保证乙方在提供正常劳动情况下，获得合理的劳动报酬。

3. 基本工资和绩效工资相结合的工资分配办法，乙方月基本工资_____元，绩效工资计发办法为_____。

4. 双方约定的其他方式_____。

第七条　乙方在试用期期间的工资计发标准为_____或_____元。

第八条　甲方应合理调整乙方的工资待遇。乙方从甲方获得的工资依法承担的个人所得税由甲方从其工资中代扣代缴。

五、社会保险和福利待遇

第九条　甲乙双方依法参加社会保险，甲方为乙方办理有关社会保险手续，并承担相应社会保险义务，乙方应当缴纳的社会保险费由甲方从乙方的工资中代扣代缴。

第十条　甲方依法执行国家有关福利待遇的规定。

第十一条　乙方因工负伤或患职业病的待遇按国家有关规定执行。乙方患病或非因工负伤的，有关待遇按国家有关规定和甲方依法制定的有关规章制度执行。

六、职业培训和劳动保护

第十二条　甲方应对乙方进行工作岗位所必需的培训。乙方应主动学习，积极参加甲方组织的培训，提高职业技能。

第十三条　甲方应当严格执行劳动安全卫生相关法律法规规定，落实国家关于女职工、未成年工的特殊保护规定，建立健全劳动安全卫生制度，对乙方进行劳动安全卫生教育和操作规程培训，为乙方提供必要的安全防护设施和劳动保护用品，努力改善劳动条件，减少职业危害。乙方从事接触职业病危害作业的，甲方应依法告知乙方工作过程中可能产生的职业病危害及其后果，提供职业病防护措施，在乙方上岗前、在岗期间和离岗时对乙方进行职业健康检查。

第十四条　乙方应当严格遵守安全操作规程，不违章作业。乙方对甲方管理人员违章指挥、强令冒险作业，有权拒绝执行。

七、劳动合同的变更、解除、终止

第十五条　甲乙双方应当依法变更劳动合同，并采取书面形式。

第十六条　甲乙双方解除或终止本合同，应当按照法律法规规定执行。

第十七条　甲乙双方解除终止本合同的，乙方应当配合甲方办理工作交接手续。甲方依法应向乙方支付经济补偿的，在办结工作交接时支付。

第十八条　甲方应当在解除或终止本合同时，为乙方出具解除或者终止劳动合同的证明，并在十五日内为乙方办理档案和社会保险关系转移手续。

八、双方约定事项

第十九条　乙方工作涉及甲方商业秘密和与知识产权相关的保密事项的，甲方可以与乙方依法协商约定保守商业秘密或竞业限制的事项，并签订保守商业秘密协议或竞业限制协议。

第二十条　甲方出资对乙方进行专业技术培训，要求与乙方约定服务期的，应当征得乙方同意，并签订协议，明确双方权利义务。

第二十一条　双方约定的其他事项：_____。

九、劳动争议处理

第二十二条　甲乙双方因本合同发生劳动争议时，可以按照法律法规的规定，进行协商、申请调解或仲裁。对仲裁裁决不服的，可以依法向有管辖权的人民法院提起诉讼。

十、其他

第二十三条　本合同中记载的乙方联系电话、通讯地址为劳动合同期内通知相关事项和送达书面文书的联系方式、送达地址。如发生变化，乙方应当及时告知甲方。

第二十四条　双方确认：均已详细阅读并理解本合同内容，清楚各自的权利、义务。本合同未尽事宜，按照有关法律法规和政策规定执行。

第二十五条　本合同双方各执一份，自双方签字（盖章）之日起生效，双方应严格遵照执行。

甲方（盖章）　　　　　　　　　　　　　　乙方（签字）

法定代表人（主要负责人）

或委托代理人（签字或盖章）

　　年　　月　　日　　　　　　　　　　　　年　　月　　日

附件 1

续 订 劳 动 合 同

经甲乙双方协商同意，续订本合同。

一、甲乙双方按以下第_____种方式确定续订合同期限。

1. 固定期限：自_____年_____月_____日起至_____年_____月_____日止。

2. 无固定期限：自_____年_____月_____日起至依法解除或终止劳动合同时止。

二、双方就有关事项约定如下：

1. _____；

2. _____；

3. _____。

三、除以上约定事项外，其他事项仍按照双方于_____年_____月_____日签订的劳动合同中的约定继续履行。

甲方（盖章）   乙方（签字）

法定代表人（主要负责人）

或委托代理人（签字或盖章）

　　年　　月　　日   　　年　　月　　日

附件 2

变 更 劳 动 合 同

　　一、经甲乙双方协商同意，自＿＿＿＿年＿＿＿＿月＿＿＿＿日起，对本合同作如下变更：

　　　　1. ＿＿＿＿＿＿＿＿＿＿＿＿＿＿＿＿＿＿＿＿＿＿＿＿＿＿＿；

　　　　2. ＿＿＿＿＿＿＿＿＿＿＿＿＿＿＿＿＿＿＿＿＿＿＿＿＿＿＿；

　　　　3. ＿＿＿＿＿＿＿＿＿＿＿＿＿＿＿＿＿＿＿＿＿＿＿＿＿＿＿。

　　二、除以上约定事项外，其他事项仍按照双方于＿＿＿＿年＿＿月＿＿日签订的劳动合同中的约定继续履行。

甲方（盖章）　　　　　　　　　　　　　　　　乙方（签字）

法定代表人（主要负责人）

或委托代理人（签字或盖章）

　　　年　　月　　日　　　　　　　　　　　　　　年　　月　　日

附录 C　劳动合同（劳务派遣）范本

劳 动 合 同

（劳务派遣）

甲方（劳务派遣单位）：＿＿＿＿＿＿＿＿＿＿＿＿＿＿＿

乙方（劳　动　者）：＿＿＿＿＿＿＿＿＿＿＿＿＿＿＿

签　订　日　期：＿＿＿＿年＿＿＿＿月＿＿＿＿日

注 意 事 项

一、本合同文本供劳务派遣单位与被派遣劳动者签订劳动合同时使用。

二、劳务派遣单位应当向劳动者出具依法取得的《劳务派遣经营许可证》。

三、劳务派遣单位不得与被派遣劳动者签订以完成一定任务为期限的劳动合同，不得以非全日制用工形式招用被派遣劳动者。

四、劳务派遣单位应当将其与用工单位签订的劳务派遣协议内容告知劳动者。劳务派遣单位不得向被派遣劳动者收取费用。

五、劳动合同应使用蓝、黑钢笔或签字笔填写，字迹清楚，文字简练、准确，不得涂改。确需涂改的，双方应在涂改处签字或盖章确认。

六、签订劳动合同，劳务派遣单位应加盖公章，法定代表人（主要负责人）或委托代理人应签字或盖章；被派遣劳动者应本人签字，不得由他人代签。劳动合同交由劳动者的，劳务派遣单位、用工单位不得代为保管。

甲方（劳务派遣单位）：

统一社会信用代码：

劳务派遣许可证编号：

法定代表人（主要负责人）或委托代理人：

注　册　地：

经　营　地：

联系电话：

乙方（劳动者）：

居民身份证号码：

（或其他有效证件名称　　证件号：　　　　　　　　　　　　　　　）

户籍地址：

经常居住地（通讯地址）：

联系电话：

根据《中华人民共和国劳动法》《中华人民共和国劳动合同法》等法律法规政策规定，甲乙双方遵循合法、公平、平等自愿、协商一致、诚实信用的原则订立本合同。

一、劳动合同期限

第一条　甲乙双方约定按下列第_____种方式确定劳动合同期限。

1. 二年以上固定期限合同：自_____年_____月_____日起至_____年_____月_____日止。其中，试用期从用工之日起至_____年_____月_____日止。

2. 无固定期限的劳动合同：自_____年_____月_____日起至依法解除或终止劳动合同止。其中，试用期从用工之日起至_____年_____月_____日止。

试用期至多约定一次。

二、工作内容和工作地点

第二条　乙方同意由甲方派遣到_____（用工单

位名称）工作，用工单位注册地＿＿＿＿＿＿＿＿＿＿＿＿＿＿＿，用工单位法定代表人或主要负责人＿＿＿＿＿＿。派遣期限为＿＿＿＿＿＿＿，从＿＿＿年＿＿＿月＿＿＿日起至＿＿＿年＿＿＿月＿＿＿日止。乙方的工作地点为＿＿＿＿＿＿＿＿＿＿＿＿＿＿＿＿＿＿。

第三条　乙方同意在用工单位＿＿＿＿＿＿＿＿＿＿＿＿＿岗位工作，属于临时性/辅助性/替代性工作岗位，岗位职责为＿＿＿＿＿＿＿＿＿＿＿＿。

第四条　乙方同意服从甲方和用工单位的管理，遵守甲方和用工单位依法制定的劳动规章制度，按照用工单位安排的工作内容及要求履行劳动义务，按时完成规定的工作数量，达到相应的质量要求。

三、工作时间和休息休假

第五条　乙方同意根据用工单位工作岗位执行下列第＿＿＿＿＿＿种工时制度。

1．标准工时工作制，每日工作时间不超过 8 小时，平均每周工作时间不超过 40 小时，每周至少休息 1 天。

2．依法实行以＿＿＿＿＿＿为周期的综合计算工时工作制。

3．依法实行不定时工作制。

第六条　甲方应当要求用工单位严格遵守关于工作时间的法律规定，保证乙方的休息权利与身心健康，确因工作需要安排乙方加班加点的，经依法协商后可以延长工作时间，并依法安排乙方补休或支付加班工资。

第七条　乙方依法享有法定节假日、带薪年休假、婚丧假、产假等假期。

四、劳动报酬和福利待遇

第八条　经甲方与用工单位商定，甲方采用以下第＿＿＿＿＿＿种方式向乙方以货币形式支付工资，于每月＿＿＿＿＿＿日前足额支付。

1．月工资＿＿＿＿＿＿元。

2．计件工资。计件单价为＿＿＿＿＿＿＿＿＿＿＿＿＿＿＿。

3．基本工资和绩效工资相结合的工资分配办法，乙方月基本工资＿＿＿＿＿元，绩效工资计发办法为＿＿＿＿＿＿＿＿＿＿＿＿＿＿＿＿＿＿。

4．约定的其他方式＿＿＿＿＿＿＿＿＿＿＿＿＿＿＿＿＿＿＿。

第九条　乙方在试用期期间的工资计发标准为＿＿＿＿＿＿或＿＿＿＿＿＿元。

第十条　甲方不得克扣用工单位按照劳务派遣协议支付给被派遣劳动者的劳动报酬。乙方从甲方获得的工资依法承担的个人所得税由甲方从其工资中代扣代缴。

第十一条　甲方未能安排乙方工作或者被用工单位退回期间，甲方应按照不低于甲方所在地最低工资标准按月向乙方支付报酬。

第十二条　甲方应当要求用工单位对乙方实行与用工单位同类岗位的劳动者相同的劳动报酬分配办法，向乙方提供与工作岗位相关的福利待遇。用工单位无同类岗位劳动者的，参照用工单位所在地相同或者相近岗位劳动者的劳动报酬确定。

第十三条　甲方应当要求用工单位合理确定乙方的劳动定额。用工单位连续用工的，甲方应当要求用工单位对乙方实行正常的工资调整机制。

五、社会保险

第十四条　甲乙双方依法在用工单位所在地参加社会保险。甲方应当按月将缴纳社会保险费的情况告知乙方，并为乙方依法享受社会保险待遇提供帮助。

第十五条　如乙方发生工伤事故，甲方应当会同用工单位及时救治，并在规定时间内，向人力资源社会保障行政部门提出工伤认定申请，为乙方依法办理劳动能力鉴定，并为其享受工伤待遇履行必要的义务。甲方未按规定提出工伤认定申请的，乙方或者其近亲属、工会组织在事故伤害发生之日或者乙方被诊断、鉴定为职业病之日起 1 年内，可以直接向甲方所在地人力资源社会保障行政部门提请工伤认定申请。

六、职业培训和劳动保护

第十六条　甲方应当为乙方提供必需的职业能力培训，在乙方劳务派遣期间，督促用工单位对乙方进行工作岗位所必需的培训。乙方应主动学习，积极参加甲方和用工单位组织的培训，提高职业技能。

第十七条　甲方应当为乙方提供符合国家规定的劳动安全卫生条件和必要的劳动保护用品，落实国家有关女职工、未成年工的特殊保护规定，并在乙方劳务派遣期间督促用工单位执行国家劳动标准，提供相应的劳动条件和劳动保护。

第十八条　甲方如派遣乙方到可能产生职业危害的岗位，应当事先告知乙方。甲方应督促用工单位依法告知乙方工作过程中可能产生的职业病危害及其后果，对乙方进行劳动安全卫生教育和培训，提供必要的职业危害防护措施和待遇，预防劳动过程中的事故，减少职业危害，为劳动者建立职业健康监护档案，在乙方上岗前、派遣期间、离岗时对乙方进行职业健康检查。

第十九条　乙方应当严格遵守安全操作规程，不违章作业。乙方对用工单位管理人员违章指挥、强令冒险作业，有权拒绝执行。

七、劳动合同的变更、解除和终止

第二十条　甲乙双方应当依法变更劳动合同，并采取书面形式。

第二十一条　因乙方派遣期满或出现其他法定情形被用工单位退回甲方的，甲方可以对其重新派遣，对符合法律法规规定情形的，甲方可以依法与乙方解除劳动合同。乙方同意重新派遣的，双方应当协商派遣单位、派遣期限、工作地点、工作岗位、工作时间和劳动报酬等内容，并以书面形式变更合同相关内容；乙方不同意重新派遣的，依照法律法规有关规定执行。

第二十二条　甲乙双方解除或终止本合同，应当按照法律法规规定执行。甲方应在解除或者终止本合同时，为乙方出具解除或者终止劳动合同的证明，并在十五日内为乙方办理档案和社会保险关系转移手续。

第二十三条　甲乙双方解除终止本合同的，乙方应当配合甲方办理工作交接手续。甲方依法应向乙方支付经济补偿的，在办结工作交接时支付。

八、劳动争议处理

第二十四条　甲乙双方因本合同发生劳动争议时，可以按照法律法规的规定，进行协商、申请调解或仲裁。对仲裁裁决不服的，可以依法向有管辖权的人民法院提起诉讼。

第二十五条　用工单位给乙方造成损害的，甲方和用工单位承担连带赔偿责任。

九、其他

第二十六条　本合同中记载的乙方联系电话、通讯地址为劳动合同期内通知相关事项和送达书面文书的联系方式、送达地址。如发生变化，乙方应当及时告知甲方。

第二十七条　双方确认：均已详细阅读并理解本合同内容，清楚各自的权利、义务。本合同未尽事宜，按照有关法律法规和政策规定执行。

第二十八条　本劳动合同一式（　　）份，双方至少各执一份，自签字（盖章）之日起生效，双方应严格遵照执行。

甲方（盖章）　　　　　　　　　　　　　乙方（签字）
法定代表人（主要负责人）
或委托代理人（签字或盖章）

　　年　　月　　日　　　　　　　　　　　年　　月　　日

附件1

续 订 劳 动 合 同

经甲乙双方协商同意，续订本合同。

一、甲乙双方按以下第_____种方式确定续订合同期限。

1. 固定期限：自_____年_____月_____日起至_____年_____月_____日止。

2. 无固定期限：自_____年_____月_____日起至依法解除或终止劳动合同时止。

二、双方就有关事项约定如下：

1. _____；

2. _____；

3. _____。

三、除以上约定事项外，其他事项仍按照双方于_____年_____月_____日签订的劳动合同中的约定继续履行。

甲方（盖章） 乙方（签字）

法定代表人（主要负责人）

或委托代理人（签字或盖章）

　　年　　月　　日 　　年　　月　　日

附件 2

变 更 劳 动 合 同

一、经甲乙双方协商同意，自_____年_____月_____日起，对本合同作如下变更：

1. _____
_____；

2. _____
_____；

3. _____
_____。

二、除以上约定事项外，其他事项仍按照双方于_____年_____月_____日签订的劳动合同中的约定继续履行。

甲方（盖章）   乙方（签字）

法定代表人（主要负责人）

或委托代理人（签字或盖章）

　　年　　月　　日   　　年　　月　　日

附录 D 保密协议范本

保 密 协 议

甲方：

地址：

法定代表人：

乙方：

身份证件号码：

户口所在地：

现居住地址：

邮编：

甲乙双方根据《中华人民共和国劳动法》以及国家、地方政府有关规定，在遵循平等自愿、协商一致、诚实信用的原则下，就甲方商业秘密保密事项达成如下协议。

一、保密内容

1. 甲方的交易秘密，包括商品产、供、销渠道，客户名单，买卖意向，成交或商谈的价格，商品性能、质量、数量、交货日期。

2. 甲方的经营秘密，包括经营方针、投资决策意向、产品服务定价、市场分析、广告策略。

3. 甲方的管理秘密，包括财务资料、人事资料、工资薪酬资料、物流资料。

4. 甲方的技术秘密，包括产品设计、产品图纸、生产模具、作业蓝图、工程设计图、生产制造工艺、制造技术、计算机程序、技术数据、专利技术、科研成果。

二、保密范围

1. 乙方在劳动合同期前所持有的科研成果和技术秘密，经双方协议乙方同意被甲方应用和生产的。

2. 乙方在劳动合同期内的职务发明、工作成果、科研成果和专利技术。

3. 乙方在劳动合同期前甲方已有的商业秘密。

4. 乙方在劳动合同期内甲方所拥有的商业秘密。

三、双方的权利和义务

1. 甲方提供正常的工作条件，为乙方职务发明、科研成果提供良好的应用和生产条件，并根据创造的经济效益给予奖励。

2. 乙方必须按甲方的要求从事经营、生产项目和科研项目设计与开发，并将生产、经营、设计与开发的成果、资料交给甲方，甲方拥有所有权和处置权。

3. 未经甲方书面同意，乙方不得利用甲方的商业秘密进行新产品的设计与开发和撰写论文向第三者公布。

4. 双方解除或终止劳动合同后，乙方不得向第三方公开甲方所拥有的未被公众知悉的商业秘密。

5. 双方约定竞业限制的，解除或终止劳动合同后，在竞业限制期内乙方不得到生产同类或经营同类业务且有竞争关系的其他用人单位任职，也不得自己生产与甲方有竞争关系的同类产品或经营同类业务。

6. 乙方必须严格遵守甲方的保密制度，防止泄露甲方的商业秘密。

7. 甲方安排乙方任职涉密岗位，并给予乙方保密津贴。

四、保密期限

乙方承担保密义务的期限为下列第_____种。

1. 无限期保密，直至甲方宣布解密或者秘密信息实际上已经公开。

2. 有限期保密，保密期限自离职之日起_____年。

五、脱密期限

1. 因履行劳动合同约定条件发生变化，乙方要求解除劳动合同的必须以书面形式提前_____个月通知甲方，提前期即为脱密期限，由甲方采取脱密措施，安排乙方脱离涉密岗位；乙方应完整办妥涉密资料的交接工作。

2. 劳动合同终止双方无意续签的，提出方必须以书面形式提前_____个月通知对方，提前期即为脱密期限，由甲方采取脱密措施，安排乙方脱离涉密岗位；乙方应该接受甲方的工作安排并完整办妥涉密资料的交接工作。

3．劳动合同解除或期满终止后，乙方必须信守本协议，不损害甲方利益。

六、保密津贴

甲方同意就乙方离职后承担的保密义务向其支付保密津贴，保密津贴的支付方式为：_____。

七、违约责任

1．经双方协商，达成协议：任何一方违约另一方均有权无条件解除本合约，并有权要求对方赔偿约定金额的五倍违约罚款，约定金额为_____元。

2．乙方违反协议，造成甲方重大经济损失，应赔偿甲方所受全部损失，违约罚款不足以赔偿甲方所受的损失，乙方当以甲方实际损失额进行赔偿，包括但不限于实际可计算的损失、潜在的损失。

3．以上违约责任的执行，超过法律法规赋予双方权限的，申请仲裁机构仲裁或向法院提出上诉；双方协商不成，任何一方有权申请仲裁机构仲裁或向法院提出上诉。

八、其他

1．乙方确认，在签署本合同前已仔细阅读过合同内容，完全了解合同各条款的法律含义，并知悉和认可公司《保密管理制度》。

2．本协议如与双方以前的口头或书面协议有抵触，以本协议为准。本协议的修改必须采用双方同意的书面形式。

3．本协议未尽事宜，按照国家法律或政府主管部门的有关规章、制度执行。

4．本合同一式两份，双方各执一份，具有同等法律效力。自双方授权代表签字并盖公章之日起生效。

甲方（盖章）　　　　　　　　　　乙方（签字或盖章）

法定代表人（签字）

　　　　年　　月　　日　　　　　　　　　　年　　月　　日

附录 E 竞业限制合同范本

竞业限制合同

甲方：_____（企业）营业执照码：_____

乙方：_____（员工）身份证号码：_____

鉴于乙方知悉的甲方商业秘密具有重要影响，为保护双方的合法权益，双方根据国家有关法律法规，本着平等自愿和诚信的原则，经协商一致，达成下列条款，双方共同遵守。

一、乙方义务

1. 未经甲方同意，在职期间不得自营或者为他人经营与甲方同类的行业。

2. 不论因何种原因从甲方离职，离职后 3 年内不得到与甲方有竞争关系的单位就职。

3. 不论因何种原因从甲方离职，离职后 3 年内不自办与甲方有竞争关系的企业或者从事与甲方商业秘密有关的产品的生产。

二、甲方义务

从乙方离职后开始计算竞业限制时起，甲方应当按照竞业限制期限向乙方支付一定数额的竞业限制补偿费。补偿费的金额为乙方离开甲方单位前一年的基本工资（不包括奖金、福利、劳保等），不满一年的按月平均工资推算。补偿费按季支付，由甲方通过银行支付至乙方银行卡上。如乙方拒绝领取，甲方可以将补偿费向有关方面提存。

三、违约责任

1．乙方不履行规定的义务，应当承担违约责任，一次性向甲方支付违约金金额为乙方离开甲方单位前一年的基本工资的 50 倍。同时，乙方因违约行为所获得的收益应当归还甲方。

2．甲方不履行义务，拒绝支付乙方的竞业限制补偿费，甲方应当一次性支付乙方违约金 5 万元。

四、争议解决

因本协议引起的纠纷，由双方协商解决。如协商不成，则提交_____仲裁委员会仲裁。

五、合同效力

本合同自双方签章之日起生效。本合同的修改，必须采用双方同意的书面形式。

双方确认，已经仔细审阅过合同的内容，并完全了解合同各条款的法律含义。

甲方：（签章）   乙方：（签名）

　　年　　月　　日   　　年　　月　　日

附录 F 非全日制用工协议

非全日制用工协议

签 约 须 知

1．非全日制用工，是指以小时计酬为主，劳动者在同一用人单位一般平均每日工作时间不超过四小时，每周工作时间累计不超过二十四小时的用工形式。

2．用人单位和劳动者应保证向对方提供的与签订、履行劳动合同相关的各项信息真实有效。

3．非全日制用工双方当事人不得约定试用期。

4．非全日制用工小时计酬标准不得低于用人单位所在地的最低小时工资标准。

5．用人单位终止非全日制用工的，不向劳动者支付经济补偿。

甲方（用人单位）＿＿＿＿＿＿＿＿＿＿＿＿＿＿＿＿

住所＿＿＿＿＿＿＿＿＿＿＿＿＿＿＿＿＿＿＿＿＿＿

法定代表人（或主要负责人）＿＿＿＿＿＿＿＿＿＿＿

联系电话＿＿＿＿＿＿＿＿＿＿＿＿＿＿＿＿＿＿＿＿

乙方（劳动者）＿＿＿＿＿＿＿＿＿＿＿＿＿＿＿＿＿

身份证号码＿＿＿＿＿＿＿＿＿＿＿＿＿＿＿＿＿＿＿

现居住地址＿＿＿＿＿＿＿＿＿＿＿＿＿＿＿＿＿＿＿

联系电话＿＿＿＿＿＿＿＿＿＿＿＿＿＿＿＿＿＿＿＿

根据《中华人民共和国劳动合同法》等的规定，甲乙双方在平等自愿、协商一致、诚实信用的基础上，签订本合同。

第一条　本合同期限自_____年_____月_____日至_____年_____月_____日止。

第二条　乙方同意根据甲方生产（工作）需要，从事_____工作。工作地点在_____。

第三条　乙方工作时间为下列第（　　）种方式。

1. 每周工作_____日，分别为周_____；每日工作_____小时。

2. 其他：_____。

第四条　甲方按乙方工作时间，以货币形式支付乙方工资，标准为每小时_____元，工资结算周期为_____（日/周/15日），工资发放时间为_____，工资发放方式为_____（直接发放/委托银行代发）。

第五条　甲方支付给乙方的劳动报酬中已包含甲方应为乙方缴纳的基本养老保险费、基本医疗保险费。乙方依照国家和地方有关规定以自由职业者身份参加基本养老保险、基本医疗保险。

第六条　甲方依照国家和地方规定，为乙方办理工伤保险和缴纳工伤保险费，乙方在合同期内因工负伤或患职业病享受工伤保险待遇。

第七条　甲方有义务对乙方进行职业道德、业务技术、劳动安全卫生及有关规章制度的教育和培训，为乙方提供必要的劳动条件、劳动工具及劳动保护用品。

第八条　乙方应严格遵守安全操作规程和工作规范。

第九条　甲方对可能产生职业病危害的岗位，应当向乙方履行如实告知义务，并做好劳动过程中职业危害的预防工作。

第十条　经甲乙双方协商一致，本合同可以变更。

第十一条　甲乙任何一方都可以随时通知对方终止本合同。

第十二条　甲乙双方因履行本合同发生劳动争议，可以依法申请调解、仲裁、诉讼。

第十三条　双方约定的其他事项

_____

第十四条 乙方可以同时与其他用人单位订立劳动合同；但是，后订立的劳动合同不得影响本劳动合同的履行。

第十五条 本合同未尽事宜，双方可另协商解决；如本合同条款与国家、省有关新规定相悖的，按新规定执行。

第十六条 本合同一式两份，甲乙双方各执一份。

甲方（公章）   乙方（签字）

法定代表人或委托代理人

（签章）

　　年　　月　　日   年　　月　　日

参考文献

[1]中国法制出版社．中华人民共和国劳动合同法注解与配套（第五版）[M]．北京：中国法制出版社，2020．

[2]法规应用研究中心．劳动合同法一本通（第八版）[M]．北京：中国法制出版社，2021．

[3]栾居沪．劳动争议实务案例解析与要点剖析[M]．北京：中国法制出版社，2021．

[4]徐森．工伤及社会保险纠纷 101 问[M]．武汉：华中科技大学出版社，2021．